# Midiendo la efectividad del derecho ambiental

PETER LANG

# Colección Cátedra Normandia por la Paz

El objetivo de esta colección es promover el trabajo realizado por la Cátedra Normandía por la Paz, que investiga sobre los derechos de las generaciones futuras y la paz con la Tierra. Decididamente abierta a la escena internacional y comprometida con la multidisciplinariedad, la Cátedra Normandía por la Paz publicará aquí los trabajos que ha coordinado en campos tan variados como :

- Proceso de cambio de los derechos fundamentales y de los sistemas jurídicos
- Buenas historias (Good Stories)
- Justicia climática y jurisdicción internacional
- Los derechos de los pueblos indígenas y la renovación legal a través de la lente del conocimiento indígena
- Educación sobre los derechos y deberes de las generaciones futuras
- Ética medioambiental para abogados
- Bioética/Derechos biológicos
- Justicia transicional y construcción de la paz medioambiental
- Indicadores legales de los ODS
- Economía y derecho de la conservación, protección y restauración de la naturaleza
- Representación y defensa de las generaciones futuras

Esta colección pretende ser coherente a la hora de hacer converger las distintas transformaciones que se están produciendo en los sistemas jurídicos internacionales, regionales y nacionales para establecer una protección sostenible del medio ambiente, de los derechos ambientales y del futuro. La colección también explora la protección de la condición humana futura, así como las cuestiones bioéticas que renuevan constantemente los campos legítimos del derecho.

Basándose en la sabiduría ancestral de la humanidad, esta colección pretende promover todo tipo de obras que ilustren el imperativo cívico de que "tendremos paz en la Tierra cuando tengamos Paz con la Tierra".

# Midiendo la efectividad del derecho ambiental

## Indicadores jurídicos para el desarrollo sostenible

**Michel PRIEUR**
Presidente del Centro Internacional de Derecho
Comparado Ambiental (CIDCE)
Profesor Emérito de Derecho
Director Científico del CRIDEAU, Universidad de Limoges (Francia)
Graduado en Ciencias Políticas en París

y

**Christophe BASTIN**
Presidente de la Empresa de Ingeniería y Consultoría
SIC Nouvelle-Aquitaine
Ingeniero Consultor
Graduado de la Escuela Central de París

**Con la colaboración de Mohamed Ali MEKOUAR**
Antiguo Profesor de Derecho en la Universidad de Casablanca, vice-presidente
del Centro Internacional de Derecho Comparado Ambiental (CIDCE)

**Prefacio de Alfredo PENA-VEGA**
Profesor-Investigador
Director Científico
Global Youth Climate Pact
Instituto Interdisciplinario de Antropología del Centro
Contemporáneo Edgar Morin/EHESS-CNRS

Colección Cátedra Normandia por la Paz
Vol. 4

Con el apoyo de
Centro Internacional de Derecho Ambiental Comparado
Cátedra Normandia por la Paz

Diseño de portada : Anne Lacherez


1 avenue Maurice, B-1050 Brussels, Belgium
brussels@peterlang.com; www.peterlang.com

ISSN 2736–3279
ISBN 978-2-8076-1991-3
ePDF 978-2-8076-1992-0
ePUB 978-2-8076-1993-7
DOI 10.3726/b18619
D/2021/5678/50

Información bibliográfica publicada por “Die Deutsche Nationalbibliothek”.
“Die Deutsche National Bibliothek” incluye esta publicación en la “Deutsche Nationalbibliografie”; Los datos bibliográficos detallados están disponibles en Internet en <http://dnb.de>.

«Nuestro conocimiento de los hechos jurídicos, al igual que nuestro conocimiento de los hechos económicos, no puede prescindir de datos numéricos precisos y metódicamente establecidos»[1].

«Lo que cuenta no siempre puede ser contado, y lo que puede ser contado no necesariamente cuenta»[2].

«Lo que no se puede medir, no se puede mejorar»[3].

«Evaluar la efectividad de la legislación medioambiental es una tarea hercúlea»[4].

1 H. Lévy-Bruhl, «Nota sobre la estadística y el derecho», en *La statistique, ses applications, les problèmes qu'elle soulève*, París, Prensa Universitaria de Francia, 1935, pp. 141–147.

2 Atribuido a Albert Einstein : «*Not everything that counts can be counted and not everything that can be counted counts*».

3 Atribuido a Lord Kelvin, físico británico del Siglo XIX.

4 Chris McGrath, ¿*Funciona el Derecho Ambiental? Cómo evaluar la Efectividad de un Sistema Jurídico Ambiental*, Riga, Lambert Ediciones Académicas, 2010, p. 13.

# Índice

# Agradecimientos

Este libro ha contado con la asesoría y los valiosos aportes de los miembros del Grupo de Indicadores Jurídicos del Derecho de las Generaciones Futuras de la Cátedra Normandía por la Paz, en particular: Alexandra ARAGÃO (profesora, Universidad de Coímbra, Portugal), Boris BARRAUD (profesor-investigador, Universidad de Aix-Marsella), Julien BÉTAILLE (conferencista, Universidad de Toulouse 1), Odeline BILLANT (doctoranda, LEMAR), Marie BONNIN (investigadora, LEMAR), Pierre BRUNET (profesor, Universidad de París 1), Fernanda CAVEDON-CAPDEVILLE (posdoctoranda, Universidad Federal de Santa Catarina, Brasil), Guillaume CHAPRON (profesor asociado, Departamento de Ecología, Universidad de Ciencias Agrícolas, Suecia), Leïla CHIKHAOUI-MAHDAOUI (profesora, Universidad de Cartago, Túnez), Jérôme FROMAGEAU (investigador asociado, Instituto de Ciencias Políticas Sociales, ENS París-Saclay), Émilie GAILLARD (codirectora de la unidad de riesgo MRSH, Universidad de Caen, MRSH de Caen), José JUSTE RUIZ (profesor, Universidad de Valencia, España) y Alfredo PEÑA-VEGA (investigador, Centro Edgar Morin IIAC/EHESS).

La publicación del libro ha sido posible gracias a Pascal BULÉON, director de la Maison de la recherche en sciences humaines (MRSH) de Caen, y a Émilie GAILLARD, coordinadora general de la Cátedra Normandía por la Paz.

Hemos contado también con la asistencia documental proporcionada por Vanessa René GALVAN, de la Facultad de Derecho de la Universidad Estatal de Georgia en Atlanta (EE. UU.).

También queremos manifestar nuestro agradecimiento a los socios de la Cátedra Normandía para la Paz: la Región de Normandía, la Universidad de Caen y el CNRS, al profesor Nicholas A. ROBISON, presidente emérito de la Cátedra Normandía para la Paz, así como a Antonio OPOSA Jr., titular de la Cátedra Normandía por la Paz.

# Prólogo

En febrero de 2018, los principios metodológicos de los indicadores jurídicos desarrollados en este libro fueron validados en un simposio celebrado en Yaundé sobre el tema "Efectividad y educación judicial del derecho ambiental en el África francófona", organizado por el Instituto Francófono para el Desarrollo Sostenible (IFDD, por su sigla en francés), con la participación del PNUMA[5], la UICN[6], la CEDEAO[7], la OIF[8] y el CIDCE[9].

Seguidamente, el IFDD publicó el libro *"Les indicateurs juridiques. Outils d'évaluation de l'effectivité du droit de l'environnement"*[10] que describe el estado de la técnica para medir la efectividad del derecho ambiental.

Este libro pretende arrojar nueva luz sobre la aplicación y el uso de los indicadores jurídicos tras dos años de práctica e intercambio.

Los indicadores ambientales son objeto de numerosas publicaciones. Su inventario no revela ningún indicador jurídico que mida los procesos de aplicación del derecho ambiental, es decir, su efectividad. Los indicadores que se han identificado se limitan a informar sobre el desempeño del derecho ambiental en los modelos de desarrollo actuales.

Más allá del inventario de indicadores, ¿qué pasa con su aplicación? ¿Qué indicadores han pasado a ser de uso recurrente? ¿Quién los utiliza? ¿Existe un consenso?

A pesar de la divergencia de los métodos, su frecuente opacidad y los desacuerdos de los expertos, hay un punto de consenso para la mayoría de los indicadores ambientales: la correlación de las necesidades de medición con los requisitos de gobernanza, en particular con respecto a los Objetivos de Desarrollo Sostenible (ODS) y los convenios ambientales internacionales.

Ante el reto global de la protección del medio ambiente, es evidente la necesidad de clarificar y armonizar los indicadores jurídicos. Además, aparece como

---

5 Programa de las Naciones Unidas para el Medio Ambiente.
6 Unión Internacional para la Conservación de la Naturaleza.
7 Comunidad Económica de los Estados de África Occidental.
8 Organización Internacional de la Francofonía.
9 Centro Internacional de Derecho Ambiental Comparado.
10 https://moged.ifdd.francophonie.org/index.php/fr/publications/download/14/187/19?method=view.

un imperativo para cumplir con los requisitos de gobernanza que este reto impone a la comunidad internacional.

Algunos lectores pueden preguntarse sobre la utilidad de los indicadores jurídicos. La respuesta puede encontrarse ya en el principio 11 de la Declaración de Río sobre el Medio Ambiente y el Desarrollo de 1992, que pedía a los Estados "promulgar una legislación ambiental eficaz".

Naturalmente, florecen los indicadores para medir el impacto medioambiental. Cuando abordan la medición del derecho ambiental, lo hacen únicamente en términos de sus resultados (número de decisiones judiciales, número de infracciones, presupuestos, personal, etc.).

Existe un verdadero vacío en la medición de la efectividad del derecho. Por lo tanto, ya es hora de crear indicadores jurídicos que complementen los indicadores ambientales, económicos y sociales existentes.

El ambicioso objetivo de este libro es hacer una contribución fundamental para afrontar los retos de la protección del medio ambiente, en particular los de la transformación de los ODS en una realidad concreta y los relativos a la efectividad de la aplicación de los convenios internacionales sobre el medio ambiente.

Nos hemos esforzado por ilustrar la utilidad y describir la metodología para construir y utilizar indicadores jurídicos como herramientas innovadoras para gestionar mejor las reformas y evitar la regresión en el derecho ambiental.

Nuestro deseo es ofrecer a los lectores un método accesible, de fácil apropiación y que responda a las necesidades de los encargados de la toma de decisiones y de la sociedad civil.

**Michel PRIEUR**
**Creador del método jurídico**
Profesor emérito de la Universidad de Limoges
Director Científico del CRIDEAU
Decano honorario de la Facultad de Derecho y Ciencias Económicas de Limoges
Presidente del Centro Internacional de Derecho Ambiental Comparado – CIDCE

**Christophe BASTIN**
**Creador del método científico**
Ingeniero
Presidente fundador de la Sociedad Ingeniería y Asesoría – SIC Nueva-Aquitania

# Prefacio

## Los retos de conceptualizar los indicadores jurídicos medioambientales

Este libro pretende contribuir a una innovación cognitiva, a saber aportar argumentos científicos a los indicadores jurídicos[11] utilizados para definir la viabilidad del derecho en la evaluación de los objetivos de desarrollo sostenible y preservación del medio ambiente. Se busca un cuidadoso equilibrio entre el alcance del derecho ambiental, tanto nacional como internacional, y su profundidad al identificar y medir la aplicación real del derecho. Esto hace que el enfoque sea una poderosa herramienta que puede utilizarse en diversos contextos, desde la gestión de la política medioambiental hasta la gobernanza mundial de los océanos.

En términos generales, los indicadores jurídicos ambientales pueden definirse como una herramienta para identificar y medir la aplicación efectiva del derecho ambiental, reflejando de diversas maneras los impactos medioambientales causados por una determinada actividad humana. Por ejemplo, la conservación de la biodiversidad se caracteriza por la complejidad, la incertidumbre, la inacción política y las limitaciones presupuestarias, lo que dificulta (voluntariamente) la aplicación de las políticas medioambientales por parte de los Estados y los organismos internacionales. En consecuencia, se requieren formas de seguimiento en el sentido más amplio del término, que presuponen el establecimiento de instrumentos de evaluación como los indicadores. Aunque no hay una "solución a la medida", este libro constituye, sin embargo, una importante contribución científica a la búsqueda de herramientas jurídicas en materia de revalorización medioambiental.

Este libro es importante por varias razones. Ante la crisis ecológica, hay razones políticas y prácticas para apoyar un enfoque jurídico científicamente viable de los indicadores a escala local (derecho interno) y mundial (derecho internacional) del estado de la biosfera. El actual contexto de cambio global y la creciente incertidumbre ambiental provocada por las actividades humanas están trayendo consigo desastres ecológicos irreversibles. Haciendo oídos sordos a los límites ecológicos, influidos por el fetichismo del crecimiento económico, los

11 Eric Angel *et al.*, "An indicator framework to support comprehensive approaches to sustainable fisheries management", *Ecology and Society*, vol. 24, n.° 4, 2019.

responsables políticos ejercen una enorme presión sobre los legisladores para que relajen las normas medioambientales. El objetivo de los indicadores jurídicos es poner a disposición de todos los gobiernos, las instituciones internacionales y la sociedad civil una herramienta de evaluación de la efectividad del derecho. Por otra parte, al intentar definir las recomendaciones de los indicadores jurídicos, este enfoque en las fronteras de nuestro conocimiento conducirá en el futuro a tener más en cuenta las contribuciones reales del derecho ambiental, siempre que se introduzcan medidas jurídicas en la evaluación de los objetivos de desarrollo sostenible (ODS). Sin embargo, no será posible evitar replantear el ambiguo concepto de desarrollo sostenible. Es necesario replantearlo en términos de "sostenibilidad", una noción que tiene en cuenta, por un lado, la biosfera, es decir, las condiciones de vida, de nuestro entorno y, por otro, el futuro, es decir, lo que puede ocurrir a las generaciones venideras.

Este libro llega en un momento en que los indicadores de sostenibilidad han proliferado en la comunidad científica durante los últimos veinte años. Un ejemplo son los Objetivos de Desarrollo del Milenio (ODM), que combinan varias áreas de interés con indicadores cuantitativos para medir el progreso hacia el desarrollo sostenible a escala mundial. Ciertamente es importante evaluar el progreso de los indicadores sociales, económicos y éticos para el desarrollo sostenible, pero si no se da cuenta de la efectividad del derecho, tal evaluación no solo es insuficiente, sino también políticamente engañosa.

Por último, entre los científicos y los responsables políticos que trabajan en la búsqueda de soluciones para la sostenibilidad del medio ambiente y el bienestar humano existe un creciente interés por mejorar el intercambio de conocimientos entre las comunidades científicas y políticas. Los impactos pueden tardar mucho en aparecer; los vínculos causales son difíciles de detectar. Como sabemos, los métodos convencionales de evaluación de los impactos de los indicadores pueden ser doblemente inadecuados: desde el punto de vista científico, por la complejidad de la ciencia, y desde el punto de vista de la toma de decisiones, por la complejidad del mundo real. Este libro no se dirige a una sola comunidad científica de teóricos o profesionales del derecho; los esfuerzos realizados, tanto desde el punto de vista reflexivo como metodológico, trascienden las fronteras disciplinarias. En este sentido, el libro abre la posibilidad de una colaboración multifacética entre investigadores, responsables políticos y profesionales, lo que contribuiría a una mejor comprensión de cómo los responsables políticos obtienen los indicadores jurídicos y los utilizan en la toma de decisiones[12].

12 Stephen Posner and Christopher Cvitanovic, "Evaluating the impacts of boundary-spanning activities at the interface of environmental science and policy: A review of

En el futuro, ya no será posible ignorar la ausencia de derecho en los balances sobre el "estado del medio ambiente", y los responsables políticos y el público no podrán subestimar o negar el peso del derecho y su utilidad. Queda por ver qué impacto tendrá este trabajo en términos de aprendizaje y retroalimentación entre los distintos actores implicados. Dos elementos esenciales.

Alfredo Peña-Vega

Profesor e investigador

Director Científico

Global Youth Climate Pact

Instituto Interdisciplinario de Antropología Contemporánea

Centro Edgar Morin/EHESS-CNRS

progress and future research needs", *Environmental Science and Policy*, n.° 92, 2019, pp. 141–151.

# Resumen

1. La voluntad declarada de los Estados de evaluar mejor los avances en materia de desarrollo sostenible, desde la resolución de la Asamblea General de las Naciones Unidas de 25 de septiembre de 2015 sobre los Objetivos de Desarrollo Sostenible (ODS)[13], llevará en el futuro a tener más en cuenta los aportes reales del derecho ambiental, siempre y cuando se introduzcan indicadores jurídicos en la evaluación de los ODS, lo que no ocurre en la actualidad.
2. Este libro pretende demostrar a los Estados y a la sociedad civil la viabilidad de una nueva herramienta de evaluación de las políticas medioambientales: los "indicadores jurídicos". Todavía no se ha realizado ningún trabajo científico en ningún lugar del mundo sobre el desarrollo y el uso de tales indicadores para evaluar la efectividad de la legislación medioambiental.
   La utilidad de los "indicadores jurídicos" es poder mostrar si se aplica el derecho ambiental y porqué se aplica mal. Mediante su utilización será posible evaluar el rendimiento y el progreso intrínsecos de un país. A diferencia de los indicadores existentes, el objetivo no es clasificar a los países por comparación. El objetivo es facilitar la orientación de las reformas jurídicas prioritarias para mejorar la efectividad del derecho medioambiental.
3. Dado que el derecho ambiental es tanto nacional como transnacional, la cuestión de los indicadores jurídicos se aborda tanto en el derecho nacional como en el internacional, aunque se reconoce que los conceptos, procesos y métodos de interpretación para evaluar la efectividad no son los mismos.
4. Este libro pretende ofrecer una orientación empírica a los interesados proponiendo la formulación de un número limitado de indicadores jurídicos estándar que puedan utilizarse tanto en el derecho internacional como en el derecho comparado.
5. En la actualidad, las evaluaciones oficiales de las políticas medioambientales, a través de informes y estudios sobre el "estado del medio ambiente", no permiten dar cuenta de la existencia o la efectividad de los textos de derecho medioambiental. De hecho, en estos documentos, ya sean nacionales,

---

13 «Transformar el mundo: Programa de desarrollo sostenible Agenda 2030», Asamblea General de las Naciones Unidas, Resolución 70/1, 25 septiembre de 2015 (A/RES/70/1).

regionales o internacionales, solo se encuentran indicadores científicos, económicos o sociales. No se menciona ningún indicador jurídico por la sencilla razón de que aún no existen[14]. Esta flagrante ausencia del derecho en los balances sobre el "estado del medio ambiente" lleva a los responsables políticos y a la opinión pública a ignorar, subestimar o negar el peso del derecho y su utilidad. En realidad, debido a la falta de datos sobre el derecho aplicable y realmente aplicado, los responsables de la toma de decisiones están actuando a ciegas.

6. Por lo tanto, la creación innovadora de indicadores jurídicos de base científica del derecho ambiental debe identificar y medir la aplicación efectiva del derecho ambiental. Está claro que los indicadores jurídicos no son una solución milagrosa a los déficits de aplicación de la legislación medioambiental que, en mayor o menor medida, son comunes a todos los países. Sin embargo, deben considerarse como un nuevo medio para llevar a cabo las siguientes acciones:

   - Hacer que el lugar y el papel del derecho en las políticas medioambientales sean claros y visibles para todos;
   - Demostrar la utilidad del derecho ambiental en un momento en que se pone en duda, con el pretexto de la simplificación o la derogación;
   - Llamar la atención de los representantes políticos elegidos y del público sobre las deficiencias y regresiones del derecho ambiental;
   - Permitir que el público y los funcionarios responsables de la aplicación y el control del derecho estén mejor informados sobre el uso del derecho ambiental como factor de éxito o fracaso de las políticas ambientales;
   - Proporcionar al público una visión concreta de la aplicación efectiva de la legislación medioambiental vigente;
   - Proporcionar a los responsables políticos, a los parlamentos y a los gobiernos información sobre la aplicación efectiva de los convenios internacionales y las leyes nacionales de medio ambiente para la preparación de reformas;
   - Permitir la conjunción de los resultados de los indicadores jurídicos con los indicadores científicos para evaluar la efectividad de las políticas medioambientales, es decir, la adecuación entre los objetivos perseguidos y los resultados obtenidos.

14 En las listas de los indicadores relativos al medio ambiente y al desarrollo sostenible de la ONU, de la Agencia Europea de Medio Ambiente, de la Unión Europea y de varios estados, no se encuentra ningún indicador jurídico cualitativo.

El valor agregado de crear y utilizar indicadores jurídicos para medir la efectividad del derecho medioambiental será más apreciado cuanto mayor sea el coste de no aplicar la legislación vigente. Este coste se ha calculado en 55 000 millones de euros al año en la Unión Europea.[15]

7. Con apoyo en la tesis de derecho de Julien Bétaille[16], en teoría, se han identificado 127 indicadores jurídicos, que deben ser probados y luego validados para posteriormente darles un valor. Las etapas de evaluación del proceso de aplicación de una norma jurídica se cruzan con cuestiones comunes al derecho internacional y al derecho interno. Estas etapas son los componentes de la efectividad representados por los indicadores jurídicos relacionados con las siguientes conclusiones:

- existencia de la norma;
- validez de la norma;
- entrada en vigor de la norma;
- posibilidad de invocar la norma;
- consciencia de la norma;
- substancia de la norma;
- avance o regresión de la norma;
- precisión de la norma; control administrativo de la norma;
- control jurisdiccional de la norma;
- sanción de la norma;
- aplicación de las sanciones.

8. Para apoyar nuestra propuesta de crear indicadores jurídicos, hemos realizado una revisión sistemática de los indicadores de evaluación ambiental existentes, buscando la inclusión del derecho ambiental en cada indicador. Estos indicadores son elaborados por Organizaciones Internacionales, Estados, Universidades, Fundaciones y ONG. De ellos se pueden extraer las siguientes lecciones:

- La evaluación medioambiental equivale al mito de la búsqueda del Santo Grial: es una búsqueda interminable y siempre insatisfactoria.

---

15 Según el informe para la red IMPEL de la Unión Europea, *Retos en la Implementación Práctica de la Legislación Ambiental y como la IMPEL puede colaborar en su superación*, 23 de marzo de 2015, p. 11.

16 Julien Bétaille, *Las condiciones jurídicas de la efectividad de la norma en derecho público interno: ilustraciones en derecho urbanístico y del medio ambiente*, tesis dirigida por Michel Prieur, Universidad de Limoges, 2012.

- Los juristas que han estudiado la efectividad del derecho ambiental nunca se han atrevido a considerar seriamente la posibilidad de "medir" las condiciones de aplicación del derecho.
- La confusión entre efectividad y eficacia de la ley se ve reforzada por el carácter incierto del vocabulario utilizado y por la traducción inglesa de *effectiveness*, que corresponde más a "eficacia" que a "efectividad".
- Además del medio ambiente, dos sectores ya han sido objeto de estudios y pruebas relacionadas con los indicadores jurídicos en el seno de las Naciones Unidas: los Derechos Humanos y el Estado de Derecho.
- Mientras que existe un acuerdo general sobre la necesidad de contar con indicadores medioambientales, la necesidad de contar con indicadores jurídicos solo se expresa de forma excepcional. Es el caso de la Conferencia de Viena de 1993 o de la guía de medición de indicadores de derechos humanos de 2012.

  El término "indicador jurídico" solo se ha encontrado en tres ocasiones: Comisión Interamericana de Derechos Humanos, Organización Internacional del Trabajo, *The Access Initiative*.
- Los trabajos más relevantes integran debidamente en la evaluación los tres niveles complementarios: internacional, regional y nacional.
- Cuando se facilitan estadísticas sobre cuestiones jurídicas, se informa sobre el número de actos en cuestión, las sanciones impuestas o los acontecimientos relacionados con estos actos, pero nunca sobre el proceso y las condiciones de aplicación de las normas existentes.
- Algunas instituciones parecen estar más abiertas que otras a integrar los datos jurídicos directamente en sus informes ambientales: la red Implementation and Enforcement of Environmental Law (IMPEL); el International Network for Environmental Compliance and Enforcement (INECE); el Programa de las Naciones Unidas para el Medio Ambiente (PNUMA); la Organización para la Cooperación y el Desarrollo Económico (OCDE); las Naciones Unidas y los ODS 2030; la Unión Europea; y el Convenio de Barcelona para el Mediterráneo.
- Los indicadores jurídicos deben tratarse por separado a nivel internacional y nacional, enriqueciendo las prácticas del sistema de información a nivel internacional.
- Los indicadores jurídicos de la efectividad solo pueden ser relevantes si se complementan con datos institucionales, culturales y sociales sobre el comportamiento de los actores implicados en la aplicación de la legislación medioambiental.

9. A modo de ilustración práctica, se proponen un total de 17 fichas de indicadores estándar, ocho de ellas de derecho internacional y nueve de derecho nacional. Estos indicadores han sido probados por un único jurista en cuatro países africanos: Benín, Camerún, Madagascar y Túnez. Estas pruebas permitieron experimentar con un método matemático de medición *ad hoc.*
   Los indicadores jurídicos se refieren al derecho internacional de los tratados, al derecho internacional de los Objetivos de Desarrollo Sostenible 2030 y al derecho nacional.
   En el derecho internacional, se trata de cinco convenios: dos universales y tres regionales para los que se examina la efectividad de su aplicación en el derecho nacional.
   En la legislación nacional se seleccionaron cinco principios generales y dos áreas especiales: áreas protegidas y estudios de impacto.
   Los indicadores jurídicos también se probaron en tres continentes y cuatro países: en Europa: Francia y Portugal; en África: Túnez; en Sudamérica: Brasil. Estas pruebas se centraron en la evaluación de un área protegida y en la aplicación del ODS 14 sobre los océanos.
10. Los indicadores jurídicos reflejan seis criterios para la aplicación del Estado de Derecho:

   - Indicadores existenciales: ¿existe el derecho; cuáles son sus fuentes?
   - Indicadores de aplicabilidad: legalidad y legislación de aplicación.
   - Indicadores institucionales: la administración competente, los organismos de control medioambiental y los medios financieros.
   - Indicadores de fondo relativos al contenido del derecho aplicado.
   - Indicadores de procedimiento y control ciudadano y jurisdiccional que permiten el ejercicio de los derechos.
   - Indicadores no jurídicos que condicionan más o menos la aplicación efectiva del derecho.

   En todos los casos, se trata de evaluar la efectividad, que se basa tanto en el texto jurídico - evaluación formal - como en la aplicación concreta o evaluación material del proceso de implementación. Se deja de lado la evaluación de los resultados (evaluación de resultados o indicador de rendimiento), es decir, el control de la relación causal entre el texto de la ley y el nivel de contaminación observado. Requeriría un trabajo multidisciplinar complementario diferente. La evaluación de los resultados es un estudio de eficacia y no de efectividad. Esta podría llevarse a cabo más adelante con matemáticos y estadísticos.

11. La aplicación operativa de los indicadores jurídicos nacionales en un ámbito limitado del derecho medioambiental podría realizarse en unos 24 meses de trabajo, con un director de proyecto, un director de proyecto coordinador, un equipo de investigadores jurídicos de cinco a diez personas en función del número de ámbitos estudiados, y dos expertos, un matemático y un estadístico, para decidir la metodología de medición de los datos que producen los indicadores jurídicos.
El método de medición de los indicadores jurídicos debe definirse con el apoyo de matemáticos y estadísticos que hayan trabajado en indicadores medioambientales o de desarrollo sostenible.

# Introducción

Este libro no presenta todas las herramientas para la evaluación de la efectividad del derecho ambiental, que está clásicamente vinculada a los mecanismos de evaluación de las políticas públicas, un tema ya ampliamente estudiado en derecho, ciencia política y sociología política.

Se centra únicamente en el método recomendado para utilizar una nueva herramienta: los indicadores jurídicos. Los abogados ambientalistas africanos, en los dos coloquios celebrados en Abiyán en 2013 y en Rabat en 2016, hicieron especial hincapié en la necesidad de contar con una herramienta de este tipo en el futuro. Todavía no se ha realizado ninguna investigación en profundidad en el mundo sobre la elaboración y el uso de indicadores jurídicos para evaluar la efectividad de la legislación medioambiental. El primer estado de la cuestión fue publicado en 2018 por el Instituto Francófono para el Desarrollo Sostenible (IFDD), con la ayuda de la UICN (Unión Internacional para la Conservación de la Naturaleza), ONU Medio Ambiente (Programa de las Naciones Unidas para el Medio Ambiente), CEDAO (Comunidad Económica de los Estados de África Occidental) y CIDCE (Centro Internacional de Derecho Ambiental Comparado)[17]. Se basó en un estudio teórico que se limitó a probar los cuestionarios con un experto nacional en cuatro Estados francófonos: Benín, Camerún, Madagascar y Túnez.

Desde 2019, se han incluido indicadores jurídicos en el programa de la Cátedra Normandía por la Paz sobre el derecho de las generaciones futuras. Un seminario de investigación, dirigido por Émilie Gaillard, profesora de Ciencias Políticas en Rennes, ha emprendido la ampliación de la investigación básica con el fin de obtener resultados prácticos para los responsables de la toma de decisiones y los expertos que puedan reproducirse tanto a nivel internacional como nacional. Este seminario de investigación funciona en Caen, dentro de la Universidad de Caen, y la Maison de la Recherche en Sciences Humaines (MRSH) y el CNRS. En este marco, un grupo de investigadores ha emprendido el desarrollo y la prueba de un método científico de creación de indicadores jurídicos con el apoyo de la región de Normandía.

---

17 *Les indicateurs juridiques, outils d'évaluation de l'effectivité du droit de l'environnement*, Québec, IFDD, OIF, CIDCE, PNUE, IUCN, CEDEAO, 2018, www.ifdd.francophonie.org/media/docs/publications/733_indicateur-juridique_web.pdf.

El objetivo es poner a disposición de todos los gobiernos, las instituciones internacionales y la sociedad civil una herramienta para evaluar la efectividad del derecho ambiental internacional y nacional. Esta herramienta de evaluación, una vez probada en Europa (Francia y Portugal), África (Túnez) y Sudamérica (Brasil), podría utilizarse no solo para el derecho ambiental, sino también para reforzar y medir cómo se pueden alcanzar los objetivos de la Agenda 2030 para el Desarrollo Sostenible mediante el uso efectivo de los instrumentos jurídicos existentes. La metodología propuesta podría extenderse a otras regiones del mundo e incluso aplicarse a otros derechos, como los derechos humanos.

Dado que el derecho ambiental es tanto nacional como transnacional, la cuestión de los indicadores se abordará tanto en el derecho nacional como en el internacional, aunque los conceptos, procesos y métodos de interpretación no son los mismos.

Dada la novedad del tema, su amplitud debido al amplísimo ámbito del derecho ambiental y del derecho del desarrollo sostenible, y el hecho de que las políticas ambientales solo pueden abordarse teniendo en cuenta el derecho internacional, regional y nacional, se acordó que los indicadores jurídicos solo se abordarían inicialmente en ámbitos de experimentación limitados, tanto geográfica como temáticamente.

El propósito de este libro es tanto informar a los investigadores y a los gobiernos del valor de utilizar tales indicadores como presentar la metodología para medir los indicadores jurídicos, con el fin de evaluar el progreso y comprender mejor los problemas encontrados. Los indicadores jurídicos creados deberán someterse a dos operaciones complementarias antes de poder ser operativos:

a) Los indicadores jurídicos deben ser verificados tanto en su relevancia jurídica como social mediante una validación por pares compartida por los abogados ambientalistas del área considerada.
b) Tras esta validación, habrá que "medir" los indicadores jurídicos para representar matemáticamente su importancia respectiva en relación con una efectividad ideal del derecho medioambiental. A continuación, se tratará de cuantificar y calificar los datos seleccionados. Posteriormente, será posible agregar estos datos para dar cuenta de todos los sectores del derecho ambiental.

Recomendar indicadores específicos capaces de dar cuenta de la efectividad del derecho ambiental implica reconocer la relevancia de los indicadores para evaluar una de las políticas públicas más emblemáticas para la supervivencia y el futuro de la humanidad.

La necesidad de disponer de indicadores para evaluar con precisión la eficacia del seguimiento de la aplicación del derecho ambiental ya había sido defendida por el profesor Stéphane Doumbé-Billé en el coloquio de la red "Derecho Ambiental" de la Agencia Universitaria Francófona (AUF) celebrado en Yaundé el 14 y 15 de junio de 2001. Allí pidió un control "en el sentido amplio del término, lo que implica el establecimiento de instrumentos de evaluación, como indicadores fiables y aceptables para todos"[18].

Hasta entonces, la efectividad del derecho solo era estudiada por los filósofos del derecho o los teóricos del derecho que se planteaban la pregunta fundamental: ¿cuál es la finalidad del derecho? Los sociólogos jurídicos han tratado de responder a la misma pregunta basándose en encuestas de comportamiento que, con demasiada frecuencia, se basan en valoraciones puramente subjetivas[19]. Sobre el terreno, muchos Estados han aumentado el número de organismos *ad hoc* encargados de evaluar los efectos de las leyes: comités o consejos de evaluación de las políticas públicas. Los servicios de inspección general de los ministerios de medio ambiente también han realizado evaluaciones de las leyes y reglamentos a partir de los informes de sus servicios territoriales. Todos estos estudios y experiencias se centran únicamente en aspectos específicos de las políticas medioambientales y en fases concretas de la aplicación de las leyes. Sin embargo, no existe una imagen completa de todos los pasos jurídicos que conducen a la aplicación de la legislación. Las evaluaciones existentes nunca van acompañadas de las herramientas adecuadas para evaluar no los efectos generales del derecho, sino la efectividad jurídica del mismo, es decir, las condiciones jurídicas de su proceso de aplicación que permiten respetarlo.

La creación de indicadores jurídicos debe permitir diseñar, sobre una base científica, un instrumento para identificar y medir la aplicación efectiva del derecho ambiental y no su supuesta aplicación basada únicamente en la letra de la ley.

---

18 Stéphane Doumbé-Billé, «Implementación y seguimiento del derecho internacional medioambiental. Informe General», en AUF, *La implementación nacional del derecho internacional del medioambiente en los países francófonos*, Limoges, PULIM, 2003, p. 498. El profesor Doumbé-Billé falleció a principios de 2020. Se le rindió un homenaje en Lyon, el 13 de febrero de 2020, con motivo de la entrega póstuma de sus recopilaciones tituladas *Derecho, Humanidad y Medio Ambiente*, Bruselas, Bruylant, 2020, 1247 páginas.

19 El cuestionamiento teórico sobre la efectividad en derecho es reciente. Ver las tesis de V. Richard, *El derecho y la efectividad, contribución al estudio de una noción*, París II, 2003; y de Y. Leroy, *La efectividad del derecho a través de un cuestionamiento del derecho laboral*, Nancy, LGDJ, 2011.

No vamos a entrar aquí en el debate doctrinal entre algunos juristas y filósofos del derecho sobre la pertinencia o no de "medir" el derecho[20]. En efecto, el objetivo de la creación de indicadores jurídicos, como el de todos los indicadores, es producir "medidas" numéricas que permitan visualizar y clasificar los datos brutos. Estos indicadores jurídicos son simplemente una fuente de información para mejorar la toma de decisiones, pero en ningún caso pueden tener un efecto jurídicamente vinculante que se imponga a un responsable de la toma de decisiones o a un juez. No se trata de abogar por la gobernanza por números.

No caeremos en una dichosa admiración por los números ni en una creencia ciega en los méritos de la evaluación comparativa aplicada al derecho, después de haber sido aplicada al comercio y las finanzas. Se considerará que la existencia de indicadores jurídicos debería permitir en el futuro situar al derecho en el lugar que le corresponde como uno de los factores esenciales que condicionan necesariamente los resultados de la política medioambiental.

Por lo tanto, podemos estar de acuerdo con la apreciación del filósofo del derecho Henri Lévy-Bruhl: "Nuestro conocimiento de los hechos jurídicos no puede prescindir, más que el de los hechos económicos, de datos numéricos precisos y metódicamente establecidos"[21]. Para el filósofo, matemático y político Condorcet, el progreso de la cuantificación va de la mano del proyecto de una ley uniforme y universal, y debe ser posible calcular las reglas aplicables a toda la humanidad[22]. Podemos estar más de acuerdo con esta opinión, ya que el derecho ambiental se distingue precisamente por su carácter fuertemente universalista, por su aplicación a toda la humanidad.

Esta preocupación por potenciar el derecho ambiental llega en un momento en que, en muchos países, la avalancha de textos en esta materia lleva a algunos a criticar una ecología llamada "punitiva" y a abogar por la supresión o la simplificación de los textos. Esto lleva a un retroceso en relación con los aportes y ambiciones de las políticas medioambientales de los años 1970 y 1990[23]. Para medir

---

20 Alain Supiot, *La gobernanza en cifras*, París, Fayard, 2015; Isabelle Pariente-Butterlin, *El derecho, la norma y lo real*, París, PUF, 2005.

21 H. Levy-Bruhl, "Nota sobre la estadística y el derecho", en *La estadística, sus aplicaciones, los problemas que conlleva*, París, PUF, 1935, pp. 141–147.

22 Condorcet, *Observaciones sobre el libro 29°* del Espíritu de la leyes, citado por A. Supiot, *op. cit.*, p. 153.

23 Sobre el principio de no regresión como obstáculo a los retrocesos del derecho: M. Prieur y G. Sozzo (dir.), *La no regresión en el derecho ambiental*, Bruselas, Bruylant, 2012 ; M. Prieur, "*The principle of non regression*", en L. Krämer y E. Orlando (eds.), *Principles of Environmental Law*, Elgar Encyclopedia of Environmental Law series, Edward Elgar Publishing, Vol. VI, 2018, p. 251.

esta amenazante regresión del derecho ambiental, es necesario poder hacer visibles los éxitos y avances que el derecho ambiental ha logrado.

Ocurre que el derecho ambiental, quizás más que otros derechos, a menudo muestra deliberadamente su voluntad y su preocupación por la efectividad, como si su aplicación pareciera una necesidad colectiva urgente a causa de la "emergencia ecológica". Se podrían encontrar muchos ejemplos de textos internacionales y nacionales que proclaman expresamente su deseo de "efectividad". En este sentido, la misma preocupación por exigir *a priori* la efectividad de la norma se encuentra también en el ámbito de los derechos humanos.

Sin embargo, en la actualidad, las evaluaciones oficiales de las políticas medioambientales, a través de informes y estudios sobre el "estado del medio ambiente", no permiten dar cuenta de la existencia ni de la efectividad de los textos de derecho ambiental.[24]. De hecho, en estos documentos, ya sean nacionales, regionales o internacionales, solo encontramos indicadores científicos, económicos o sociales. No se mencionan los indicadores jurídicos por la buena razón de que aún no existen[25]. Rara vez se menciona un elemento de contenido jurídico. Si existe, no se evalúa, ni cualitativa ni cuantitativamente. Esta flagrante ausencia del derecho en los informes sobre el "estado del medio ambiente" lleva a los responsables políticos y a la opinión pública a subestimar o negar el peso del derecho y su utilidad. En realidad, sin datos sobre la legislación aplicable, los responsables de tomar decisiones actúan a ciegas. Por ello, el desarrollo innovador de indicadores jurídicos del derecho ambiental puede considerarse una contribución esencial para la evaluación rigurosa y fundamentada de las políticas ambientales. A su vez, esta evaluación ayudará a los responsables de la toma de decisiones a llamar la atención de los funcionarios elegidos y del público sobre las lagunas y regresiones del derecho. Por último, a un nivel más amplio, los indicadores jurídicos permitirán al público y a los funcionarios encargados de la aplicación del derecho estar mejor informados sobre la realidad de la utilidad del derecho ambiental como factor de éxito o fracaso de las políticas ambientales.

Es alentador observar que la Cumbre del G7 celebrada en Bolonia, el 11 y 12 de junio de 2017, en la reunión de Ministros de Medio Ambiente, destacó especialmente el valor de los indicadores medioambientales al comprometerse a

24 Ver, desde 1992, los informes de la OCDE sobre "el examen de los desempeños medioambientales de los Estados", en los cuales el derecho del medio ambiente, aunque se menciona, no es objeto de ninguna evaluación profunda ni de alguna medición.

25 En las listas de indicadores relacionados al medio ambiente y al desarrollo sostenible de la ONU, de la Agencia Europea de Medio Ambiente, de la Unión Europea y de varios Estados, no encontramos ningún indicador jurídico tal como lo dijimos.

desarrollar la capacidad de medición y seguimiento, identificando las "lagunas" y desarrollando posibles "nuevos indicadores mundiales, regionales y nacionales". Nuestra propuesta de "nuevos indicadores" de carácter jurídico es, por tanto, oportuna y debería encontrar apoyo en el G7[26].

Es evidente que los indicadores jurídicos no son una solución milagrosa para colmar las lagunas en la aplicación del derecho ambiental que, por desgracia, son comunes, en mayor o menor medida, a todos los países del mundo. Pero deben considerarse como un medio para lograr lo siguiente:

- Hacer que el lugar y el papel del derecho en las políticas medioambientales sean claros y visibles para todos.
- Demostrar la utilidad del derecho ambiental en un momento en el que se pone en duda.
- Evaluar, según los indicadores pertinentes, de forma cuantitativa o cualitativa, el respeto de la legislación medioambiental.
- Proporcionar al público una visión concreta de la aplicación efectiva del derecho ambiental vigente para que pueda recuperar la confianza en las autoridades públicas.
- Proporcionar a los responsables políticos, parlamentos y gobiernos, elementos de apreciación sobre la aplicación efectiva de los convenios internacionales y las leyes nacionales sobre el medio ambiente con miras a preparar reformas.
- Permitir la agregación de los resultados de los indicadores jurídicos con los indicadores científicos para evaluar la eficacia de las políticas medioambientales, es decir, la adecuación entre los objetivos perseguidos y los resultados obtenidos.

Estos valores añadidos derivados de la creación de indicadores jurídicos que midan la efectividad de la legislación medioambiental serán tanto más apreciados en la medida en que el coste de la no aplicación de la legislación existente sea considerable.

Cabe suponer que la voluntad de los Estados de tener más en cuenta la evaluación de los avances hacia el desarrollo sostenible desde la resolución de la Asamblea General de la ONU del 25 de septiembre de 2015 sobre los ODS llevará a una mejor consideración de las contribuciones del derecho ambiental en el futuro. La tendencia a multiplicar las categorías de indicadores debería permitir, a partir

26 G7 Bologna Environment Ministers' Meeting, *Communiqué*, 11–12 June 2017, annex "5-year Bologna roadmap", p. 13.

de nuestras propuestas, medir la efectividad del derecho ambiental. Podríamos entonces animar al Banco Mundial a enriquecer su Atlas 2017 de los ODS con la medición de los indicadores de desarrollo sostenible integrando el derecho, como en el pasado fue capaz de lanzar la "medición" del derecho en el derecho de los negocios con el desarrollo de la teoría *law and economics*. La nueva lista de indicadores de desarrollo sostenible propuesta por el Comité de Expertos del Consejo Económico y Social de la ONU en 2017, que sigue omitiendo los indicadores jurídicos, no puede sino animarnos a incrementar la investigación para la creación de dichos indicadores[27]. Nuestras propuestas también deberían contribuir al trabajo de la Comisión de Estadística de las Naciones Unidas y del Grupo Interinstitucional y de Expertos sobre los Indicadores de los Objetivos de Desarrollo Sostenible (IAEG-SDG), para convencerlos de que no es posible seguir evaluando el progreso hacia el desarrollo sostenible ignorando la presencia y la contribución del derecho ambiental. Las reuniones de estos dos organismos siguen ignorando los indicadores de derecho ambiental y refuerzan el objetivo de nuestro proyecto de introducir nuevos indicadores que reflejen tanto la existencia como la utilidad del derecho ambiental[28]. Sin embargo, es interesante observar que el grupo de expertos ha acordado ahora incluir una "dimensión de derechos humanos" en los indicadores[29]. La introducción del medio ambiente y del desarrollo sostenible en las herramientas estadísticas está bien reconocida entre los principios fundamentales de las estadísticas oficiales[30]. Esto debe dar lugar a la introducción del derecho ambiental, porque donde hay sociedad, hay derecho.

Se examinarán sucesivamente las seis secciones siguientes:

- la exigencia de efectividad del derecho ambiental;
- la inexistencia de indicadores jurídicos reales;
- indicadores al servicio de los objetivos de desarrollo sostenible;

---

27 Informe en E/CN.3/2017/2, anexo III.

28 IAEG-ODS, 5th reunión, Ottawa, 28–31 marzo 2017 (ESA/STAT/AC.333/L/3); Comisión de Estadística de las NU, 48th sesión, 7–10 marzo 2017 (E/2017/24-E/CN.3/2017/35).

29 Conclusiones de la Reunión del Grupo de Expertos en el marco de los indicadores para la agenda de desarrollo post-2015, Nueva York, 25–26 febrero 2015: propuesta interina de la Comisión de Estadística de la ONU durante la 46.° sesión, decisión 1, 6 marzo 2015.

30 Resolución de la Asamblea General de las Naciones Unidas del 29 de enero de 2014 (A/RES/68/261).

- por qué crear indicadores jurídicos para el medio ambiente;
- cómo pueden construirse indicadores jurídicos a partir de los criterios de efectividad del derecho ambiental;
- cómo medir y representar los indicadores jurídicos.

# I. La exigencia de efectividad del derecho ambiental

Es esencial aclarar el concepto de *efectividad*. El sustantivo "efectividad" no aparece como tal en los diccionarios. Se utiliza para caracterizar lo que es "efectivo", es decir, lo que se hace, lo que tiene un efecto real y concreto, lo que existe de hecho. Para que un derecho sea "efectivo", se puede considerar que debe traducirse en hechos, por tanto, en realidad. Es decir, la efectividad del derecho sería su concreción en los hechos. Sin embargo, no se trata de la primacía del hecho sobre el derecho, sino de la traducción del derecho al hecho. Es un derecho "factible", es decir, un derecho que es concretamente aplicable y que se aplica. En otras palabras, es el derecho el que se aplica y el que debe producir efectos. Además del derecho sobre el papel o derecho formal, nos interesa el derecho aplicado o derecho real. La efectividad podría considerarse, en su sentido jurídico, como el encuentro entre el derecho y el hecho, que idealmente conduce a la unidad de ambos. Un derecho vivo será un derecho que se aplique efectivamente. Un derecho muerto es un derecho que, o bien es inadecuado y, por tanto, obsoleto, o bien es ignorado o violado. Un derecho vivo es aquel que siempre está vigente, porque está dotado de los medios jurídicos para su aplicación, así como de los medios jurídicos para su control y posible sanción. Así, la efectividad del derecho requiere una cadena de componentes que permita ir desde el derecho, el texto, hasta el hecho, su aplicación. La efectividad del derecho es, finalmente, un requisito obvio y banal: el derecho está hecho para ser aplicado. Pero la efectividad del derecho implica, en primer lugar, que la norma exista, que sea jurídicamente aplicable, que sea legal, que se conozca, que se entienda, que se respete, que se utilice, que se controle y que sea eventualmente sancionada por la administración o por el juez.

En primer lugar, distinguiremos entre la efectividad en el derecho internacional y en el derecho interno; a continuación, distinguiremos entre la efectividad y la eficacia; seguidamente, señalaremos el creciente interés por la efectividad del derecho; por último, especificaremos los componentes jurídicos de la efectividad en relación con la inefectividad.

## A. Efectividad en el derecho internacional y nacional

En derecho interno, podemos remitirnos a la mencionada tesis de Julien Bétaille, defendida en la Universidad de Limoges en 2012. En derecho internacional, nos remitimos a la tesis de Florian Couveinhes-Matsumoto, defendida en la Universidad de París II en 2011[31], y el curso impartido en la Academia de Derecho Internacional de La Haya por el profesor R. Wolfrum en 1998[32]. En primer lugar, hay que señalar que el significado que se da a la efectividad no es en absoluto el mismo en el derecho interno y en el internacional. En un enfoque clásico, se puede decir que en el derecho interno es un concepto no jurídico que cuestiona las condiciones de aplicación del derecho. En derecho internacional, es un criterio jurídico que condiciona la aplicación del derecho internacional al identificar los sujetos del derecho internacional y la apropiación de los territorios. El objetivo aquí es sacar la "efectividad" de la vaguedad conceptual que la rodea y darle un contenido jurídico preciso, que conduzca al desarrollo de indicadores jurídicos que la reflejen, tanto en el derecho interno como en el internacional.

La Declaración Ministerial del Foro Político de Alto Nivel sobre el Desarrollo Sostenible, del 19 de julio de 2017, sobre los ODS se refiere 16 veces a *effective* y *effectiveness*[33]. En 2018, la declaración aprobada por este Foro también lo menciona una docena de veces[34]. Esta preocupación por la efectividad también se refleja cada vez más en los resúmenes de los exámenes nacionales voluntarios presentados por los Estados al Foro, con 13 iteraciones en el de 2016[35], 18 en el de 2017[36], 29 en el de 2018[37] y 31 en el de 2019[38]. Esto confirma la actual preocupación por una "verdadera" aplicación de los objetivos de desarrollo sostenible, que implica instrumentos jurídicos adecuados y aplicados eficazmente.

Es evidente que las condiciones jurídicas y el contexto sociopolítico de la aplicación del derecho interno no son los mismos que los existentes en el derecho internacional público. Por lo tanto, no es sorprendente que la efectividad no tenga el mismo significado *a priori* en estas dos ramas del derecho. No obstante,

---

31 Florian Couveinhes-Matsumoto, *La efectividad del derecho internacional*, Bruselas, Bruylant, 2014, tesis dirigida por Denis Alland.

32 R. Wolfrum, «Formas de garantizar el cumplimiento y la aplicación del derecho ambiental internacional», *Recopilación de los cursos de la Academia de derecho internacional*, vol. 272, 1999.

33 E/HLS/2017/1.

34 E/HLS/2018/1.

35 DESA, *Synthesis of Voluntary National Reviews 2016*, New York, 2016.

36 High-level Political Forum on Sustainable Development, *2017 Voluntary National Reviews Synthesis Report*, New York, DESA, 2017.

37 High-level Political Forum on Sustainable Development, *2018 Voluntary National Reviews Synthesis Report*, New York, DESA, 2018.

38 High-level Political Forum on Sustainable Development, *2019 Voluntary National Reviews Synthesis Report*, New York, DESA, 2019.

se intentará aplicar al derecho internacional los criterios de efectividad identificados en el derecho interno, adaptándolos. Sin embargo, al final habrá que distinguir entre la doble efectividad del derecho internacional: la evaluada en el marco del derecho internacional por los órganos de un convenio internacional o por un juez internacional, y la evaluada en el marco del derecho interno por las instituciones nacionales y por un juez nacional. Esta distinción llevará a considerar cuatro tipos de evaluación de la efectividad, que permitirán distinguir cuatro categorías de indicadores:

- evaluación de la aplicación del derecho internacional en relación con las exigencias del derecho internacional;
- evaluación de la aplicación del derecho internacional en relación con su transposición al derecho nacional;
- evaluación de la aplicación del derecho nacional en relación con las exigencias del derecho internacional;
- evaluación de la aplicación del derecho nacional en relación con los requisitos del derecho nacional.

La efectividad fue objeto de una interesante distinción formulada por Julien Bétaille[39]. Habría un estado de efectividad distinto de una acción de efectividad. Según este autor, la efectividad-estado es lo que existe en la realidad y la efectividad-acción es lo que produce un efecto en la realidad. La efectividad-estado correspondería al significado que históricamente ha dado el derecho internacional a la efectividad, es decir, la valoración jurídica de un hecho como la ocupación de un territorio o un bloqueo marítimo. El derecho internacional establece un hecho y deduce de él la efectividad del hecho establecido, lo que conduce a una calificación jurídica o a una consecuencia jurídica. En el derecho internacional clásico, es el hecho el que crea el derecho.

La efectividad-acción sería más bien la expresión del derecho en acción, es decir, los efectos del derecho en el terreno que se manifiestan por la obediencia a la ley. Se aplicaría al derecho interno. En este caso, la efectividad "tiene una finalidad práctica en la medida en que pretende evaluar los grados de aplicación del derecho en la sociedad"[40]. El desfase entre el derecho y la práctica solo lo medían antes los sociólogos. Nuestro objetivo es añadirle una medida jurídica

39 *Las condiciones jurídicas de la efectividad de la norma en derecho público interno: ilustraciones en derecho urbanístico y del medio ambiente, op. cit.*, p. 2.

40 F. Rangeon, "Reflexiones sobre la efectividad del derecho", en CURAPP, *Los usos sociales del derecho*, París, PUF, 1989, p. 128, citado por J. Bétaille, *op. cit.*, p. 15.

por medio de indicadores jurídicos cuya función es aprehender, o incluso medir con cifras, el grado de aplicación de una norma jurídica sobre la base de criterios puramente jurídicos. Por lo tanto, hay que reconocer que la evaluación de la aplicación de una norma jurídica no puede reducirse a la simple constatación de su respeto o violación, sino que, siendo la realidad más compleja, la efectividad es susceptible de grados y debe satisfacer las exigencias de varias etapas que constituyen el proceso de aplicación del derecho. Por lo tanto, los indicadores jurídicos tendrán que tener en cuenta la realidad de una efectividad siempre relativa y variable, lo que lleva a una escala de efectividad según el avance de cada proceso.

En realidad, la efectividad-estado y la efectividad-acción son dos caras del mismo concepto. Si bien la primera permite caracterizar las formas históricas de efectividad en el derecho internacional, ello no excluye que la efectividad-acción pueda caracterizar al derecho internacional. La aplicación del derecho internacional, al igual que la del derecho nacional, requiere una evaluación de los instrumentos jurídicos de aplicación del derecho internacional (*implementation*), de los elementos relativos al respeto o al incumplimiento de la norma (*compliance*) y de la relatividad de la aplicación efectiva de la norma, que es una aplicación de grado.

La identificación de los obstáculos a la aplicación efectiva del derecho es especialmente compleja en el derecho ambiental, sobre todo por su alto grado de tecnicidad. A esto hay que añadir un factor psicológico debido a que lo que se percibe como complicado se ignora fácilmente, como se ha señalado con respecto a la legislación de protección de la naturaleza.[41]

Por lo tanto, las mismas cuestiones relativas a la efectividad jurídica se encontrarán tanto en el derecho internacional como en el nacional. Para cada pregunta, habrá que crear indicadores específicos. Algunos de estos indicadores serán específicos del derecho internacional y otros del derecho nacional. Pero las preguntas son las mismas. Son seis y servirán de marco para la formulación de indicadores jurídicos en los cuestionarios dirigidos a los encargados de la aplicación del derecho:

1. ¿Existe la norma?, ¿en qué texto?, ¿con qué valor jurídico en la jerarquía de las normas (constitución, ley, reglamento en derecho interno; tratado, costumbre, principios generales, *hard law*, *soft law* en derecho internacional)?

41 Lothar Gündling, *Obstáculos jurídicos para la aplicación de la legislación de conservación natural*, Naturaleza y Medio Ambiente, n.° 89, Estrasburgo, Consejo de Europa, 1997, p. 11.

2. ¿Es la norma válida (con respecto a la constitución y la ley) y por lo tanto aplicable y cuáles son los requisitos jurídicos para su aplicabilidad?
3. ¿Requiere la norma un aparato institucional especial con los recursos humanos y presupuestarios adecuados?
4. ¿Cuál es el contenido sustantivo de la norma, cómo se aplica cada disposición de la norma?
5. ¿Se aplica y controla la norma, cómo y por quién – la administración, el juez, el público? – y/o ¿es sancionable, cómo y por quién? ¿Se aplica la decisión judicial?
6. Hay que añadir elementos no jurídicos para complementar las cuestiones jurídicas mediante la evaluación de los obstáculos socioeconómicos y políticos a la aplicación de las normas, ya que es cierto que el derecho no puede evaluarse aislado del contexto social. Si donde hay sociedad, hay derecho (*ubi societas ibi jus*), a la inversa, donde hay derecho, hay sociedad. De hecho, como ha escrito W. Friedmann, la efectividad de un ordenamiento normativo no puede medirse sin abordar cuestiones de la realidad política y social que reflejan el contexto local de la aplicación del derecho[42].

Por ello, además de los indicadores estrictamente jurídicos, propondremos algunos indicadores denominados no jurídicos, que deberían estar fundamentados científicamente por sociólogos y antropólogos. De hecho, la efectividad de la norma tiene necesariamente una dimensión social, cultural y geopolítica[43]. Por lo tanto, las evaluaciones tratarán de ser más cualitativas que cuantitativas.

Será importante tener en cuenta, en los elementos no jurídicos de la evaluación de la efectividad, el lugar de las culturas nacionales especialmente vivas[44]. En algunos casos, la costumbre será una fuente jurídica, como en el derecho internacional o en algunos países.

Entre los elementos no jurídicos de la evaluación, un factor importante de efectividad es la cuestión de la influencia de la norma jurídica en el comportamiento por la mera existencia y la fuerte legitimidad de la norma. Como escribe

---

42 W. Friedmann, *Legal Theory*, London, Stevens and Sons, 1967, p. 278, citado por F. Couveinhes-Matsumoto, *op. cit.* p. 90, nota 353.

43 Philippe Auvergnon, "Un enfoque comparativo de la cuestión de efectividad en el derecho laboral", en Philippe Auvergnon (dir.), *La efectividad del derecho laboral, ¿en qué condiciones?*, Burdeos, Prensas Universitarias de Burdeos, 2008, p. 17.

44 Sobre el derecho laboral frente a las normas universales de la OIT, ver J. M. Servais, "Normas del derecho universales y culturas nacionales", en *La efectividad del derecho laboral, ¿en qué condiciones?*, *ibid.*, pp. 363–385.

F. Couveinhes-Matsumoto: "La capacidad de una norma para influir en el comportamiento de sus destinatarios se ve generalmente reforzada por el respeto general del que ya goza, el asentimiento duradero de sus súbditos, etc., de modo que su efectividad actual es casi siempre favorable a su efectividad futura. La observancia habitual y manifiesta de una norma jurídica aumenta también la sensación de que es legítima, multiplica las expectativas de los sujetos de derecho respecto a su observancia en el futuro, incrementa el temor a las sanciones informales o jurídicamente organizadas en caso de su violación, y constituye así una forma de garantizar la observancia futura de la norma"[45].

Cabe señalar que la validez de la norma es un componente de la efectividad. Pero a diferencia de la cuestión de la validez de la norma, que puede resolverse con un sí o un no en el contexto de la evaluación de su legalidad por parte del juez, la cuestión de la efectividad no puede decidirse con un sí o un no debido a sus complejos componentes y a su carácter gradual. El grado de efectividad del derecho ha sido bien analizado en el trabajo de F. Couveinhes-Matsumoto, que ilustra la importancia de varias variables[46]. Por ejemplo, la evaluación de la efectividad no será la misma para los actos generales y para los actos individuales, para los principios generales y para las normas técnicas, para las normas jurídicas y para las decisiones judiciales.

## B. Distinción entre efectividad y eficacia

Es importante distinguir entre *efectividad* y *eficacia*, ya que los objetivos y los métodos de evaluación son diferentes. La eficacia de una regla jurídica es, por lo general, lo que más se busca. Se considera que una regla jurídica es pertinente si es eficaz, y viceversa, es decir, si es socialmente útil para lograr su objetivo. Se trata, pues, del impacto de una norma en la sociedad. Esto significa que la norma debe contribuir a la consecución de un resultado que está fuera del sistema jurídico. El examen de la efectividad del derecho, en cambio, tiene lugar dentro del sistema jurídico. Por lo tanto, la eficacia se evaluará en relación con la finalidad y el objetivo que persigue la norma jurídica. El objetivo de la norma, por ejemplo reducir la contaminación, puede alcanzarse parcial o totalmente. La eficacia se medirá mediante la evaluación por parte de los científicos del índice de reducción de la contaminación.

---

45 F. Couveinhes-Matsumoto, *op. cit.*, p. 102.

46 *Ibid.*, p.78.

La efectividad, en cambio, se evaluará en función del proceso jurídico de aplicación de la norma. Su medición la harán los abogados, actores de la aplicación jurídica de la norma. La eficacia, al igual que la efectividad, se juzgará como total o parcial. La norma sobre el agua o el aire, que fija los niveles de descontaminación que deben alcanzarse, será eficaz si se alcanza total o parcialmente el nivel de descontaminación medido científicamente. La eficacia se considerará total o relativa. La efectividad también puede ser absoluta o relativa. Retomando la distinción realizada anteriormente, nos referimos aquí a la efectividad-estado: el efecto concreto y material de la norma jurídica evaluada sobre el terreno. La eficacia mide, por tanto, si la norma jurídica ha alcanzado, total o parcialmente, su(s) objetivo(s). La efectividad, que es la medida jurídica de la aplicación de la ley, puede considerarse, pues, una condición necesaria pero no suficiente para la eficacia.

Los indicadores de eficacia son indicadores científicos con medidas como el índice de control de la contaminación del agua o del aire o el número de especies protegidas. En los documentos oficiales sobre el estado del medio ambiente a nivel nacional o internacional, encontramos una serie de indicadores cuantificados del nivel de contaminación o descontaminación alcanzado o del estado de la biodiversidad. Se trata de indicadores de eficacia, también conocidos como indicadores de desempeño. Pero estas medidas suelen darse como tales y no como resultado de la aplicación de un texto jurídico concreto. Un primer paso sería comparar las cifras de control de la contaminación con los textos jurídicos que imponen normas de control de la contaminación, lo que no se hace actualmente. En la actualidad, la medición de la eficacia del derecho medioambiental no refleja cómo se ha aplicado, supervisado y aplicado la ley. Solo se señala un resultado (buen o mal estado del medio ambiente), sin evaluar el proceso jurídico que lleva a ese resultado y que puede haber sido más o menos respetado. El objetivo de los indicadores jurídicos es precisamente evaluar este proceso jurídico midiendo una batería de factores que contribuyen a la efectividad de la norma jurídica en un ámbito concreto y que conducen a la consecución de un resultado: la reducción de la contaminación. El objetivo es poder demostrar que este resultado es directa o indirectamente fruto de una aplicación rigurosa y efectiva de la norma jurídica.

Si consideramos que la utilidad del derecho consiste en responder a la pregunta "¿ha servido la ley para algo?", esto implica que la respuesta debe darse evaluando tanto la eficacia del derecho en relación con sus objetivos como la efectividad del derecho en relación con las etapas de su aplicación.

Nuestro propósito aquí es centrarnos únicamente en la evaluación de la efectividad de la norma de derecho aplicada al medio ambiente, sin preocuparnos por la eficacia de esta norma. En efecto, la búsqueda de la eficacia implica recurrir a las ciencias exactas para medir científicamente el grado de contaminación o el nivel de pérdida de biodiversidad. Por el contrario, la medición de la efectividad requiere un análisis jurídico y sociojurídico detallado de los numerosos factores que contribuyen al proceso de aplicación de una norma de derecho. Corresponde a los juristas ser capaces de desglosar e identificar las distintas fases de aplicación de la ley tras su aprobación. Dado que la evaluación de la efectividad es la evaluación de un "proceso", será necesario identificar los instrumentos procesales, sustantivos, institucionales y financieros que permiten efectivamente la aplicación del derecho.

## C. La efectividad del derecho ambiental según McGrath

En su interesante y provocador libro titulado: *Does Environmental Law Work ?* (¿Sirve de algo el derecho ambiental?)[47], el autor propone un método para evaluar la efectividad del derecho ambiental. Este método, que pone a prueba en el cambio climático y sus efectos en la Gran Barrera de Coral de Australia, se basa en el método de evaluación ambiental de la *Pressure-State-Response* (PSR) desarrollado por la OCDE. Se trata de evaluar sucesivamente en una relación causal: las presiones humanas sobre el medio natural; el estado de los elementos medioambientales y las respuestas que da el derecho; las políticas y la financiación. Este método, favorecido por el autor después de haber revisado otros métodos, es de hecho inadecuado[48]. El método *Driving-Force-Pressure-State-Impact-Response* (DPSIR) de la Agencia Europea de Medio Ambiente y el PNUMA ya no refleja el papel del derecho. El objetivo de estos métodos es la evaluación del estado del medio ambiente, y este estado se presenta no como el resultado final de la evaluación sino como la segunda o tercera etapa del proceso de evaluación (*state).* Por tanto, existe una clara falta de lógica en los métodos PSR y DPSIR. Hay que elegir entre dos modelos:

- Ya sea comenzar con la evaluación del estado actual del medio ambiente, que es objetivamente medible como línea de base, luego examinar las presiones humanas y naturales, y finalmente evaluar las respuestas existentes y propuestas; este sería el modelo SPR.
- Ya sea comenzar con el estado actual del medio ambiente, luego examinar las presiones existentes, después evaluar las respuestas dadas, pero añadir la

47 C. McGrath, *op. cit.*, p. 1.
48 *Ibid.*, p. 109.

evaluación de la efectividad de las respuestas del derecho en relación con un estado deseado del medio ambiente según los objetivos fijados y/o por fijar (metas); este sería entonces el modelo SPRG. Los Objetivos de Desarrollo Sostenible (ODS) de 2030 exigen evaluaciones de este tipo para valorar si el estado del medio ambiente y las respuestas jurídicas dadas permiten alcanzar o no los objetivos fijados.

Independientemente del proceso de evaluación que se elija, lo más importante para nosotros es la evaluación de la "respuesta", ya que es ahí donde tiene cabida el derecho ambiental. Lamentablemente, aunque McGrath menciona la necesidad de indicadores medioambientales (pp. 112–116), nunca menciona la necesidad de "indicadores jurídicos". Solo describe la respuesta jurídica, incorporando tanto el derecho internacional como el nacional, pero nunca se pregunta cómo se puede "medir" la efectividad del derecho como parte esencial de la respuesta.

De hecho, este autor concibe la "efectividad" del derecho medioambiental no en términos de cómo se aplica y se hace cumplir, sino en el sentido de "eficacia" descrito anteriormente. Su única preocupación es si el derecho ambiental contribuye o no a mejorar el medio ambiente[49]. Hemos explicado cómo la cuestión de la eficacia solo puede abordarse tras examinar las condiciones y el proceso de la efectividad jurídica.

Lo que se puede concluir de la investigación de McGrath, sin embargo, es que hay poca o ninguna "respuesta" jurídica en los informes sobre el estado del medio ambiente, porque estos informes son escritos por científicos, en ausencia de juristas[50]. Pero McGrath no concluye que la falta de respuesta jurídica se deba también a la falta de instrumentos para medir la aplicación efectiva del derecho.

## D. El creciente interés por la efectividad del derecho, en particular del derecho ambiental

Es importante señalar que el tema de la efectividad del derecho suscita un interés creciente por parte de los investigadores y de los encargados de la toma de decisiones. En los últimos tiempos se ha producido una tendencia a la "juridificación" de la exigencia de efectividad de las normas jurídicas, que se refleja tanto en la especial atención prestada a los procedimientos específicos de control o promoción de las normas o de los dispositivos destinados a verificar su

49 *Ibid.*, p. 16.
50 *Ibid.*, p. 240.

conformidad, como en el uso de palabras que enfatizan el papel de la efectividad, que se ha convertido en un componente del discurso jurídico[51].

Es sorprendente que el Programa de Derecho Ambiental del PNUMA no haya hecho mayor hincapié en la necesidad de la efectividad del derecho, distinguiendo la efectividad de la eficacia. En la revisión intermedia del Cuarto Programa de Derecho Ambiental de Montevideo, si bien hay un desarrollo sobre la "eficacia" del derecho ambiental, se aborda (pero no se hace la distinción) la efectividad, solicitando el "cumplimiento y aplicación efectiva" del derecho ambiental[52].

Una recomendación de la reunión de altos funcionarios gubernamentales especializados en derecho ambiental, celebrada en la II Asamblea de las Naciones Unidas para el Medio Ambiente en mayo de 2016, pedía "establecer criterios para ayudar a los Estados a evaluar la eficacia del derecho ambiental", sin especificar ni la naturaleza ni el contenido de dichos criterios[53].

El 5.º Programa de Derecho Ambiental de Montevideo, adoptado por la 4.ª Asamblea de las Naciones Unidas para el Medio Ambiente en Nairobi el 15 de marzo de 2019, es mucho más claro: se trata de proporcionar a los países "las mejores prácticas, así como indicadores modelo para el desarrollo y la aplicación efectiva del derecho ambiental."[54]

Probablemente debido a la constante creación de nuevas normas jurídicas, la opinión pública y la propia profesión jurídica están preocupadas por la inflación incontrolada del derecho ambiental. A menudo se dice que demasiado derecho mata el derecho. En efecto, tanto en lo que respecta al conocimiento de la norma como a su aplicación efectiva, el aumento cuantitativo de la norma plantea un problema. El resultado automático es que el nuevo derecho se aplica poco o mal. En este sentido, el derecho ambiental es especialmente vulnerable, ya que es un derecho nuevo que se ha convertido muy rápidamente en un derecho abundante, tanto a nivel internacional como nacional. Esta sobreabundancia es claramente perjudicial para la correcta aplicación del derecho ambiental. No es de extrañar, por tanto, que la atención se centre ahora en la aplicación del derecho medioambiental y no, como ocurría hace diez años, en su creación. Ahora que

---

51 Antoine Jammeaud, "Concepto de la efectividad en derecho", en Philippe Auvergnon (dir.), *La efectividad del derecho laboral, ¿en qué condiciones ?, op. cit.*, pp. 45–46.

52 *Examen intermedio del 4° Programa para el desarrollo y examen periódico del derecho ambiental,* UNEP/EA.2/13, 14 marzo 2016, § 4.

53 UNEP/EA.2/13, Anexo § 3-c-iii.

54 Resolución que adopta el Programa de Montevideo V: UNEP/EA.4/Res.20 ; texto del Programa de Montevideo V : UNEP/EA.4/19, Anexo 1, § 4-a.

se ha convertido en un derecho adulto, el derecho ambiental debe justificar su existencia, tanto en términos de su eficacia como de efectividad. Las bibliografías de las dos tesis mencionadas muestran claramente el gran número de libros y artículos que se dedican actualmente al tema de la efectividad del derecho, en particular del derecho del medio ambiente[55].

También los textos de derecho ambiental se refieren expresamente a la necesidad de efectividad. Aunque el Estado de Derecho no suele preocuparse por su aplicación, aparte de las disposiciones relativas a las sanciones, llama la atención que varios textos sobre el medio ambiente utilicen la palabra "efectividad" para mostrar claramente la preocupación de los responsables por adoptar textos que se apliquen de manera "efectiva", es decir, verdadera. Ejemplos de referencias expresas a la "efectividad" o "efectivo" se encuentran en el párrafo 5 del preámbulo y en los apartados (a) y (b) de la directriz 7 de la Declaración sobre un Programa de Acción para la Protección del Medio Ambiente Mundial, de 2 de septiembre de 1991[56]; en el objetivo de la Parte A, el objetivo y las actividades (b) y (d) de la Parte B, la estrategia y la actividad (a)(ii) de la Parte C del Programa para el Desarrollo y la Revisión Periódica del Derecho Ambiental para la década de 1990, adoptado el 21 de mayo de 1993[57]; en la Convención de Aarhus de 1998: "recurso *efectivo*" (art. 9-4) y "participación *efectiva*" (arts. 6-3 y 8-a); en *El futuro que queremos* de Río+20 en 2012, el término "efectivo" solo aparece una vez, pero en el párrafo 38 se reconoce la necesidad de ampliar las "medidas de progreso" en materia de desarrollo sostenible para informar mejor a los responsables políticos y se encarga a la Comisión de Estadística de las Naciones Unidas que lo haga; en *La Agenda 2030 para el Desarrollo Sostenible*, lo encontramos dos veces y se mencionan ocho veces los indicadores de "progreso en el desarrollo sostenible"[58]. La Decisión 1/CP21 y el Acuerdo de París sobre el Cambio Climático, de 12 de diciembre de 2015, se refieren 21 veces a la efectividad en relación con la exigencia de la implementación efectiva y acompañan esta exigencia con el

55 Ver las referencias de 12 obras sobre la efectividad del derecho ambiental entre 1998 y 2009 en F. Couveinhes-Matsumoto, *op. cit.*, nota 560, p. 154, y las 60 páginas de bibliografía en la tesis de Julien Bétaille, *op. cit.*

56 Reproducido en M. Prieur y S. Doumbé-Billé (dir.), *Recopilación francófona de los tratados y textos internacionales en derecho ambiental*, Bruselas, Bruylant, AUPELF-UREF, col. Universidades Francófonas, 2.° ed., 2012, pp. 94–95.

57 *Ibid.*, pp. 37–51.

58 Resolución 70/1 de 25 septiembre de 2015, Asamblea General de las Naciones Unidas, A/RES/70/1.

recurso reiterado 34 veces a indicadores que siguen sin ser jurídicos, ya que han estado acostumbrados a concebir solo indicadores científicos y económicos[59].

En la Declaración de Río de 1992, el Principio 10 se refiere al "recurso *efectivo* a la justicia"; el Principio 11 establece que "los Estados deberán promulgar una legislación ambiental eficaz"; y el Principio 15 sobre precaución se refiere a "medidas *efectivas*". Cabe señalar que en la Agenda 21 adoptada en Río en 1992, la efectividad es una obsesión relevante. El adjetivo "efectivo" o el sustantivo "efectividad" se encuentra 231 veces en 349 páginas, es decir, prácticamente en todos los párrafos, y en este contexto también se refiere a los "indicadores" 34 veces, en particular en los capítulos 8 y 39. Pero los indicadores "jurídicos" son ignorados. Podemos citar el § 8-6: "desarrollar sistemas de seguimiento y evaluación de los avances mediante la adopción de indicadores"; el § 8-16-a: "*making laws and regulations more* effective"; el § 8-17: "reforzar la eficacia de las leyes y reglamentos"; el § 8-21: "hacer cumplir [las leyes y reglamentos] [y] evaluar periódicamente la eficacia de los programas para persuadir u obligar a cumplir las leyes"; el § 8-44: "promover [. . .] el uso de indicadores de desarrollo sostenible"; § 39-2: "evaluar y [. . .] promover la eficacia del derecho"; § 39-3-b: "mejorar la eficacia del derecho internacional"; § 39-5: "evaluar [. . .] la eficacia de los acuerdos internacionales".

Cabe señalar que la versión inglesa de la Agenda 21 habla de *effectiveness*, que se traduce al francés como "efficacité".

La Declaración Global sobre el Estado de Derecho Ambiental, adoptada en Río de Janeiro el 29 de abril de 2016 por el Congreso Mundial de la UICN a iniciativa de su Comisión Mundial de Derecho Ambiental, muestra claramente que los jueces y la comunidad del derecho ambiental están ahora convencidos de que el futuro del derecho ambiental depende de su efectividad. En esta declaración, se pide la aplicación "efectiva" del derecho siete veces en un texto de cuatro páginas. Además de la aplicación efectiva de las leyes y los reglamentos, pide que se reconozcan "*herramientas jurídicas innovadoras* para el cumplimiento y la aplicación *efectiva* en todos los niveles de gobierno". El reconocimiento de los indicadores jurídicos como nuevas herramientas jurídicas es totalmente coherente con este llamamiento.

La Declaración ministerial del Foro Político de Alto Nivel sobre el Desarrollo Sostenible del 19 de julio de 2017 utiliza las palabras *effective* y *effectiveness*[60] 16

---

59 Conferencia de las Partes, sesión 21, *Aprobación del Acuerdo de París*, FCCC/CP/2015/L.9.

60 Declaración ministerial del Foro Político a Alto Nivel sobre el Desarrollo Sostenible organizado bajo el auspicio del Consejo Económico y Social en 2017 sobre el tema

veces. Esto confirma la actual preocupación por una "verdadera" aplicación de los Objetivos de Desarrollo Sostenible, lo que implica instrumentos jurídicos adecuados que se apliquen realmente.

Florian Couveinhes-Matsumoto señala con razón una paradoja: muy a menudo, son los textos menos vinculantes los que invocan los requisitos de efectividad, mientras que los tratados, que son por naturaleza vinculantes, no lo hacen con frecuencia. Mostrar un objetivo de efectividad del derecho sería indicativo de que las ramas del derecho se esfuerzan por modificar las prácticas comunes de incumplimiento o desconocimiento[61]. Tal es el caso del derecho ambiental y de los derechos humanos.

Sabemos que el Tribunal Europeo de Derechos Humanos de Estrasburgo ha declarado en repetidas ocasiones que su función es "proteger derechos que no son teóricos e ilusorios, sino concretos y efectivos".[62] La Carta Social Europea de 1961, revisada en 1996, que tiene rango jurídico de tratado internacional, insiste en cada uno de sus artículos en el compromiso de los Estados de garantizar el "ejercicio *efectivo*" de los distintos derechos en cuestión. "*Efectivo*" se utiliza 31 veces, en cada uno de los 31 artículos de la Carta. Lo mismo debería ocurrir con el derecho al medio ambiente, que también se ha convertido en un derecho humano.

A falta de un juez internacional de medio ambiente que recoja este mensaje, nuestra propuesta de indicadores jurídicos medioambientales pretende, al igual que el Tribunal Europeo de Derechos Humanos, conseguir derechos concretos y efectivos en el ámbito medioambiental.

Con motivo del proyecto francés de Pacto Mundial por el Medio Ambiente, el informe del Secretario General de la ONU de diciembre de 2018, sobre las lagunas del derecho internacional del medio ambiente, señala la exigencia de efectividad, destacando las lagunas en la aplicación y la eficacia del derecho internacional del medio ambiente[63]. Este informe insiste, como debe ser, en el control del respeto del derecho y la aplicación efectiva del derecho internacional del medio ambiente (§§ 86, 92 y 100). La palabra *implementation* se menciona cien veces. La recomendación del grupo de trabajo *ad hoc* sobre el proyecto de Pacto Mundial es aún más insistente en la cuestión de la aplicación efectiva del

---

titulado "Eliminación de la pobreza y promoción de la prosperidad en un mundo cambiante", E/2017/L.29-E/HLPF/2017/L.2.

61 F. Couveinhes-Matsumoto, *op. cit.*, p. 156 y nota 570.

62 CEDH, 7 de octubre de 1979, *Airey c. República de Irlanda.*

63 A/73/419, 10 de diciembre de 2018, §§ 85 y s.

derecho, tanto nacional como internacional. Esta recomendación, adoptada por la resolución 73/333 de la Asamblea General de la ONU, de 30 de agosto de 2019, hace hincapié específicamente en la necesidad de reforzar la aplicación efectiva del derecho ambiental. En solo dos páginas, la palabra *effective* se utiliza dos veces y la necesidad de "reforzar" o "promover" la "aplicación" (*implementation)* del derecho internacional del medio ambiente y de los textos aplicables se menciona quince veces[64].

## E. Efectividad frente a inefectividad

Medir la efectividad del derecho es, obviamente, medir al mismo tiempo su inefectividad. Cuando la ley no se aplica o se aplica mal, suele considerarse inútil. Sin embargo, si la no aplicación de la ley es una fuerte señal de inefectividad, esto no hace necesariamente que la ley sea totalmente inútil. ¿Cuántas veces hay que incumplir o ignorar una norma para que se considere inefectiva? La inefectividad de un derecho no significa que no exista, que sea inútil o que no sea jurídico. Las normas que no se aplican o se aplican mal pueden seguir siendo útiles, aunque solo sea por su existencia en relación con la no existencia. Se trata entonces de su "grado" de efectividad o inefectividad. Aunque sean parcialmente inefectivas, las normas jurídicas constituyen un fundamento del Estado de Derecho. Desempeñan un papel moral de salvaguardia, porque siempre están destinadas a ser utilizadas. Las normas inefectivas pueden desempeñar un papel simbólico y cumplir ciertas funciones sociales[65].

El profesor Maurice Kamto, pionero del derecho ambiental en África, tuvo unas palabras duras pero realistas. Al presentar el conjunto del derecho ambiental africano, considera que el derecho ambiental en África es un "derecho durmiente" y que la debilidad de la idea del derecho en Africa "induce la debilidad de las normas jurídicas y, por consiguiente, su inefectividad".[66] Pero este eminente autor añade: "Más vale que haya normas que no se apliquen a que haya un universo a-jurídico. La expresión del proceso democrático en curso en el continente africano ha demostrado cómo un derecho durmiente acaba despertando

64 A/RES/73/333, Seguimiento al informe del grupo de trabajo especial, 5 de septiembre de 2019, en particular los §§ 3, 4, 6, 7, 8, 10, 14, 15, 16, 17, 18.

65 F. Couveinhes-Matsumoto, *op. cit.* p. 183.

66 Maurice Kamto, *Derecho ambiental en África*, prefacio de Michel Prieur, París, AUPELF-UREF, EDICEF, 1996, p. 18.

cuando la necesidad de una regulación normalizada de las relaciones sociales llega a atenazar la conciencia de una comunidad".[67]

La creación de indicadores jurídicos de la efectividad del derecho ambiental podría ser un elemento importante que contribuya a la reactivación de este derecho durmiente. En efecto, gracias a estos indicadores de un nuevo tipo, los distintos actores de la sociedad dispondrán de una herramienta que haga visible el nivel de inefectividad y las deficiencias en la aplicación del derecho vigente. Por ello, trataremos de identificar indicadores que sean a la vez señales de efectividad y de inefectividad, dependiendo de cómo se interpreten y de cómo se comparen. Por ejemplo, el hecho de que haya un inspector ambiental por cada 1000 empresas contaminantes puede ser un indicador positivo de la efectividad de las capacidades de control en un Estado, pero se considerará un indicador de inefectividad en comparación con otro Estado, como Francia, donde hay un inspector por cada 320 establecimientos[68].

La evaluación de la efectividad tiene muchos componentes jurídicos. Se puede tratar de elaborar una lista, que deberá someterse a un grupo de abogados y juristas experimentados para completarla o modificarla. Una vez establecida la lista, el siguiente paso es ponderar cada uno de estos componentes dándoles un valor numérico en forma de porcentaje. Antes de elaborar un modelo habrá que introducir una combinación de valores cuantitativos y cualitativos, de ser posible con la colaboración de matemáticos.

Sobre la base de la mencionada tesis de Julien Bétaille, se han identificado 127 indicadores jurídicos en teoría, que deben ser probados y luego validados, para darles un valor. Las etapas de evaluación del proceso de aplicación de una norma jurídica se solapan con las cuestiones comunes al derecho internacional y al derecho interno presentadas anteriormente. Estas etapas son los componentes jurídicos de la efectividad, representados por indicadores jurídicos vinculados a una serie de criterios, cada uno de los cuales representa una etapa del complejo proceso que permite la aplicación de un texto jurídico y, al mismo tiempo, una de las condiciones jurídicas de la efectividad. Así pues, el proceso de aplicación efectiva de un texto puede desglosarse en varios elementos, todos ellos indicadores jurídicos:

- existencia de la norma;
- validez de la norma;
- entrada en vigor de la norma;

---

67 *Ibid.*

68 M. Prieur *et al.*, *Derecho Ambiental*, París, Dalloz, 8.° ed., 2019, p. 716.

- posibilidad de invocar la norma;
- conocimiento de la norma;
- sustancia de la norma;
- avance o retroceso de la norma;
- precisión de la norma;
- control administrativo de la norma;
- control jurisdiccional de la norma;
- sanción de la norma;
- aplicación de sanciones.

## II. Evidencia de la inexistencia de indicadores jurídicos reales

Según Antoine Jeammaud, abogado laboralista, los indicadores "son datos, variables en el sentido de las matemáticas, utilizados para identificar o medir un fenómeno, o para predecir su ocurrencia". Los indicadores permiten "dar cuenta de manera sistemática y estilizada de lo que 'hacen' o 'han hecho' los instrumentos que componen el derecho [. . .]"[69]. Para este autor, se trata de indicadores relativos al impacto del derecho social y, por tanto, de indicadores de eficacia. Sin embargo, al mismo tiempo, el autor se refiere a la efectividad del derecho del trabajo examinando los factores de aplicación y cumplimiento. La gran dificultad será siempre poder disociar claramente las dos categorías de indicadores: eficacia o efectividad. Aclarando sus ideas, este autor escribe: "Los juristas se apresuran a pensar que la medición de la efectividad de las normas jurídicas, la explicación de su posible (demasiado frecuente) inefectividad y la búsqueda de medios para garantizar una mayor efectividad son las principales tareas de una sociología jurídica".[70] De esta observación se puede deducir implícitamente que ha llegado el momento de que los juristas se ocupen de la cuestión de la efectividad para buscar indicadores de carácter jurídico. El mismo autor continúa su reflexión sobre la efectividad del derecho en relación con el contenido de las normas: "El concepto mismo de efectividad de una norma jurídica es engañosamente sencillo. Ello se debe a que no todas las normas de derecho son, a pesar de las definiciones habituales, prescripciones o prohibiciones de conducta que deban obedecerse adoptando una determinada conducta o absteniéndose de un determinado comportamiento. Por otra parte, el grado de conformidad de las conductas, situaciones, operaciones y otras cosas con los modelos ideales constituidos por las normas jurídicas solo revela parcialmente su impacto en las acciones".

Tiene más sentido centrarse en el uso que le dan los actores de las disposiciones, ya que deseamos saber qué "hacen en la práctica"[71]. Esta última reflexión refuerza la idea de que los indicadores jurídicos por sí solos no pueden dar

---

69 Antoine Jeammaud, *El concepto de impacto de las normas sociales europeas, ¿cuáles indicadores?*, CRDS (IETL), Universidad de Lyon 2, estudio para la Comisión Europea, 2005, p. 60.

70 *Ibid.*, p. 63.

71 *Ibid.*, p. 70.

cuenta de la plena efectividad del derecho. Deben complementarse con indicadores sociales que tengan en cuenta los comportamientos y costumbres que facilitan o dificultan la aplicación de una norma, que llamaremos indicadores no jurídicos.

Muchos autores, especialmente en el mundo anglosajón, se han planteado si es posible medir el derecho[72]. ¿Podemos medir lo inmensurable? En su reflexión, Mathias M. Siems muestra que, además de los indicadores de rendimiento (*benchmarking)*, se pueden combinar tres tipos de indicadores: indicadores funcionales en relación con un problema planteado para ser examinado en el derecho comparado; indicadores que miden la calidad de las instituciones o de los sistemas jurídicos; e indicadores relativos a la percepción de las condiciones de aplicación del derecho. Este último tipo de indicador consiste en recoger la percepción de las empresas, el público y la administración. Pero el nivel de aplicación de la ley requeriría tanto el cálculo del desempeño como los datos de las percepciones. Así, el enfoque del "derecho comparado numérico" (*numerical comparative law*) se ha convertido en algo esencial hoy en día[73].

¿El derecho positivo menciona indicadores jurídicos? Hay pocos textos de derecho ambiental que mencionen la necesidad de indicadores. Así, en el derecho internacional del medio ambiente, podemos citar el Protocolo de 2008 sobre la Gestión Integrada de las Zonas Costeras en el Mediterráneo, cuyo artículo 18-4 obliga a los Estados a definir "indicadores" para evaluar la eficacia de las estrategias, los planes y los programas. Por falta de precisión, podría considerarse que estos indicadores podrían ser tanto científicos como jurídicos. El Convenio Internacional de las Maderas Tropicales, de 27 de enero de 2006, hace referencia en su preámbulo (párrafo g) a la necesidad de "promover y aplicar criterios e indicadores comparables para la gestión sostenible de los bosques como herramientas importantes para que los miembros evalúen, supervisen y promuevan el progreso hacia la gestión sostenible de sus bosques"[74]. También en este caso, la puerta está abierta a los indicadores científicos, económicos y/o jurídicos, pero

72 Ver la bibliografía citada en Mathias M. Siems, "Midiendo lo inmensurable: Como convertir el derecho en cifras", en M. Faure y J. Smits (eds.), *La Importancia del Derecho. Sobre Derecho y Crecimiento Económico*, Cambridge, Intersentia, 2011, p. 115.

73 Según Mathias M. Siems, el término *derecho comparado numérico* fue introducido por él, en 2005, en "Derecho Comparativo Numérico: ¿Se requiere evidencia estadística para reducir la complejidad?", *Cardozo Journal of International and Comparative Law*, vol. 13, p. 521.

74 Convenio Internacional de las Maderas Tropicales, en M. Prieur y S. Doumbé-Billé, *op. cit.*, p. 353.

los redactores del texto solo han pensado en los indicadores no jurídicos. De hecho, como se ha señalado anteriormente, los indicadores existentes son todos indicadores de eficacia y no de efectividad.

En la doctrina y en la práctica se observa la ausencia actual de indicadores jurídicos como expresión del proceso real de aplicación del derecho. Sin embargo, también se observa que muchos de los ejemplos citados sí utilizan el derecho como indicador, a veces con referencia a textos jurídicos. Pero el mero hecho de referirse a un texto jurídico en un conjunto de indicadores no conduce a verdaderos indicadores jurídicos. De hecho, solo se hace referencia al derecho en relación con preguntas cuantitativas (¿cuántas leyes hay sobre el medio ambiente?, ¿cuántos tratados sobre el medio ambiente se han ratificado?). No se trata de evaluar la aplicación de estos textos, sino solo su existencia teórica sobre el papel.

Los indicadores propuestos por la literatura y por algunas instituciones serán examinados de manera más crítica, en relación con lo que defenderemos más adelante. Primero veremos los que se ocupan ocasionalmente del medio ambiente, y luego los que se dedican específicamente a él. Por último, veremos que los indicadores relativos a los derechos humanos son los más desarrollados. En cada caso, se observará que, si el derecho aparece como un indicador, nunca es para evaluar su efectividad real como un proceso jurídico complejo, sino solo como datos brutos y estadísticos.

## A. Indicadores medioambientales ocasionales

Cada vez hay más indicadores que abordan directa o indirectamente cuestiones jurídicas, como el derecho mercantil, el Estado de Derecho, la gobernanza o la justicia. Ocasionalmente pueden abordar cuestiones ambientales. Pero esto no significa que sean indicadores jurídicos.

### 1. Indicadores relativos al peso económico del derecho: *Doing Business Index (Law and Economics)*

De entrada, hay que excluir de nuestro estudio la clásica y bien documentada cuestión de los indicadores para inversionistas basados en el derecho empresarial[75].

75 Por ejemplo, Tor Krever, "Derecho de Cuantificación: Proyecto de indicadores jurídicos y reproducción del sentido común neoliberal", *Third World Quarterly*, vol. 34, n.° 1, 2013, pp. 131–150; R. Cooter y T. Ulen, *Law and Economics*, Boston, Addison Wesley Longman, 6.° ed., 2012.

Iniciado por la Corporación Financiera Internacional del Grupo del Banco Mundial y aplicado al derecho empresarial, consiste en medir el coste del derecho. Este análisis económico del derecho pretende demostrar que el derecho es un instrumento para potenciar el cálculo económico con el fin de satisfacer un universo competitivo en un contexto neoliberal. Estos trabajos fueron objeto de un análisis crítico por parte de la "*Mission droit et justice*" del Ministerio de Justicia francés[76]. Sería posible aplicar una metodología de este tipo al derecho ambiental, pero este no es el objetivo del presente estudio y supondría un trabajo en el campo de la economía[77]. Si quisiéramos calificar nuestra investigación sobre los indicadores jurídicos para contrastarla con este trabajo, podríamos, parafraseando a *Law and Economy*, llamarla *Law and Ecology*.

## 2. Indicadores para evaluar la percepción psicológica del derecho

También se descartarán los trabajos que utilicen métodos psicométricos para medir la percepción psicológica de las personas sobre el derecho y la justicia. Así, por ejemplo, en referencia a los ODS 16-3 y 16-6, un estudio de 2018 mide la percepción y las actitudes de una población hacia la justicia civil sobre la base de 35 preguntas presentadas a un panel de 1061 adultos[78]. Esta metodología puede ayudar a comprender la inefectividad del derecho al revelar las causas psicológicas y de comportamiento de las personas, pero ignora el análisis del contenido de la norma y sus mecanismos jurídicos de aplicación.

## 3. Indicadores de gobernanza: *Worldwide Governance Indicators*

Los Indicadores Mundiales de Gobernanza (*Worldwide Governance Indicators* o WGI) desarrollados por el Banco Mundial desde 1996 contienen elementos de interés para el medio ambiente y el derecho en cuanto a los datos y criterios utilizados. Se refieren al Estado de Derecho (*Rule of Law*), la efectividad del gobierno (*government effectiveness*), la calidad de la reglamentación (*regulatory quality*), el control de la corrupción, la estabilidad política y la ausencia de violencia, y la rendición de cuentas. Para la *government effectiveness*, los indicadores son el agua potable y el saneamiento y la gestión de residuos. Para la *Rule of Law*, los

---

76 Bertrand du Marais (dir.), *¿Indicadores para medir el derecho? Límites metodológicos de los informes* Doing Business, París, La Documentación francesa, 2006.

77 M. Faure, *Análisis económico del derecho ambiental*, prefacio de Michel Prieur, Bruselas, Bruylant, 2006.

78 P. Pleasance y N. Balmer, «Midiendo la Accesibilidad e Igualdad de la Justicia Civil», *Hague Journal on the Rule of Law*, 10/2018, pp. 255–294.

indicadores son el acceso al agua en la agricultura. Por último, en cuanto a la *regulatory quality*, uno de los indicadores es el "rigor de la normativa medioambiental" (*stringency of environmental regulations*). Todo el método utilizado no pretende proporcionar información fáctica sobre la gobernanza, sino traducir en cifras la "percepción" que los distintos actores tienen del tema estudiado. Aunque los autores de esta obra sean muy conscientes de la necesidad de distinguir entre el derecho tal como está escrito y el derecho tal como se aplica, solo se evalúa la percepción de la aplicación del derecho y no las modalidades jurídicas de esta aplicación. Las fuentes utilizadas combinan la información obtenida de 30 organizaciones especializadas, las respuestas a cientos de preguntas formuladas a empresas, ciudadanos y expertos. Estas preguntas solo reflejan una percepción muy general: ¿se respetan las libertades civiles y los derechos políticos? ¿Es justo el proceso judicial? ¿Es fácil crear una empresa? ¿Es independiente el poder judicial?[79]. Así, los indicadores seleccionados deben considerarse como la medida de una subjetividad evidente, mientras que los indicadores jurídicos que proponemos pretenden reflejar el verdadero lugar de cada etapa de la aplicación del derecho en la efectividad de una norma de derecho. El informe de 2019 abarca más de 200 países y territorios[80]. La metodología utilizada se presenta de manera sucinta en un informe de 2010[81].

En general, los indicadores de gobernanza han sido objeto de análisis y estudios críticos por parte de Christiane Arndt[82]. Esta autora critica los indicadores por su opacidad, la falta de comparación a lo largo del tiempo, el sesgo del muestreo, la percepción subjetiva, el hecho de no tener en cuenta los errores de medición y el hecho de no poner los datos de la encuesta a disposición del público.

## 4. Índice de gobernanza de los recursos naturales

El Instituto Americano de Gobernanza de los Recursos Naturales (Natural Resource Governance Institute o NRGI) publicó en francés, en 2017, una lista de indicadores que miden la calidad y la eficacia de la gobernanza en el ámbito del

79 Banco Mundial, *Una década midiendo la calidad de la gobernanza: La gobernanza importa 2007. Indicadores Globales de Gobernanza 1996–2007*, Washington, 2007, p. 16.

80 *Indicadores de Gobernanza 2019*, https://info.worldbank.org/gouvernance/wgi.

81 D. Kaufman, A. Kraay y M. Mastruzzi, *Indicadores de Gobernanza : Metodología y Análisis*, Memoria de Investigación de Políticas 5430, Banco Mundial, septiembre 2010.

82 Ch. Arndt y Ch. Oman, *Indicadores de Gobernanza : usos y abusos*, París, Centro de Desarrollo de la OCDE, 2006 ; Ch. Arndt., *Indicadores de Gobernanzas*, Disertación, Universidad de Maastricht, 2009.

petróleo, el gas y los recursos minerales[83]. Ciento cincuenta expertos responden a 149 preguntas y utilizan datos recogidos en 10 000 documentos. Los resultados se califican sobre 100 y dan lugar a bandas de desempeño entre los 81 Estados afectados: bueno si es superior a 74, satisfactorio si es de 60 a 74, insatisfactorio si es de 45 a 59, insuficiente si es de 30 a 44 y deficiente si es inferior a 30. Los componentes de los indicadores se dividen en tres grupos: realización del valor, que tiene un subcomponente medioambiental; gestión de los ingresos; y condiciones generales de gobernanza. Los subcomponentes de gobernanza integran directamente elementos jurídicos, utilizando los calificativos y la metodología de los *Worldwide Governance Indicators*. También en este caso, el deseo de medir la aplicación de los marcos jurídicos existentes se topa con la imposibilidad de dicha medición en ausencia de indicadores reales relativos a la efectividad del derecho aplicado.

## 5. Indicadores del Índice Ibrahim de Gobernanza Africana *(Ibrahim Index of African Governance)*

La Fundación Mo Ibrahim elabora desde 2007 un informe anual sobre indicadores exclusivamente para África. Los principales socios son el Banco Africano de Desarrollo, la Comisión Económica de las Naciones Unidas para África y el *African Peer Review Mecanism* (APRM), que es una agencia de la Unión Africana. La fundación, que tiene su sede en Londres y una oficina en Dakar, ha publicado 11 informes anuales, el último de los cuales es de 2018, en el que se destacan los avances o retrocesos de los últimos 11 años en 54 países africanos. El índice se compone de 102 indicadores, con 14 subcategorías en cuatro áreas: seguridad y Estado de Derecho, participación y derechos humanos, desarrollo económico sostenible, y desarrollo humano. Aunque estos informes no abordan directamente el tema del medio ambiente, no dejan de ser interesantes aportes a nuestra investigación porque tienen en cuenta elementos jurídicos a través del Estado de Derecho, la participación y los derechos humanos. En el informe de 2007 había un indicador de vulnerabilidad ecológica en la categoría de "desarrollo económico sostenible". Este indicador desapareció en 2016. Solo el "acceso al agua" figura en la lista de "infraestructuras". En el apartado de "protección social" en 2016, se encuentra la "sostenibilidad medioambiental" y la "política medioambiental". El derecho ambiental nunca se aborda como tal.

---

83 *2017 Resource Governance Index. Measuring the quality of governance in the oil, gas and mining sectors of 81 countries*, www.resourcegovernanceindex.org.

En 2003 se realizó un inventario de indicadores de gobernanza. En ese momento, contenía 47 referencias a medidas de gobernanza en el mundo con indicadores, de las cuales seis eran de África[84] :

- *Africa Competitiveness Report*, del World Economic Forum;
- *Afro-Barometer: Population Attitudes to Democracy*, del Institute for Democracy in South Africa;
- Centre d'études et de recherche sur le développement international (CERDI) de la Universidad de Auvergne;
- Índice de Desarrollo e Inserción Internacional (IDIA) sobre siete Estados africanos y Madagascar;
- *Nationwide Study Monitoring Progress toward Good Governance in Ghana* (Ghana y otros 13 Estados africanos);
- Comisión Económica de las Naciones Unidas para África, *Striving for Good Governance in Africa.*

En esta lista de 47 referencias, el único instrumento para medir la buena gobernanza que menciona las cuestiones medioambientales es el *Compendium of Sustainable Development Indicators* elaborado por el Instituto Internacional para el Desarrollo Sostenible (IISD)[85].

En 2019, la Fundación Ibrahim publicó el *African Governance Report*, que sintetiza los objetivos fijados en 2015 por las Naciones Unidas para los ODS 2030, junto con la agenda 2063 de la Unión Africana, aprobada por esta en 2013 con motivo del 50 aniversario de la Organización de la Unidad Africana[86].

## 6. Indicadores de Gobernanza del Grupo de Praia

El Estado africano de Cabo Verde tomó la iniciativa de crear el llamado Grupo de Praia en el seno del Consejo Económico y Social de las Naciones Unidas para estudiar los instrumentos estadísticos sobre la gobernanza, que se implementó en 2014[87]. Su labor no está directamente relacionada con el medio ambiente.

84 Marie Besançon, *Good Governance Rankings: The Art of Measurement*, Somerville, World Peace Foundation, 2003.

85 https://www.iisd.org/library/compendium-sustainable-development-indicator-initiatives.

86 Mo Ibrahim Foundation, *African Governance Report 2019. Agendas 2063 and 2030: Is Africa on Track?*, 2019.

87 Consejo Económico y Social, Comisión de Estadística, sesión 46, *Informe de Cabo Verde sobre las estadísticas de la gobernanza, la paz y la seguridad,* E/CN.3/2015/17, 9 diciembre 2014.

Pero se refiere a campos relevantes para el medio ambiente, incluyendo el jurídico: la calidad de la democracia, la justicia y los derechos humanos, la corrupción, el acceso a la justicia. También tienen previsto contribuir al ODS 16 sobre acceso a la justicia e instituciones eficaces. En 2015, el Grupo Praia presentó un primer informe al Consejo Económico y Social de la ONU, revisado en marzo de 2016[88]. Ciertamente, también habrá que introducir indicadores jurídicos. La edición de 2020 de este informe está disponible en línea[89].

## 7. Indicadores del Estado de Derecho de las Naciones Unidas: *Rule of Law Index*

En 2012 las Naciones Unidas publicaron un informe titulado *Indicadores del Estado de Derecho de las Naciones Unidas: guía de aplicación y herramientas de gestión de proyecto*[90]. Aunque este informe se centra en la evaluación subjetiva de la aplicación del derecho, en realidad propone una metodología interesante que podría aplicarse en parte a una evaluación de la efectividad jurídica. Sin embargo, el objetivo de este modelo de indicadores está bien delimitado. Se trata de supervisar los cambios y el funcionamiento de la justicia penal en situaciones de conflicto y posconflicto. Los indicadores propuestos no son, en su mayoría, indicadores jurídicos. Su objetivo es medir la eficacia de tres instituciones: la policía, la justicia y las prisiones. Aunque el conjunto se basa en los derechos humanos y la justicia penal, el objetivo no es medir el respeto de los derechos humanos, sino evaluar, para cada una de las tres instituciones consideradas, el grado de eficacia, honestidad, transparencia, responsabilidad y capacidad de actuación en términos de recursos humanos y materiales. Estas preguntas, que se inscriben en una búsqueda de eficacia más que de efectividad, conducen a la formulación de 135 indicadores agrupados en 25 "canastas", cada una de las cuales comprende de dos a nueve indicadores. Se califican entre 1 y 4, siendo 4 el mejor resultado. Para llegar a estas calificaciones, hay que realizar encuestas entre el público y los expertos. A cada pregunta formulada, se pide a los encuestados que respondan "muy eficaz" (puntuación 4), "eficaz" (puntuación 3), "ineficaz"

88 Consejo Económico y Social, Comisión de Estadística, Sesión 47, *Informe del Grupo de Praia para el estudio de estadísticas sobre gobernanza*, E/CN.3/2016/16, 17 de diciembre de 2015.

89 Praia City Group, *Manual de Estadísticas de Gobernanza*, 2020, https://paris21.org/news-center/news/new-praia-city-group-handbook-governance-statistics.

90 Nueva York, Naciones Unidas, 1.ª ed., 2012.

(puntuación 2), "muy ineficaz" (puntuación 1); o "aprueban totalmente", "aprueban parcialmente", "no aprueban", "no aprueban en absoluto".

Otros resultados se dan en porcentajes para poder comparar, por ejemplo, entre el número de presos y el número de médicos en las cárceles. Aunque la mayoría de los indicadores propuestos reflejan el contenido de una norma jurídica, no reflejan directamente el proceso de aplicación de la norma, sino solo la realidad institucional y social y los respectivos papeles de las tres instituciones evaluadas. Esta experiencia refuerza la idea de que nuestro proyecto de indicadores jurídicos debe incluir necesariamente indicadores no jurídicos, en la medida en que condicionan la aplicación efectiva del derecho.

A raíz de esta publicación, el Secretario General de las Naciones Unidas presentó el 16 de marzo de 2012 un informe a la Asamblea General titulado *Impartir justicia: un programa de acción para fortalecer el Estado de Derecho en los planos nacional e internacional*. Según el informe, "los Estados miembros también podrían considerar cómo **medir** eficazmente los avances hacia la consecución de los objetivos acordados en materia de Estado de Derecho"[91]. Posteriormente, la Asamblea General de la ONU aprobó la Declaración de la Reunión de Alto Nivel de la Asamblea General sobre el Estado de Derecho a nivel nacional e internacional el 24 de septiembre de 2012, abordando la cuestión del Estado de Derecho de forma general, pero sin referirse a indicadores para evaluar el cumplimiento del Estado de Derecho[92].

## 8. Indicadores mundiales de Estado de Derecho: *World Justice Project*

Este Índice de Estado de Derecho, o *Rule of Law*, existe desde 2006. Su origen es una iniciativa de la American Bar Association, que se transformó en ONG independiente ubicada en Washington dentro del *World Justice Project*[93]. La edición de 2016 procede a una clasificación de 113 países que evalúan su desempeño en el respeto de los principios de la norma de derecho. El objetivo es medir, no la norma escrita, sino cómo la regla de derecho y la práctica es percibida por el público en general y por los profesionales del derecho en particular, a través de encuestas (1000 personas por país) y encuestas a expertos jurídicos (24 por país). La encuesta incluye preguntas basadas en la "percepción" (123) o la "experiencia"

91 A/66/749, § 56.
92 A/RES/67/1.
93 *World Justice Project*, www.worldjusticeproject.org; Juan Botero y Alejandro Ponce, *Measuring the Law*, World Justice Project, Working Paper Series 1, November 2011.

(213). Los indicadores seleccionados se dividen en nueve elementos (o factores), subdivididos en subfactores, lo que da lugar a un total de 47 indicadores de desempeño. Los nueve elementos son: poder para gobernar, ausencia de corrupción, gobierno abierto, derechos fundamentales, orden y seguridad, aplicación de las normas, justicia civil, justicia penal y justicia informal.

La edición de 2020 alcanza 128 países, incluye 53 indicadores y utiliza los mismos criterios de la edición anterior[94]. Los cuestionarios fueron respondidos por 130 000 hogares y por las encuestas de 4000 juristas expertos.

Los indicadores más cercanos a nuestras preocupaciones están relacionados con la "gobernanza abierta", con la información y la participación, los derechos fundamentales y, sobre todo, el "cumplimiento de las normas". Este último factor se divide en cinco indicadores muy generales: efectividad de la aplicación de la normativa; aplicación de la normativa sin influencias indebidas (como la corrupción); procedimientos administrativos sin retrasos excesivos; respeto de los procedimientos; no expropiación sin indemnización. La protección del medio ambiente se menciona como área de aplicación en algunas de las preguntas sobre la efectividad y el debido proceso, pero no hay indicadores específicos que determinen las condiciones jurídicas para la aplicación del derecho ambiental. Se pueden dar dos ejemplos.

5-1. ¿Las normativas del gobierno se aplican de manera efectiva? Sobre este tema, las cinco preguntas-indicadores sobre el medio ambiente son las siguientes:

- ¿Cuál es la situación en general? a) las empresas cumplen la ley (voluntariamente o como resultado de órdenes judiciales, multas u otras sanciones); b) las empresas pagan sobornos o influyen en las autoridades para ocultar la violación de la ley; c) no ocurre nada en absoluto.
- ¿Cuál es la probabilidad de que la empresa media sea inspeccionada por las autoridades ambientales a raíz de una queja del vecindario por contaminación? Muy probable (1); probable (0,667); poco probable (0,333); muy poco probable (0).
- ¿Cuál es la probabilidad de que una empresa media sea inspeccionada regularmente por las autoridades de protección del medio ambiente? Muy probable (1); probable (0,667); poco probable (0,333); muy poco probable (0).
- ¿Qué probabilidad hay de que las autoridades de protección del medio ambiente impongan sanciones si se detectan infracciones? (mismas respuestas).

94 *WJP Rule of Law Index 2020*, https://worldjusticeproject.org/our-work/research-and-data/wjp-rule-law-index-2020.

- Supongamos que las autoridades de protección del medio ambiente notifican a una empresa industrial que está contaminando el río más allá de lo autorizado, ¿qué ocurrirá? ¿Cumplirá la empresa la ley? ¿Pagará la empresa un soborno o influirá en la autoridad para que ignore la infracción? ¿O no pasará nada?

5-2. ¿Se aplican y hacen cumplir las normas gubernamentales sin influencias indebidas (*without improper influence*)? Sobre este tema se formulan tres preguntas relacionadas con el medio ambiente que, curiosamente, repiten las formulaciones anteriores, no siempre adaptadas a la especificidad de las cuestiones ambientales.

A pesar del interés comparativo de este ejercicio, entre países y a lo largo del tiempo, debemos considerar que no cumple nuestro objetivo por varias razones. Además de basarse en datos cualitativos y subjetivos siempre discutibles, ignora: el impacto del derecho internacional; el papel de los medios institucionales y los recursos disponibles; la redacción del derecho tomando en consideración solo el derecho aplicado de hecho; y el proceso jurídico que lleva a la efectividad del derecho. El derecho ambiental solo se contempla de forma muy anecdótica, a través de la contaminación industrial exclusivamente. No obstante, algunos elementos de la metodología utilizada y las conclusiones generales sobre el Estado de Derecho pueden ser utilizados con éxito en nuestras propuestas. Cabe señalar que los cuatro Estados seleccionados en el libro publicado en 2018 se encuentran entre los Estados encuestados: Benín, Camerún, Madagascar y Túnez[95].

## 9. Criterios del Estado de Derecho de la Comisión de Venecia del Consejo de Europa

La Comisión Europea para la Democracia por el Derecho o Comisión de Venecia, creada en el seno del Consejo de Europa, aprobó el 18 de marzo de 2016 una lista de criterios que podrían considerarse indicadores de carácter jurídico[96]. Así, proponen criterios para cada uno de los elementos del Estado de Derecho: legalidad, seguridad jurídica, prevención del abuso de poder, igualdad ante la ley y no discriminación, y acceso a la justicia. Para responder a las preguntas formuladas para cada criterio, se basan en el derecho internacional, tanto duro como blando. Aunque no aborda las cuestiones medioambientales, y aunque solo apunta a

95 *Supra*, nota 17.
96 https://www.coe.int/fr/web/portal/rule-of-law.

criterios pasivos (basados en la letra de los textos), esta lista es ilustrativa de lo que podrían ser los verdaderos indicadores jurídicos. Los criterios enumerados pueden considerarse indicadores jurídicos, en particular los relativos a la legalidad y el acceso a la justicia. Esta lista fue respaldada por la Resolución 2187 de la Asamblea Parlamentaria del Consejo de Europa, el 11 de octubre de 2017, y se utilizó para evaluar la crisis del Estado de Derecho en Polonia y Hungría.

La Comisión Europea para la Eficacia de la Justicia del Consejo de Europa ha evaluado la eficacia de los distintos sistemas judiciales con la ayuda de indicadores[97].

## 10. Percepción de la justicia en Brasil

Se puede mencionar una interesante experiencia nacional relacionada con un aspecto de la evaluación del Estado de Derecho relativo a la percepción de la justicia en Brasil. Se trata de un trabajo realizado por la Fundación G. Vargas sobre el índice de confianza en la justicia a través de la medición de la percepción ciudadana de la administración de justicia[98].

## 11. Indicadores de Justicia del *Vera Institute of Justice*

El Instituto, con sede en Nueva York y con el apoyo del World Justice Project y de la American Bar Association, estudia el Estado de Derecho en Estados Unidos utilizando los Indicadores de Justicia (*Justice Indicators*). En 2008, realizó un experimento piloto sobre el Estado de Derecho en cuatro ciudades de India, Nigeria, Chile y a Nueva York, utilizando 60 indicadores. La metodología aplicada utiliza los indicadores del World Justice Project presentados anteriormente[99]. Desde entonces, el Instituto se ha centrado en los derechos humanos de los migrantes, los presos y las víctimas del Coronavirus de 2020 (Covid-19).

97 Comisión Europea para la Efectividad de la Justicia, *Sistema Jurídico Europeo: Efectividad y Calidad de la Justicia*, Estudios CEPEL 11, Estrasburgo, Consejo de Europa, 2008.

98 Luciana Gross Cunha, Fabiana Luci de Oliveira, Rubens Eduardo Glezer, "Índice Brasilero de Confianza en la Justicia. Midiendo la Percepción Ciudadana de la Administración de Justicia en Brasil", *Revista Colombiana de Derecho Internacional*, n.° 25, 2014, pp. 445-472.

99 J. Parsons *et al.*, *Desarrollo de indicadores para medir el Estado de Derecho: Enfoque global*, Vera Institute of Justice y Altus Global Alliance, 2008.

## 12. Indicadores de medición de acceso a la justicia

El Instituto Tilburg en Amberes desarrolló un interesante método de medición del costo y la calidad del acceso a la justicia[100]. El objetivo es medir la percepción que tienen los litigantes de su experiencia judicial. Los usuarios de la justicia son cuestionados a través de tres indicadores básicos: el coste del procedimiento, la calidad del procedimiento y el resultado del mismo. Cada indicador básico se subdivide en varios subindicadores que permiten especificar la percepción de las personas sobre los aspectos materiales, jurídicos y psicológicos. El *Justice Index* de 2016 cuenta con 112 indicadores[101]. Este método se explica ampliamente. Se puede igualmente aplicar a la justicia en general o a un sector en particular[102]. Podríamos aplicarlo al acceso a la justicia en materia de medio ambiente.

Usando este método, Canadá lo aplica al acceso a la justicia administrativa desde 2014, con un sistema de ponderación no lineal para los distintos indicadores, pero basado en tres evaluaciones con un valor de 1, 5 o 10, en función de la importancia percibida de la cuestión planteada[103].

Peter Chapman, en nombre de la ONG *Open Society Justice Initiative*, propuso el 25 de febrero de 2020 a la Comisión de Estadística de la ONU un indicador complementario al ODS 16 relativo al acceso a la justicia. Se trata de "la proporción de la población que tuvo un caso judicial en los últimos dos años y pudo resolver su caso de manera formal o informal"[104]. Podríamos aplicar este mismo indicador a los litigios relativos al medio ambiente.

## 13. Indicadores relativos a los informes sobre el desarrollo humano del PNUD

Desde 1990, el PNUD presenta cada año un informe que es a la vez una evaluación y una previsión, acompañado de una serie de indicadores destinados a

100 A. Gramatikov *et al.*, *Manual para la medición del costo y la calidad del acceso a la justicia*, Antwerpen, Maklu y Tilburg, Instituto de Estudios Interdisciplinarios de Derecho Civil y Sistema de Resolución de Conflictos, 2009.

101 *The Justice Index 2016*, https://justiceindex.org.

102 https://justiceindex.org/methodology/general-methodology/#site-navigation.

103 Susan Mc Donald, «Elaboración del Índice de Acceso a la Justicia por las entidades administrativas federales de Canadá», 2017, www.justice.gc.ca.

104 Este indicador pasó a ser el 16-3-3 desde la sesión 51 de la Comisión de Estadística: *Tier Classification for Global SDG Indicators as of 17 April 2020*, p. 37, https://unstats.un.org/sdgs/files/Tier%20Classification%20of%20SDG%20Indicators_17%20April%202020_web.pdf.

clasificar a los Estados mediante un índice de desarrollo humano (IDH). Este índice pretende medir y agregar tres dimensiones: salud, conocimientos y nivel de vida digno. Cada año se elige un tema específico relacionado con la actualidad internacional. Por supuesto, desde 1992, el medio ambiente y el desarrollo sostenible han hecho su entrada en estos informes. Sin embargo, hay que señalar que esta entrada es relativamente limitada y desorganizada.

Dependiendo del año, las tablas estadísticas incluyen ciertos factores ambientales, pero el derecho ambiental es casi siempre ignorado... debido a la falta de indicadores jurídicos disponibles, ya que el PNUD se basa en las estadísticas y datos existentes. Sin embargo, llama la atención que, en el informe mismo, el PNUD no dude en referirse al papel de ciertos derechos. Por ejemplo, el informe de 2004 (cuadro 30) menciona los textos sobre derechos humanos, pero no saca ninguna conclusión en términos de indicadores. Se trata, sobre todo, del informe "Sostenibilidad y Equidad" de 2011 que, en el capítulo 5, titulado "Responder a los desafíos políticos" (pp. 99–104), desarrolla a lo largo de varias páginas el reconocimiento constitucional del derecho a un medio ambiente sano que promueva la equidad y se refiere a los "derechos ambientales explícitos"[105]. Lamentablemente, estos datos no se utilizan luego para medir la realidad de estos derechos en forma de indicadores jurídicos.

El mismo informe de 2011 sugiere que "las normas internacionales definen las buenas prácticas", reconociendo así su utilidad, y que la sostenibilidad puede medirse "normativamente" (p. 58). En cuanto a la migración medioambiental, el informe llega a sugerir que "las restricciones jurídicas limitan los viajes y hacen que la migración sea más arriesgada" (p. 78). Por lo tanto, el derecho no está ausente. Sin embargo, el único rastro de la palabra "derecho" en un cuadro de indicadores está en el índice de indicadores del informe de 2004, ¡con "derechos de aduana"! Sin embargo, el PNUD no dudó en dedicar toda la tabla 15 de sus informes de 2016 y 2018 al "avance de los tratados sobre derechos humanos fundamentales". Pero se trata de una tabla relativa a 11 convenios internacionales de derechos humanos que se limita a indicar para cada país el año de ratificación. El informe de 2004 presenta un indicador sobre la ratificación de cuatro convenios internacionales sobre el medio ambiente (cuadro 21). Este es un primer paso. Esperamos una tabla de todos los convenios universales y regionales sobre el medio ambiente, acompañada de indicadores sobre su aplicación nacional y que no se limite a una visión estática, con el estado de las ratificaciones como único

105 PNUD, *Informe sobre Desarrollo Humano. Sostenibilidad y Equidad: un mejor futuro para todos*, Nueva York, 2011.

dato, ignorando la aplicación efectiva de los convenios más allá de su mera ratificación formal.

Algunos ejemplos de indicadores relacionados con el medio ambiente que han sido seleccionados por el PNUD en los informes anuales sobre desarrollo humano son:

- En2004[106], Cuadro 7, "Agua, saneamiento, nutrición" (p. 160), y Cuadro 21, "Energía y medio ambiente" (p. 207): emisiones de dióxido de carbono.
- En 2011, hay un avance real en la integración medioambiental. Tres de los once cuadros se dedican a ello: Cuadro 6, "Sostenibilidad medioambiental", con la huella ecológica, el rendimiento medioambiental, el dióxido de carbono y las especies en peligro de extinción como indicadores; Cuadro 7, "Impacto de las amenazas medioambientales en el desarrollo humano", con las catástrofes naturales y las muertes debidas a la contaminación; Cuadro 8, "Percepción del bienestar, la libertad y el medio ambiente", con los resultados de una encuesta mundial sobre el calentamiento global, la participación en un grupo de protección del medio ambiente, la satisfacción con la calidad del agua y del aire y las acciones de protección del medio ambiente.
- En 2014[107], dos de los 16 cuadros están dedicados al medio ambiente: el Cuadro 14, "Medio ambiente", con el suministro de combustible, la tasa de electrificación, las emisiones de dióxido de carbono per cápita, el agotamiento de los recursos naturales, la superficie forestal, las extracciones de agua dulce, la población que vive en tierras degradadas, el impacto de las catástrofes naturales; el Cuadro 16 reproduce las encuestas sobre la percepción del bienestar y el medio ambiente.
- En 2016[108], dos de los 15 cuadros están relacionados con el medio ambiente: el Cuadro 14, sobre la percepción del bienestar; y el Cuadro de indicadores 2, sobre el desarrollo sostenible, que tiene tres grupos de indicadores sobre la sostenibilidad económica, la sostenibilidad social y la sostenibilidad ambiental. Este punto de vista reduce el medio ambiente a una pequeña parte al ocuparse únicamente de las energías renovables, las emisiones de dióxido de carbono, la superficie forestal y las extracciones de agua dulce.

106 PNUD, *Informe Global sobre Desarrollo Humano 2004. Libertad Cultural en un Mundo Diversificado*, París, Económica, 2004.

107 PNUD, *Informe sobre Desarrollo Humano 2014. Perpetuar el progreso humano: reducir las vulnerabilidades y reforzar la resiliencia*, Nueva York, 2014.

108 PNUD, *Informe sobre el Desarrollo Humano 2016. Desarrollo Humano para todos*, Nueva York, 2016.

- En 2018[109], la "sostenibilidad ambiental" incluye estadísticas sobre la proporción de energía fósil y renovable, las emisiones de carbono, la superficie forestal y las tasas de mortalidad atribuidas a la contaminación del aire y el agua. La Tabla 14 sobre la percepción del bienestar (pp. 74–77) ofrece, por país, el porcentaje de personas satisfechas con las acciones del gobierno para preservar el medio ambiente. La observación general es la siguiente: "la degradación del medio ambiente y de la atmósfera, combinada con una importante reducción de la biodiversidad [. . .] amenaza el desarrollo humano de las generaciones presentes y futuras" (p. 12).
- En 2019[110], el informe cuenta con un capítulo 5 (pp. 175–196) especialmente bien desarrollado y argumentado, titulado "Cambio climático y desigualdad en la Antropocena", que detalla las manifestaciones de la crisis ambiental, incluido el aumento de catástrofes. El Cuadro 4 sobre sostenibilidad medioambiental (p. 308) ofrece una visión general por países.

Entre los informes del PNUD sobre el estado del desarrollo humano, uno específico para África se centra en la igualdad de género[111].

En ninguno de estos informes se aborda realmente la efectividad del derecho medioambiental.

## 14. Indicadores de la Organización Internacional del Trabajo[112]

El derecho laboral ha sido a menudo objeto de una evaluación de su eficacia, en la que se mezclan indicadores de efectividad e indicadores de resultados establecidos a partir de los informes de los Estados. Cada año se publica el informe de la Comisión de Aplicación de Normas (Convenios y Recomendaciones) de la OIT. En el informe del 16 de junio de 2017, la palabra "indicador" solo aparece dos veces[113]. Aunque el Convenio sobre Pueblos Indígenas (n.º 169), que se ocupa en gran medida del medio ambiente, se basa en la aplicación de los derechos

109 PNUD, *Índices e Indicadores de Desarrollo Humano 2018. Actualización Estadística*, Nueva York, 2018.

110 PNUD, *Informe sobre Desarrollo Humano 2019. Más allá del ingreso, el promedio y el tiempo presente: desigualdades del desarrollo humano en el Siglo XXI*, Nueva York, 2019.

111 PNUD, *Informe sobre el Desarrollo Humano en África 2016. Acelerar los avances a favor de la igualdad de género y el empoderamiento de la mujer en África*, Nueva York, 2016.

112 OIT, www.ilo.org.

113 OIT, Comisión de aplicación de las normas de la Conferencia, *Extracto de las minutas de los trabajos*, Ginebra, 2017, §§ 35 y 105.

humanos, la guía para su aplicación no menciona los métodos de evaluación. Sin embargo, gran parte del trabajo de la OIT se basa en indicadores jurídicos, específicamente denominados *legal indicators*, combinados con indicadores de resultados. Algunos ejemplos son el informe Indicadores de Trabajo Digno en África (*Decent Work Indicators in Africa*), de 2012; el informe *Employment Protection Legislation: Summary Indicators*, de 2015; el informe *Legal Framework Indicators*, de 2012; el informe *Table on Legal Indicators for Combining Work, Family and Personal Life by Country and Región*, de 2010. El informe "Inspección laboral y otros mecanismos de cumplimiento en el sector del trabajo doméstico. Una guía introductoria" de 2016 proclama: "la eficacia de la legislación sobre el trabajo doméstico puede mejorarse aún más mediante el establecimiento de indicadores jurídicos y presunciones legales" (p. 29). La OIT establece el vínculo con los ODS y contribuye a la aprobación de indicadores especiales en el marco del ODS 8, que luego son validados por las Naciones Unidas y el grupo de expertos sobre los indicadores de los ODS[114].

La OIT introduce cada vez más requisitos jurídicos en sus indicadores. La 19.ª Conferencia de Estadísticos del Trabajo subrayó la "necesidad de interpretar los indicadores estadísticos del diálogo social dentro del marco jurídico nacional".[115] Sin embargo, esto no siempre ha conducido al establecimiento de verdaderos indicadores jurídicos de efectividad. Sin embargo, desde 2013, además de los indicadores cuantitativos puramente estadísticos, existen indicadores cualitativos denominados "indicadores del marco jurídico" (*legal frame indicators*). Hay 21 de estos indicadores, que se introdujeron en relación con los indicadores de trabajo digno[116]. Estos indicadores del marco jurídico se basan en el derecho nacional aplicable y en las normas jurídicas internacionales. Se refieren, por ejemplo, a la administración responsable del derecho laboral, el trabajo infantil, el trabajo forzoso, la libertad de asociación, el derecho a la negociación colectiva,

114 OIT, Resolución sobre la metodología del indicador ODS 8.8.2 sobre los derechos de los trabajadores, XX Conferencia Internacional de Estadísticos del Trabajo, Ginebra, 2018; Metodología propuesta por el indicador 8.b.1 del ODS 8: «Existencia de una estrategia nacional de promoción del empleo de los jóvenes, ya sea una estrategia completa o de un componente de la estrategia nacional de promoción del empleo, y aplicación de dicha estrategia», XX Conferencia Internacional de Estadísticas del Trabajo, Ginebra, 2018.

115 XIX Conferencia Internacional de Estadísticos del Trabajo, Informe General de la Conferencia, Ginebra, 11 de octubre de 2013, § 56.

116 ILO, *Indicadores de trabajo digno: guía para productores y usuarios del marco de indicadores estadísticos y jurídicos*, Manual de la OIT, Segunda versión, Ginebra, 2013.

la consulta tripartita y el salario mínimo legal. Para cada uno de estos 21 indicadores del marco jurídico, además de la referencia a los textos y la descripción de su contenido, hay una sección sobre la "ratificación de los convenios de la OIT", que es puramente descriptiva. Pero también hay un apartado sobre "pruebas de aplicación efectiva", que hace referencia a las quejas y comentarios de los organismos encargados de vigilar el cumplimiento de los convenios internacionales. Se trata de un esfuerzo definitivo para evaluar la efectividad del derecho, pero ignora el proceso jurídico nacional de aplicación o no aplicación.

El medio ambiente no se ignora. En el "Programa y Presupuesto 2018–2019" de la OIT, aunque los indicadores siguen siendo cuantitativos, parecen estar ponderados por elementos más cualitativos. Por ejemplo, el indicador 3.1, "número de Estados que han adoptado estrategias de protección social o marcos jurídicos para ampliar la cobertura de la protección social", va acompañado de cuatro criterios de éxito, de los cuales el criterio 3.1.4 es "haber tenido en cuenta la sostenibilidad medioambiental o el cambio climático" (p. 25). En el mismo documento, el indicador 8.2, "protección contra formas inaceptables de trabajo", se complementa con un criterio de éxito: "medidas adoptadas para proteger a los trabajadores contra la degradación del medio ambiente y las catástrofes naturales" (p. 46).

La OIT desea integrar aún más el medio ambiente como uno de sus cuatro elementos transversales para la elaboración de políticas laborales bajo el título "Transición justa hacia la sostenibilidad del medio ambiente", como contribución a la aplicación de los ODS: "La sostenibilidad del medio ambiente es un requisito previo para el desarrollo sostenible, el empleo digno y la justicia social. Para avanzar hacia la consecución de los ODS y la realización de un trabajo digno para todos, es imperativo que las sociedades comiencen a adoptar patrones de consumo y producción sostenibles y trabajen para preservar el entorno natural."[117]

## 15. Indicadores de transparencia de la *Global Transparency Initiative*

La *Global Transparency Initiative* (GTI)[118] es una red de organizaciones de la sociedad civil creada para promover la transparencia en las instituciones financieras internacionales tales como el Banco Mundial, el FMI, la BERD y los bancos regionales de desarrollo. Su secretaría está en Sudáfrica, en el Instituto para

117 OIT, *Programa y Presupuesto para el periodo bienal 2018–19*, Ginebra, 2017, § 189, p. 60.

118 https://eyeonglobaltransparency.net/global-transparency-initiatiive-archive.

la Democracia en Sudáfrica (Ciudad del Cabo). Entre los miembros de la red se encuentran el Centro de Derecho y Democracia (*Center for Law and Democracy*) de Halifax (Canadá) y la *Access to Information Network* (ATIN), con sede en Filipinas. La red lanzó una "Carta de Transparencia para las Instituciones Financieras Internacionales: Reclamando nuestro derecho a saber" en 2007.[119]. Basado en el artículo 19 de la Declaración Universal de los Derechos Humanos, este documento contiene nueve principios. Aunque no se refiere al medio ambiente, se revisó sin embargo, en 2017, a la luz de los principios del Convenio de Aarhus sobre el acceso a la información, la participación del público en la toma de decisiones y el acceso a la justicia en materia de medio ambiente, basándose en "indicadores" de transparencia relativos al derecho de acceso, la divulgación automática, el acceso a la toma de decisiones, el derecho a solicitar información, la limitación de las exenciones y los llamados.

## 16. Corrupción y *Transparency International*

La red de Transparency International publica de manera regular los indicadores relacionados con la corrupción desde 1995[120]. El índice de percepción de la corrupción en 2019[121] clasifica 180 países, en una escala de 0 a 100, comparando los avances en la lucha contra la corrupción en los distintos Estados. Incluye la financiación de las elecciones y la toma de decisiones públicas, pero no aborda el medio ambiente. La clasificación se basa en 13 fuentes de datos y 12 institutos independientes. Tiene en cuenta las posibles normas sobre conflictos de intereses, acceso a la información y denunciantes. Un barómetro regional sobre la corrupción, publicado en 2019, abarca África, América Latina y el Caribe, Oriente Medio y el Norte de África. Este barómetro se basa en encuestas y entrevistas. Sin embargo, desde 2020, Transparency International se ha centrado en la corrupción ligada a la lucha contra el cambio climático, lo que debería llevarle a considerar el derecho relacionada con ella. Un informe especial sobre Brasil, publicado en 2019, sin referencia a indicadores pero basado en encuestas y entrevistas, hace un balance de los recientes retrocesos en la lucha jurídica e institucional contra la corrupción.

---

119 http://www.freedominfo.org/wp-content/uploads/GTI-charter.pdf.

120 www.transparency.org.

121 https://transparency-france.org/actu/indice-de-la-perception-de-la-corruption-2019-de-transparency-international-il-y-a-urgence-pour-la-france-a-relancer-la-lutte-contre-la-corruption/#.Xt-2piOF5T4.

## B. Indicadores consagrados al medio ambiente

Existe un gran número de indicadores medioambientales en la literatura. La mayoría de estos indicadores son científicos o económicos, especialmente en el caso de los Objetivos de Desarrollo del Milenio (ODM), y posteriormente de los Objetivos de Desarrollo Sostenible. Mientras que estos últimos son universales y comprometen a todos los países del mundo, los ocho ODM se limitan a los países en desarrollo y solo tienen 21 metas, que se miden con solo 60 indicadores[122]. La resolución de aprobación de los ODS por parte de la ONU, en 2015, no especifica la naturaleza de los indicadores que deben establecerse. Pero establece claramente que las metas de los ODS se revisarán utilizando indicadores globales, complementados por indicadores regionales y nacionales (§ 75). Además, se anima a los Estados y a los parlamentos nacionales a "realizar revisiones periódicas e inclusivas de los progresos realizados, dirigidas por los propios países" (§ 79). Varias experiencias hacen hincapié, en mayor o menor medida, en los requisitos jurídicos de las políticas medioambientales.

No nos ocuparemos de los documentos que, en algunos Estados, enumeran todas las medidas adoptadas para controlar las actividades de las empresas contaminantes. No se trata de indicadores, sino de estadísticas que, sin embargo, son útiles para evaluar la efectividad del derecho[123].

Algunos países dan a los indicadores medioambientales un lugar destacado y de fácil acceso. Un ejemplo es España, que cuenta con un "banco público de indicadores ambientales" adscrito al Ministerio de Agricultura y Medio Ambiente. Incluye 16 temas y 68 indicadores[124]. Ninguno de ellos es directamente relevante para el derecho. Después de examinar los indicadores dentro de la Unión Europea, se presentarán una serie de indicadores que tienen en cuenta, en mayor o menor medida, las cuestiones medioambientales.

---

122 Naciones Unidas, *Objetivos del Milenio para el Desarrollo. Informe 2015*, Nueva York, 2015. La lista oficial de los indicadores vinculados a los ODM, que no incluyen indicadores jurídicos propiamente dichos: http://mdgs.un.org/unsd/mdg/Resources/Attach/Indicators/OfficialList2008_fr.pdf.

123 Por ejemplo, el sistema ECHO (*Historia de Cumplimiento Ambiental Online*) de la Agencia Americana para el Medio Ambiente (*Environmental Protection Agency*, EPA) señala, para 800 000 empresas, las autorizaciones otorgadas, casos de violación, medidas de control y sanciones penales impuestas.

124 Gobierno de España, Ministerio de Agricultura y Pesca, Alimentación y Medio Ambiente, *Calidad y Evaluación Ambiental*, http://origin.magrama.gob.es/es/calidad-y-evaluacionambiental/temas.

## 1. Indicadores de la Unión Europea

### *a) Del 7.º Programa de Acción al Programa de Vigilancia del Cumplimiento de la Normativa Medioambiental*

En su Séptimo Programa de Acción en materia de Medio Ambiente hasta 2020, en vigor desde 2014, la Unión Europea constata la "insuficiente aplicación de la legislación comunitaria" y prevé que los avances se evalúen mediante indicadores[125]. El proyecto de la Comisión incluía incluso indicadores para controlar la aplicación de la legislación medioambiental[126]. Este enfoque es prueba fehaciente de la actualidad del presente libro.

La UE dispone de varios conjuntos de indicadores relacionados con el medio ambiente: indicadores estructurales, indicadores de Europa 2020, Euroindicadores e indicadores de desarrollo sostenible.

El Consejo Europeo de Lisboa pidió que se utilizara un conjunto de indicadores estructurales para respaldar el análisis en el informe anual de primavera para evaluar los avances. Estos indicadores se adoptaron en 2002 y abarcan seis áreas, entre ellas el medio ambiente. Abordan el cambio climático, el transporte sostenible, los riesgos para la salud pública y la gestión de los recursos naturales a través de seis indicadores: las emisiones de gases de efecto invernadero; la intensidad energética de la economía; el volumen de transporte en relación con el PIB; el reparto modal; la calidad del aire en el ambiente; los residuos municipales; y la cuota de energía renovable. La lista de indicadores cambia de un año a otro[127]. Así, para 2004, de los 14 indicadores, solo una entrada se refiere al medio ambiente: las emisiones de gases de efecto invernadero. Los siguientes indicadores debían desarrollarse posteriormente: consumo de sustancias químicas tóxicas, esperanza de vida saludable, índice de biodiversidad, productividad de los recursos, tasa de reciclaje de determinados materiales, producción de residuos peligrosos[128].

La Estrategia Europa 2020, adoptada por el Consejo Europeo el 17 de junio de 2010, enumera nueve indicadores clave, de los cuales solo uno se refiere al medio ambiente: el cambio climático y la energía. En un dictamen de 2015, el Consejo Económico, Social y Medioambiental de Francia criticó esta situación y pidió

125 Decisión n.º 1386 del 20 de noviembre de 2013, anexo, § 6.

126 Proposición de decisión del 29 de noviembre de 2012, COM (2012) 710 final, § 102.

127 Comunicación de la Comisión, *Indicadores estructurales*, COM (2002) 551 final, 16.10.2002.

128 Comunicación de la Comisión, *Indicadores estructurales*, COM (2003) 585 final, 8 de octubre de 2003.

una diversificación de los indicadores medioambientales (p. 27) y un índice de medio ambiente saludable (p. 30)[129]. En 2019 se publicó un balance[130].

Los Euro-indicadores no son directamente relevantes para el medio ambiente. Son los principales indicadores económicos europeos, complementados por los indicadores del mercado laboral.

Los indicadores de sostenibilidad de la UE se acordaron en una Comunicación de 2016 en la que se exponen los próximos pasos para un futuro europeo sostenible[131]. Estos se actualizan con regularidad[132].

Es cierto que la Unión Europea, que sin embargo cuenta con un importante corpus legislativo en materia de medio ambiente, aún no se ha dado cuenta de la urgente necesidad de evaluar la efectividad del derecho aplicable más allá del sistema de informes. Este último, por muy sofisticado que sea, podría haber sido una oportunidad para concebir indicadores jurídicos para evaluar la aplicación de las directivas de la UE.

La Comisión Europea lleva tiempo examinando sistemáticamente la aplicación de cada directiva medioambiental por parte de los Estados miembros. Los informes sobre el "seguimiento de la implementación" se publican para cada país en los *Commission Staff Working Documents.* A continuación, se elaboran resúmenes de toda la política medioambiental.

La preocupación por una mayor efectividad del derecho ambiental europeo está presente en todos los documentos relativos a la aplicación de este derecho en 2007 y 2008[133]. El informe de 2008 sobre derecho ambiental pide que se estudie el cumplimiento efectivo de las normas de la UE. En las directrices para la mejora de la legislación de 2015, hay numerosas referencias a los indicadores para medir

---

129 A. Delmas, *Perspectivas para la revisión de la Estrategia Europa 2020*, Consejo Económico, Social y Medioambiental, *JORF*, 6 de julio de 2015.

130 Eurostat, *¿Más inteligente, más verde, más inclusivo? Indicadores para apoyar la estrategia Europa 2020*,edición 2019, Unión Europea, Septiembre 2019.

131 Comunicación de la Comisión, *Etapas siguientes para un futuro europeo sostenible*, COM (2016) 739 final, 22 de noviembre de 2016.

132 Eurostat, *Indicadores UE ODD 2020. Resultados preparatorios en curso de la edición 2020 del informe de monitoreo de los ODD UE*, Comisión Europea, Versión final de 16/01/2020.

133 Comunicación de la Comisión: *Para una Europa de Resultados – Aplicación del derecho comunitario*, COM (2007) 502 final, 5 de septiembre de 2007; *Aplicación del derecho comunitario del Medio Ambiente*, COM (2008) 773 final, 18 de noviembre de 2008.

el rendimiento y el progreso y para medir la transposición, la aplicación y el cumplimiento efectivo del derecho comunitario[134].

Desde 2017, la Comisión ha puesto en marcha un nuevo procedimiento para controlar la aplicación efectiva del derecho comunitario. La Comunicación COM (2016) 316 final puso en marcha una nueva herramienta para identificar las causas del déficit de aplicación del derecho ambiental y proponer soluciones, sin renunciar por ello a desencadenar procedimientos de infracción en caso necesario. Se trata de un procedimiento paralelo a las posibles sanciones denominado: "Revisión de la aplicación la política del medio ambiente" (*Environmental Implementation Review* – EIR)[135]. Cada Estado debe presentar un informe cada dos años sobre la aplicación del derecho y las dificultades encontradas. El resultado es un intercambio de información entre la Comisión y los Estados miembros, una presentación de buenas prácticas a través de contactos entre expertos de varios países y una asistencia a los Estados. El primer informe sobre la revisión de la aplicación está fechado el 3 de febrero de 2017[136]. Incluye los informes nacionales y el resumen de la Comisión, en el que se proponen 17 acciones para abordar las causas de inefectividad del derecho. El segundo informe se publicó el 4 de abril de 2019[137]. El anexo de este informe contiene una lista de acciones prioritarias para cada sector medioambiental con el fin de mejorar la aplicación de las políticas medioambientales. Estas acciones prioritarias son acciones prácticas de gestión, pero no hacen hincapié en los vínculos directos con las obligaciones jurídicas específicas. El resultado es una mezcla de consejos de todo tipo, ya sean materiales, económicos, prácticos, institucionales o jurídicos. Para motivar a los Estados a aplicar mejor las normas, se organizan periódicamente varias reuniones e intercambios entre expertos. Su objetivo es buscar conjuntamente formas de mejorar la aplicación efectiva del derecho ambiental.

Al mismo tiempo, en 2018 se introdujo una nueva política que ofrece a las autoridades públicas medios para promover, supervisar y hacer cumplir la legislación medioambiental. Se trata del programa de Garantía de Cumplimiento Ambiental (*Environmental Compliance Assurance* – ECA)[138]. Los distintos

134 Documento de Trabajo de la Comisión, *Directivas para mejores reglamentaciones*, SWD (2015) 111 final, 7 de julio de 2017, pp. 22, 30, 47.

135 Comunicación de la Comisión, *Aprovechar los beneficios de las políticas medioambientales de la UE mediante la revisión periódica de su aplicación*, COM (2016) 316 final, 27 de mayo de 2016.

136 COM (2017) 63 final.

137 COM (2019) 149 final.

138 Documento de Trabajo de la Comisión, *Garantía de Cumplimiento Ambiental – alcance, concepto y necesidad de acción de la UE*, SWD (2018) 10 final, 18 de enero de 2018.

aspectos de este programa se recogen en el anexo 4 del documento, a saber: promover el cumplimiento comunicando a las partes interesadas la importancia de la realización del mismo para proteger el medio ambiente y la salud, elaborando guías para explicar cómo cumplir, fomentando el autocontrol y las auditorías; controlar el cumplimiento identificando las causas de incumplimiento, ayudando a obligar a que este se lleve a cabo, organizando inspecciones planificadas y periódicas; hacer un seguimiento del cumplimiento para lo cual se debe acabar con los incumplimientos, expedir citaciones, perseguir, publicar los incumplimientos en la prensa, aplicar el principio de quien contamina paga. El programa se centra en la formación de los inspectores, el lugar de las sanciones administrativas y penales y su utilización, haciendo hincapié en el concepto de delito medioambiental, especialmente en relación con los residuos. El acceso a la justicia en materia de medio ambiente también tiene su lugar, con acciones vinculadas a la Convención de Aarhus. Para ello se ha adoptado un plan de acción, con la creación de un grupo de expertos denominado Foro para el Cumplimiento y la Gobernanza Medioambiental[139]. El programa de trabajo 2020–2021, publicado el 4 de febrero de 2020, tiene en cuenta la nueva política comunitaria sobre el Pacto Verde o *Green Deal.*

Estos esfuerzos educativos son encomiables. Sin embargo, las conclusiones sobre la mala aplicación de las normas siguen siendo superficiales debido a la falta de un verdadero instrumento científico para medir las disfunciones. Si bien es cierto que la necesidad y la urgencia de aplicar mejor las normas está en el orden del día, la Comisión aún no ha expresado la necesidad de acompañar su nueva estrategia con herramientas para comprender mejor las razones que obstaculizan la efectividad del derecho.

Nos vemos reforzados en la idea de promover los indicadores jurídicos debido al llamamiento realizado en Estambul a los expertos académicos para que produzcan información basada en pruebas a través de nuevos indicadores ambientales que puedan promover la buena gobernanza y mejorar el proceso democrático[140].

139 Comunicación de la Comisión, *Acciones de la UE para mejorar el cumplimiento y la gobernanza medioambientales,* COM (2018) 10 final, 18 de enero de 2018.

140 Comisión Europea, OCDE, PNUD y Banco Mundial, 2.° Foro mundial de la OCDE sobre estadísticas, conocimiento y acción civil, Estambul, 2007.

### b) *Indicadores de la Agencia Europea de Medio Ambiente*

El estatuto de la Agencia Europea de Medio Ambiente limita su intervención en el ámbito jurídico. Por lo tanto, cuenta con muchos indicadores científicos y económicos, pero no con indicadores jurídicos. Un gran número de indicadores se encuentran en los informes anuales de "señales medioambientales" o en informes o estudios específicos[141]. La Agencia utiliza 122 indicadores que abarcan 13 ámbitos medioambientales. Cada sector de las ciencias ambientales tiene sus propios indicadores sectoriales. Para la Agencia, un indicador es una medición generalmente cuantitativa que permite ilustrar y comunicar de forma sencilla fenómenos medioambientales complejos, mostrando tendencias y progresos. Los indicadores se dividen en cinco categorías: tipo A, indicadores descriptivos; tipo B, indicadores de rendimiento, ¿estamos logrando nuestros objetivos, midiendo el avance?; tipo C, indicadores de eficiencia (*efficiency*), traduciendo la relación entre las fuerzas motrices y las presiones en índices; tipo D, indicadores de eficacia de las políticas (*policy effectiveness*); tipo E, indicadores de bienestar, ¿nos sentimos mejor?[142]. Nótese la distinción entre *efficiency* y *effectiveness*, que podría haber llevado a tener en cuenta las medidas jurídicas para evaluar su efectividad jurídica. Este no es el caso. El tipo D se ilustra con la producción y el consumo de sustancias que reducen la capa de ozono o con el uso de combustibles más limpios. Cuando el indicador elegido puede basarse en un texto jurídico relativo a las áreas marinas protegidas, el indicador elegido solo informa sobre su número y superficie.

Es una verdadera lástima que la capacidad de evaluación de la Agencia no esté directamente al servicio del cumplimiento de cada una de las directivas medioambientales y de los tratados medioambientales internacionales a los que se ha adherido la Unión Europea.

### c) *La red de agencias para el Medio Ambiente*[143]

La Agencia Europea de Medio Ambiente creó en 2003, en Copenhague, una Red de Jefes de Agencias Europeas de Protección del Medio Ambiente (*Network of the Heads of European Environment Protection Agencies*). En 2008, esta red

---

141 Agencia Europea de Medio Ambiente, *El Medio Ambiente en Europa – Estado y Perspectivas 2020*; Informe de Indicadores Ambientales EEA, n.° 19, 2018.

142 European Environmental Agency, *Digest of Environmental European Agency Indicators*, Technical Report n.° 8, 2014.

143 European Environmental Agency, *PBE and Enviro Windows*, http://pbe.eea.europa.eu.

aprobó la Declaración de Oslo sobre la mejora de la efectividad de la normativa medioambiental (*Improving the Effectiveness of European Union Environmental Regulation: A Future Vision*). El enfoque de la efectividad está más orientado a la elaboración del derecho que a su aplicación. En este sentido, existe un grupo de trabajo sobre la mejora de la legislación (*Better Regulation Programme*). No obstante, esta red consideró la necesidad de un seguimiento efectivo de la aplicación del derecho, ya que en un informe de enero de 2007 titulado *Barriers to Good Environmental Regulation*, una de las preguntas formuladas mencionaba expresamente los "indicadores": "¿Se han previsto indicadores para medir la aplicación de la normativa y son adecuados?" Si la respuesta es negativa, los autores de este informe concluyen que es necesario tomar medidas... sin especificar cómo.

### *d) La red europea IMPEL*[144]

La red para la Implementación y Control de la Aplicación del Derecho Ambiental (*Implementation and Enforcement of Environmental Law* – IMPEL) se creó en 1992. En 2020, cuenta con 55 miembros en 37 países, incluidos los 27 de la Unión Europea. Los miembros son la Comisión Europea y representantes de las autoridades nacionales de control e inspección de los Estados miembros y los Estados candidatos. La Dirección General de Medio Ambiente de Bruselas se encarga de la secretaría. Se trata de una estructura informal para el intercambio de información, buenas prácticas y reflexión con vistas a la aplicación "efectiva" del derecho medioambiental de la UE. El objetivo es, por tanto, mejorar el cumplimiento del derecho aplicable. Se esperaba que este instrumento para fomentar la aplicación efectiva del derecho medioambiental condujera a la creación de indicadores jurídicos. Sin embargo, el objetivo no era directamente examinar y evaluar de forma crítica y sistemática las condiciones de cumplimiento de la cadena de derecho, sino examinar la adecuación de los mecanismos de control técnico y administrativo. No obstante, resulta sorprendente que los abogados ambientalistas participen tan poco en los trabajos de la red, que sigue siendo esencialmente una red de expertos científicos e ingenieros. Así, entre los numerosos proyectos realizados o financiados por IMPEL, hay poco trabajo jurídico[145]. IMPEL fue el creador del

144 European Union Network for the Implementation and Enforcement of Environmental Law, IMPEL, www.impel.eu.

145 Con la excepción de *Aspecto penal de la aplicación del derecho ambiental en la Unión Europea* (diciembre de 2000) y del informe encargado al Consejo Europeo de Derecho Ambiental (CEDE) presidido por A. Kiss sobre *Los recursos de los justiciables y acceso a la justicia para los asuntos ambientales* (mayo de 2000). Este estudio fue retomado y

manual de inspección para los controles medioambientales, que dio lugar a una recomendación oficial de las autoridades europeas el 4 de abril de 2001 (2001/331/CE, DO, L. 118/41).

La red IMPEL presentó en 2006 un informe sobre la creación de una lista de control (*checklist*) de los elementos que podrían utilizarse para evaluar la viabilidad y la aplicabilidad (*practicability and enforceability*) de la legislación medioambiental.

Los criterios de aplicabilidad son: la definición de los términos utilizados en los textos, los plazos dados para aplicar los textos y los recursos necesarios. Los criterios de aplicación propuestos son la capacidad de utilizar los instrumentos jurídicos existentes, el nivel de sanciones, la inspección y el control. Está claro que estos informes están todavía muy lejos de hacer valoraciones jurídicas serias sobre la efectividad, basadas tanto en un vocabulario jurídico adecuado como en un uso satisfactorio y exhaustivo de los procedimientos existentes.

El programa de trabajo de la red para 2016–2020 hace referencia a un estudio realizado en marzo de 2015, titulado *Challenges in the Practical Implementation of EU Environmental Law and How IMPEL Could Overcome Them*. En este documento se menciona por primera vez la necesidad de "desarrollar herramientas de evaluación e *indicadores* para medir los avances en la aplicación del derecho" (p. 18). Esto sugiere que IMPEL estaría interesado en los indicadores jurídicos.

Dado que el objetivo de IMPEL es contribuir a cerrar la brecha de implementación (*implementation gap*) del derecho medioambiental, la creación de indicadores jurídicos solo puede facilitar las acciones de seguimiento.

En este estudio de 2015, se envió un cuestionario a los miembros de IMPEL. Una de las preguntas que se plantean es la siguiente: ¿cuáles son las principales razones de los problemas encontrados para cumplir los requisitos de la legislación medioambiental? Se ofrecen seis opciones de respuesta, pero ninguna de ellas aborda directamente la efectividad del derecho. En el 60 % de las respuestas se cita la insuficiencia de recursos de las autoridades de control. Esto dista mucho de una evaluación de las complejas causas del incumplimiento del derecho, mientras que, por otro lado, el mismo informe destaca el número de procedimientos por infracción del derecho ambiental comunitario: 481 en 2008, 334 en 2013, 276 en 2015, 269 en 2016. Esta cifra, aunque significativa, no refleja la efectividad de la aplicación del derecho, ya que el incumplimiento es siempre mayor que el número de infracciones detectadas.

---

completado bajo la dirección de J. Ebbeson, *Acceso a la Justicia en Temas Ambientales en la UE*, Kluwer Law International, 2002.

## 2. Indicadores de la OCDE: indicadores del medio ambiente, indicadores medioambientales para la agricultura e indicadores de bienestar

La OCDE tiene un largo historial de trabajos sobre indicadores medioambientales[146]. Un Grupo de Trabajo de Información Medioambiental (*Working Party on Environmental Information* – WPEI) se encarga de la coordinación y difusión de estadísticas e indicadores medioambientales. Ya en 1991, la OCDE pidió la elaboración de indicadores medioambientales, pero no estableció el vínculo entre el derecho y los indicadores[147]. Los estudios más relevantes que incluyen una sección sobre derecho ambiental están dedicados a los "exámenes estatales de desempeño ambiental". Se trata de una evaluación sistemática de las políticas estatales mediante estadísticas medioambientales y evaluaciones sobre el terreno realizadas por terceros expertos. Sin embargo, este tipo de evaluación sigue siendo tradicional y subjetiva, sin indicadores jurídicos. Cabe señalar que un Estado africano se ha sometido a una evaluación de este tipo: Sudáfrica en 2013. La Acción para el Crecimiento Verde publicó, en 2014, indicadores de crecimiento verde[148].

La OCDE publica tres conjuntos de datos medioambientales: los indicadores medioambientales clave, de los cuales hay de 10 a 13; los indicadores medioambientales básicos, de los cuales hay de 40 a 50; y los indicadores medioambientales sectoriales. El derecho casi siempre es inexistente. Los objetivos de estos indicadores son el seguimiento de los avances y la revisión de los resultados.

En efecto, la OCDE ha tratado de desarrollar "indicadores de rendimiento" para el medio ambiente, algunos de los cuales se basan, más o menos directamente, en el análisis jurídico. En este contexto cabe destacar un documento de 2005: *Funding Environmental Compliance Assurance: Lessons Learned from International Experience.*

El informe *Hacer respetar las normas medioambientales: tendencias y buenas prácticas*[149] es un documento esencial para nuestro

146 *Indicadores medioambientales, estudio piloto*, OCDE, 1991; *Indicadores clave del Medio Ambiente*, OCDE, 2008; *Perspectivas de medio ambiente de la OCDE Agenda 2050: las consecuencias de la no acción*, OCDE, 2012; *Vistazo al Medio Ambiente: Indicadores de la OCDE*, OCDE, 2015.

147 Recomendación de la OCDE sobre los indicadores y las informaciones sobre el Medio Ambiente, C(90) 165/final, 31 de enero de 1991.

148 OCDE, *Indicadores de Crecimiento Verde*, París, 2014.

149 OCDE, 2009.

estudio[150]. Este informe sobre el respeto de las normas medioambientales aborda directamente la cuestión de la aplicación del derecho medioambiental como parte integrante de la normativa. Señala la falta de interés de los Estados por evaluar el cumplimiento de la legislación medioambiental y las disparidades nacionales en materia de aplicación del derecho. Para mejorar la eficacia de las normas, pide que se elaboren indicadores "que puedan utilizarse con fines de evaluación comparativa internacional" (p. 16).

Los instrumentos de cumplimiento (*compliance*) se dividen en tres pilares, que son secuencias útiles para el diseño de diferentes indicadores (p. 24):

- Promocionar el cumplimiento mediante acciones destinadas a fomentar el cumplimiento sin utilizar sanciones (mediante información, asistencia técnica, incentivos financieros).
- Controlar el cumplimiento mediante la recopilación de información sobre el mismo (a través de inspecciones, auditorías, autocontrol o control por parte del público).
- Responder a los incumplimientos desencadenando acciones de la administración y/o del público para obligar al cumplimiento mediante sanciones (denuncia, declaración de infracción, queja, presentación de denuncia).

Pero este informe de 2009 aún no se atreve a abordar específicamente la necesidad de contar con verdaderos indicadores jurídicos de efectividad. No obstante, sugiere el uso de herramientas de evaluación del cumplimiento y la elaboración de una breve lista de indicadores de rendimiento, desarrollando datos sobre el funcionamiento de los organismos de control. Sin embargo, este informe tiene un alcance limitado, ya que no abarca todo el derecho medioambiental, sino únicamente la regulación de la prevención y el control de la contaminación en el sector industrial. Además, se limita a cuestiones de aplicación del derecho nacional sin abordar realmente la aplicación del derecho internacional en los Estados. Dos publicaciones posteriores complementaron este informe[151].

Siguiendo el Programa de Crecimiento Verde de la OCDE, dos publicaciones de 2015, *Hacia un crecimiento verde e Indicadores de crecimiento verde para la agricultura,* incluyen entre sus 25 indicadores una entrada para el "enfoque

---

150 Fue retomado y desarrollado por Ana Barreira, *Estado de Derecho Ambiental: Análisis de la disponibilidad de datos,* Green Growth Knowledge Platform, 2019.

151 *Medidas de Desempeño de los Resultados de la Garantía del Cumplimiento Ambiental: Prácticas actuales, Restricciones y Avances,* OCDE, 2010; *Cumplimiento Ambiental en Sistemas de Gobernanza Descentralizada: Hacia un campo de juego nivelado nacional,* OCDE, 2011.

de regulación y gestión". Lamentablemente, este último indicador se menciona como aún "por diseñar"[152]. En cuanto a los libros titulados *Green Growth Indicators* (2017) y *Environment at a Glance* (2020), ignoran por completo el papel del derecho en las políticas medioambientales.

En 2014, la OCDE publicó un compendio de indicadores agroambientales. Este trabajo, basado en 18 indicadores estadísticos, tiene por objeto presentar los resultados medioambientales de los 35 Estados miembros. Se tienen en cuenta el agua, el aire, el suelo, la biodiversidad y los paisajes, con cifras sobre la producción agrícola y la agricultura ecológica, el balance de nitrógeno y fósforo, la venta de plaguicidas, la energía, la erosión, las extracciones de agua, las emisiones de amoníaco y de gases de efecto invernadero y las poblaciones de aves. Pero estos datos cuantitativos no están ligados a las realidades jurídico-políticas, aunque se evoca el modelo de causa-estado-respuesta actuante, es decir, la relación causal entre la acción pública, los factores agrícolas, los efectos sobre el medio ambiente y el impacto sobre el bienestar humano. Pero esta cadena de causalidad no se analiza integrando el derecho. Ningún indicador pretende medir la relación entre la norma jurídica aplicable, las condiciones reales de su aplicación y sus efectos sobre el medio ambiente.

Los indicadores medioambientales para la agricultura se han desarrollado desde 1999 en tres libros[153]. La OCDE dispone ahora de una base de datos sobre "Indicadores medioambientales para la agricultura" que permite encontrar en línea datos estadísticos a partir de 1990[154].

Desde 2011, la OCDE publica cada dos años un indicador de bienestar. En la edición de 2017 en francés, se abordan los siguientes temas: desigualdad, inmigrantes, gobernanza[155]. En la edición inglesa de 2020, además de la salud, la vivienda y la calidad del trabajo, hay un capítulo sobre el medio ambiente que ofrece estadísticas en tres ámbitos: contaminación atmosférica, acceso a los espacios verdes urbanos y desigualdades medioambientales[156].

---

152 *Indicadores de crecimiento verde para la agricultura*, OCDE, 2015, p. 24.

153 OCDE, *Indicadores medioambientales para la agricultura. Conceptos y marco de análisis*, vol. 1, París, 1999; OCDE, *Indicadores medioambientales para la agricultura. Cuestiones claves y diseños,* Seminario de Nueva York, vol. 2, 1999; OCDE, *Indicadores medioambientales para la agricultura. Métodos y resultados*, vol. 3, París, 2001.

154 http://www.oecd.org/fr/croissanceverte/agriculture-durable/indicateurs-agro-environnementaux.htm.

155 OCDE, *¿Como va la vida? Medir el bienestar*, París, 2017.

156 OECD, *How's life ? 2020. Measuring Well-being*, Paris, 2020.

## 3. Indicadores para combatir los crímenes contra la vida silvestre y los bosques

El Consorcio Internacional para Combatir los Delitos contra la Vida Silvestre (*International Consortium on Combating Wildlife Crime* – ICCWC) tiene como objetivo combatir los delitos contra la vida silvestre y los bosques. Incluye la Secretaría de la CITES, Interpol, la Oficina de las Naciones Unidas contra la Droga y el Delito (ONUDD), el Banco Mundial y la Organización Mundial de Aduanas. Publicaron un marco de indicadores para combatir los delitos contra la vida silvestre y los bosques en 2016[157], cuyo objetivo es analizar la efectividad de las respuestas jurídicas y administrativas actuales para combatir este tipo de delitos a nivel nacional. El objetivo es evaluar la capacidad y la efectividad de las respuestas jurídicas e institucionales existentes, con el fin de sugerir reformas y adaptaciones. Para ello, se proponen 50 indicadores, divididos en ocho entradas. Esta metodología combina indicadores de rendimiento e indicadores de efectividad del derecho aplicado. Dos tercios de los indicadores se basan en una evaluación cualitativa por parte de un grupo de expertos que acuerdan respuestas cuantificadas de 0 a 3. Otras respuestas se basan en datos brutos (número de infracciones) o en la existencia o no de textos o procedimientos *ad hoc*.

## 4. Índice de desempeño medioambiental

El Índice de Desempeño Medioambiental (*Environmental Performance Index*, EPI) es un conjunto de 32 indicadores de desempeño para 180 países y 11 sectores ambientales: salud, aire, agua potable y saneamiento, recursos hídricos, agricultura, silvicultura, pesca, biodiversidad y hábitat, clima y energía, servicios ecosistémicos, metales pesados[158]. Los resultados de 2016 pueden compararse con la evolución de las puntuaciones desde 1950. Este trabajo es en gran parte obra del Centro de Derecho y Política Medioambiental de la Universidad de Yale (Estados Unidos), el Centro Internacional de Información sobre Ciencias de la Tierra de la Universidad de Columbia y el Foro Económico Mundial de Davos.

El informe de 2016 se refiere en algunos de los comentarios a la presencia del derecho, pero de forma estática y sin formular indicadores específicos, aparte de los cuantitativos, como el número de áreas protegidas. También se mencionan

157 *Marco de indicadores del ICCWC para Combatir los Delitos contra la Vida Silvestre y los Bosques. Un marco de auto-evaluación de uso nacional. Directrices para la evaluación*, julio de 2016.

158 https://epi.yale.edu.

los convenios sobre la diversidad biológica, el derecho del mar y el derecho de la pesca[159]. Es lamentable que un ejercicio de este tipo, pilotado por dos centros de derecho ambiental estadounidenses, no haya valorado mejor la contribución del derecho y su efectividad a la calidad del medio ambiente. El informe de 2018 agrupa los datos en torno a dos objetivos políticos: la salud ambiental, para el 40 % del rendimiento, y la vitalidad ecológica para el 60 %[160]. Los mismos porcentajes se encuentran en el informe de 2020[161].

## 5. Normas de funcionamiento de la Corporación Financiera Internacional

La Corporación Financiera Internacional, la rama de inversiones en el sector privado del Grupo del Banco Mundial, aprobó el 1 de enero de 2012 unas normas de actuación en materia de sostenibilidad medioambiental y social para los acuerdos de préstamo de sus clientes. Además de la obligación de cumplir con el derecho medioambiental nacional e internacional aplicable, las empresas beneficiarias también deben cumplir estas normas de rendimiento, que sirven de guía de buenas prácticas. Se vigilará el cumplimiento de estas normas.

Aunque no se presentan formalmente como indicadores, cada una de estas normas de rendimiento es de hecho un indicador. Por lo tanto, deberían reformularse en consecuencia. El documento se refiere a garantizar la efectividad del derecho medioambiental, pero no está claro cómo. Hay que añadir referencias al respeto de los derechos humanos. Las ocho normas de rendimiento incluyen:

- Norma 1: Evaluación y gestión de los riesgos e impactos ambientales y sociales.
- Norma 3: Utilización racional de los recursos y prevención de la contaminación.
- Norma 6: Conservación de la biodiversidad y gestión sostenible de los recursos naturales vivos.
- Norma 8: Patrimonio cultural.

---

159 EPI, *Global Metrics for the Environment*, 2016, https://epi.envirocenter.yale.edu.

160 EPI, *Environmental Performance Index, 2018 Release,* https://sedac.ciesin.columbia.edu/data/set/epi-environmental-performance-index-2018.

161 EPI, *Environmental Performance Index 2020. Global metrics for the environment: Ranking country performance on sustainability issues,* https://epi.yale.edu/downloads/epi-policymakersummaryr9.pdf.

## 6. El PNUMA y los indicadores

Fue el Comité Científico de Cuestiones Medioambientales del PNUMA el que se encargó de elaborar los indicadores cuantitativos globales. El libro *Hacia una economía verde*, publicado en 2011, menciona varias veces indicadores que son esencialmente científicos y económicos, ignorando totalmente la existencia del derecho ambiental[162]. En el cuadro 1, relativo a los posibles indicadores para medir los avances hacia la agricultura verde, se distingue entre indicadores de acción e indicadores de resultados. El primer indicador de acción es el "número de medidas políticas adoptadas". Lo apropiado hubiera sido escribir "número de textos jurídicos sobre…". El PNUMA reconoce que la información reglamentaria es de naturaleza cualitativa "y no siempre es fácil de evaluar"[163]. Este hallazgo refuerza la utilidad y la urgencia de crear indicadores jurídicos.

El PNUMA apoyó la iniciativa del IFDD contribuyendo a la publicación de nuestro libro sobre indicadores jurídicos en 2018, así como al seminario sobre la evaluación de la efectividad del derecho ambiental celebrado en Yaundé en febrero de 2018[164].

En su libro *El Estado del Derecho Ambiental* (*Environmental Rule of Law*) publicado en 2019[165], el PNUMA promueve, como dirección futura, la evaluación periódica de la efectividad de la legislación ambiental mediante indicadores, con referencia a nuestro libro sobre indicadores jurídicos antes mencionado (p. 236). Se trata de pedir en el futuro indicadores para evaluar la realidad del Estado de Derecho.

## 7. Indicadores del Convenio de Barcelona para el Mediterráneo

La Estrategia Mediterránea para el Desarrollo Sostenible (SMDS), elaborada por la Comisión Mediterránea de Desarrollo Sostenible (CMDS) y aprobada por las Partes del Convenio de Barcelona y sus Protocolos, va acompañada de un cuadro de indicadores de seguimiento[166]. En la 17.ª reunión de la CMDS, celebrada en

162 PNUMA, *Hacia una Economía Verde: para el desarrollo sostenible y la erradicación de la pobreza*, Nairobi, 2011.

163 UNEP, *Midiendo los avances hacia una Economía Verde Inclusiva*, Nairobi, 2012, p. 25.

164 M. Prieur, *Los indicadores jurídicos, herramientas de evaluación de la efectividad del derecho ambiental*, *op. cit.*

165 UNEP, *Estado de Derecho Ambiental, Primer Informe Global*, 2019.

166 En virtud del art. 4-2 del Convenio para la Protección del Medio Marino y la Región Costera del Mediterráneo de 1976, enmendado en 1995, "las Partes contratantes tendrán en cuenta las recomendaciones de la Comisión Mediterránea de Desarrollo Sostenible creada en el marco del Plan de Acción por el Mediterráneo".

Atenas en julio de 2017, se hizo una propuesta de 49 indicadores para el seguimiento de la SMDS 2016–2025, como seguimiento del trabajo del Plan Azul[167]. El seguimiento de la CMDS se basó en 34 indicadores desde 2005. De los 49 indicadores propuestos en 2017, es interesante destacar la presencia de siete indicadores jurídicos. Algunos son fácticos (número de áreas protegidas, número de especies amenazadas en los documentos jurídicos, número de ratificaciones); otros implican el uso de un conjunto de factores y datos que no están formulados (nivel de cumplimiento, mecanismos de participación pública). En el sitio web del Cuadro de Indicadores de Desarrollo Sostenible se está poniendo progresivamente en línea un compendio de "fichas de indicadores" para el seguimiento de la aplicación de la SMDS[168]. En estas "fichas de indicadores", encontramos varias referencias a cuestiones jurídicas: Convenio de Aarhus; sitos incluidos en la lista de la UNESCO (anexo 3); aplicación del Convenio de Barcelona (anexo 4). Como se puede ver, estos indicadores son puramente cuantitativos y estáticos, pero son un primer paso para tener en cuenta el lugar que ocupa el derecho en la SMDS. La cartografía que los acompaña es un importante valor añadido. Sería necesario tener en cuenta indicadores jurídicos reales de efectividad para disponer de una herramienta de evaluación del seguimiento de la SMDS. Estos indicadores serían en parte diferentes de las herramientas de evaluación de la efectividad del propio Convenio y sus Protocolos, distinguiendo claramente entre los requisitos jurídicos del derecho internacional y los del derecho nacional.

Cabe señalar que el texto del Convenio de Barcelona se ocupa especialmente del papel que debe desempeñar el derecho en su aplicación. Según su artículo 14-1, "las Partes contratantes adoptarán leyes y reglamentos para aplicar el Convenio y los Protocolos". Según el artículo 26, los informes de las Partes contratantes se referirán tanto a las "medidas legales, administrativas o de otro tipo" adoptadas en aplicación del Convenio, de los Protocolos y de las recomendaciones adoptadas por las reuniones de las Partes, como a la eficacia de estas medidas y a los problemas encontrados en la aplicación de los instrumentos en cuestión. El objetivo es garantizar que se cumpla no solo la letra de los textos de aplicación, sino también que se cumplan las condiciones de aplicación, incluidas las jurídicas, institucionales, presupuestarias y materiales. Esta será la función del Comité de Cumplimiento creado, en virtud del artículo 27 del Convenio sobre el cumplimiento, por la Decisión IG 17/2 adoptada, el 18 de enero de 2008, en la 15.ª Conferencia de las Partes en Almería (España).

---

167 UNEP/DEPI/MED WG.441/Inf.3 et 441/6.

168 http://obs.planbleu.org/fr.

En la 21.ª Conferencia de las Partes de la Convenio de Barcelona y sus Protocolos (Nápoles, 2–5 de diciembre de 2019), por primera vez en el mundo, en el marco de una convención internacional sobre el medio ambiente, se solicitó oficialmente la consideración de indicadores jurídicos. Así, el informe del presidente del Comité de Cumplimiento se refirió al tema en tres ocasiones[169]:

- En el § 6: "En este contexto, el Comité de Cumplimiento también debatió el desarrollo de indicadores del entorno jurídico que midan la eficacia del Convenio de Barcelona y sus protocolos, un área que debería explorarse en el futuro".
- En el programa de trabajo 2020–2021, en el § 6: "Desarrollar indicadores jurídicos específicos, tanto cualitativos como cuantitativos, para una aplicación efectiva y una posible simplificación del formato de los informes".
- En las recomendaciones para promover el cumplimiento del Convenio y sus Protocolos y mejorar su aplicación, el § 20 dice: "Elaborar indicadores para evaluar la eficacia de las estrategias, planes y programas" de gestión integrada de las zonas costeras.

Además, en el Informe sobre el Estado del Medio Ambiente y el Desarrollo Sostenible, el mensaje 1 sobre el cumplimiento de la normativa dice: "Desarrollar y probar un conjunto de indicadores asociados para evaluar el cumplimiento".[170]

Por último, el informe final de la Secretaría sobre la 21.ª Reunión de las Partes afirma: "Mientras tanto, una mejor evaluación de la eficacia del Convenio y de sus Protocolos, crucial para que el sistema siga siendo pertinente, exigía el fortalecimiento de los indicadores jurídicos y de otro tipo, con la ayuda de socios como el Centro Internacional de Derecho Ambiental Comparado"[171].

La misma preocupación expresó Yann Wehrling, embajador francés para el medio ambiente: "Si queremos maximizar el impacto de nuestros compromisos, démonos los medios para evaluar la aplicación efectiva del Convenio de Barcelona. Tenemos indicadores científicos y económicos, pero nos faltan indicadores jurídicos. El Centro Internacional de Derecho Ambiental Comparado ha realizado un trabajo considerable y sólido sobre este tema, está aquí con nosotros, y está dispuesto a trabajar con nosotros para desarrollar estos indicadores juntos, con el fin de fortalecer la evaluación de la aplicación de nuestros compromisos

169 UNEP/MED IG 24/22, 21.° Conferencia de las partes, Nápoles, 2-5 de diciembre de 2019.
170 UNEP/MED/IG.24/22, p. 236.
171 UNEP/MED IG.24/22, § 90, p. 19.

en virtud de la Convención"[172]. Por ello, el 5 de diciembre de 2019 se celebró un evento paralelo sobre este tema, bajo el patrocinio del Ministerio francés de Transición Ecológica y Solidaria y el Centro Internacional de Derecho Ambiental Comparado, acreditado como socio del Plan de Acción del Mediterráneo (PAM) del Convenio de Barcelona.

## 8. Indicadores de *Global Environment Outlook* del PNUMA, especialmente en África

El programa *Global Environment Outlook* (GEO) del PNUMA sobre el estado del medio ambiente mundial se lanzó en 1995. El primer informe global se elaboró en 1997. Para evaluar el medio ambiente mundial, utiliza necesariamente datos e indicadores estadísticos. Estos últimos son principalmente científicos y económicos. Los datos jurídicos rara vez se mencionan. Sin embargo, a veces se menciona la necesidad de "seguir de cerca el progreso de las políticas para mejorar su aplicación y cumplimiento".[173] A veces se facilitan datos jurídicos, como un cuadro de ratificaciones de los principales convenios multilaterales sobre el medio ambiente, con la afirmación de que "debe reforzarse el cumplimiento de los tratados y mejorarse su aplicación, incluso a nivel nacional"[174].

El informe GEO 5, presentado en la Conferencia Río+20 de 2012, reconoce la insuficiencia de los indicadores existentes (p. 20). El informe *Measuring Progress*[175] que acompaña al GEO 5 expresa claramente la idea de que la fuente de los objetivos perseguidos por las políticas ambientales reside en los acuerdos internacionales, al subrayar que la evaluación no tiene en cuenta si el objetivo es o no jurídicamente vinculante. Este enfoque, que es el nuestro, justifica que se tomen en consideración tanto los textos de *hard law* como los de *soft law* en la evaluación de la efectividad del derecho internacional del medio ambiente. Pero la falta de datos para evaluar la aplicación de los acuerdos ambientales fue puesta de manifiesto de nuevo en noviembre de 2012 por el PNUMA[176].

El interés por el derecho ambiental en África se ha manifestado a nivel internacional en el seno del PNUMA y de la Comisión Económica para África de la

172 UNEP/MED IG.24/22, p. 818.

173 *GEO 3*, 2002, p. 17.

174 *GEO 4*, 2007, figura 15.

175 UNEP, *Measuring Progress towards an Inclusive Green Economy*, *op. cit.*

176 PNUE, *État de l'environnement et contribution du Programme des Nations Unies pour l'environnement à la recherche de solutions aux grands problèmes de l'environnement*, UNEP/GC.27/3, 29 de noviembre de 2012, § 53.

ONU. Por ejemplo, en 1981, la Comisión Económica para África de las Naciones Unidas organizó un seminario de abogados sobre el desarrollo del derecho ambiental en África[177]. Surgieron al mismo tiempo la necesidad de una aplicación reforzada del derecho (§ 63) y la necesidad de un control más efectivo (§ 66).

En el marco de las sesiones de la Conferencia Ministerial Africana sobre Medio Ambiente (CMAMA), organizada por el PNUMA cada dos años desde 1985, se han elaborado informes sobre el *Futuro del Medio Ambiente en África* (AEO). El primer informe, publicado en 2002, es particularmente interesante, ya que su capítulo 5 trata de la contribución del derecho ambiental internacional y nacional y sugiere los límites del derecho, sin considerar sin embargo una evaluación científica de su efectividad[178]. Posteriormente, se han publicado otros informes sobre el medio ambiente en África[179].

A raíz de la resolución 757 (XXVIII), de 4 de mayo de 1993, de la Conferencia de Ministros de la Comisión Económica de las Naciones Unidas para África, se creó la Conferencia de Ministros Africanos Responsables del Desarrollo Sostenible y el Medio Ambiente (CAMSDE), que celebró su primera reunión en Addis Abeba, en marzo de 1996. Sin embargo, este foro duplicó en cierto modo la CMAMA[180]. Esta última sigue reuniéndose periódicamente: su 16.ª sesión tuvo lugar en Libreville (Gabón), en junio de 2017, y su 17.ª sesión en Durban (Sudáfrica), en noviembre de 2019.

En 2016[181] se publicaron GEO específicos para seis regiones. La evaluación regional para África[182] dedica parte del capítulo 2 a los "Factores de eficacia de las políticas" (pp. 94–102). Era de esperar que se encontraran allí algunos datos relativos al derecho ambiental en África, que a menudo ha sido pionera en este campo (por ejemplo, el derecho humano al medio ambiente en la Carta Africana de Derechos Humanos y de los Pueblos de 1981; la introducción del principio de

---

177 Economic and Social Council, Economic Commission for Africa, *Report of the Seminar for Lawyers on Development of Environmental Protection Legislation in the ECA Region*, E/CN.14/784, 21 October 1980.

178 PNUE, *L'avenir de l'environnement en Afrique. Le passé, le présent et les perspectives d'avenir*, 2002 ; ver capítulo 5: «Intervention des pouvoirs publics et appel en faveur d'une action».

179 *AEO 2*, 2006; *AEO 3*, 2013.

180 *Rapport de la première session de la Conférence des ministres africains responsables du développement durable et de l'environnement*, E/ECA/CAMSDE/16, 9 mars 1996.

181 *Summary of the Sixth Global Environment Outlook Regional Assessments: Key Findings and Policy Messages*, UNEP/EA.2/INF/17, 22 May 2016.

182 *L'avenir de l'environnement mondial : GEO-6, évaluation régionale pour l'Afrique*, 2016.

no regresión en la legislación de Costa de Marfil en 2014). Pero solo menciona brevemente el contexto jurídico (Figura 2-5-4, p. 101), el derecho de las evaluaciones de impacto y algunos convenios internacionales. El informe regional de África sobre los Objetivos de Desarrollo Sostenible menciona el seguimiento y la evaluación y recuerda la importancia de la elección de los indicadores[183]. Los indicadores jurídicos también deberían incluirse en las evaluaciones de los aspectos institucionales y políticos del desarrollo sostenible[184]. Por lo tanto, es imperativo que el próximo GEO 7 sobre África incorpore sistemáticamente datos sobre la contribución del derecho internacional y los derechos nacionales africanos a la protección del medio ambiente a través de indicadores jurídicos.

## 9. La Carta Africana de Estadísticas

En el marco de la Unión Africana, se firmó en 2009 un tratado sobre la Carta Africana de Estadísticas, que entró en vigor en 2015. Este tratado organiza el derecho aplicable a las estadísticas para dotar a África de herramientas de medición y evaluación fiables. Su artículo 1 se refiere a su aplicación en el ámbito del medio ambiente y la gobernanza. Del 3 al 5 de julio de 2017, en Libreville (Gabón), se celebró un taller sobre el tema: "Entorno institucional sólido, cooperación, diálogo y asociaciones para la producción y el uso de indicadores de los ODS", organizado por la Comisión Económica de las Naciones Unidas para África. Es necesario sensibilizar a los Estados Parte de la Carta y a la Comisión de la Unión Africana encargada de aplicarla sobre la urgencia de introducir indicadores jurídicos en la evaluación de los progresos en la protección del medio ambiente.

## 10. Indicadores ambientales de la CEPAL y la ILAC en América del Sur

La Comisión Económica de las Naciones Unidas para América Latina y el Caribe (CEPAL) ha realizado algunas de las primeras investigaciones sobre indicadores ambientales que incorporan datos jurídicos[185]. Los resultados de este estudio en Brasil se difundieron en 2007: indicadores de aplicación y cumplimiento de

183 CEA, *Rapport régional de l'Afrique sur les ODD*, Addis-Abeba, 2015.

184 CEA, *Rapport sur les cadres institutionnels et stratégiques pour le développement durable en Afrique*, Addis-Abeba, 2012.

185 Estudio para el Instituto del Banco Mundial y la CEPAL iniciado en 2003 para Brasil, Argentina y México sobre el cumplimiento de la aplicación de la norma medioambiental.

la norma medioambiental para el aire, el agua y la vegetación en Brasil[186]. Este informe utilizó el método de la red INECE-OCDE adoptado en París en un taller en 2003 (citado anteriormente). Se considera que los indicadores sobre la aplicación y el cumplimiento del derecho medioambiental serían una herramienta indiscutible para mejorar la gestión medioambiental. Los encuestados fueron unánimes al afirmar que un sistema de indicadores promovería la eficiencia en el cumplimiento de las normas medioambientales. Por ello, a iniciativa de la ONG brasileña "Derecho para un Planeta Verde", se creó un grupo de trabajo en el seno del Consejo Nacional de Medio Ambiente de Brasil para establecer directrices generales para la definición e implementación de indicadores de aplicación y cumplimiento de las normas medioambientales, incluyendo indicadores de entrada con referencia a las normas jurídicas.

En 2009, la CEPAL publicó una guía metodológica para la elaboración de indicadores ambientales[187]. Pero solo se ocupa de la construcción de herramientas estadísticas tradicionales, ignorando el papel del derecho en el entorno. Solo se menciona el aspecto presupuestario y el cumplimiento de las normas sobre residuos peligrosos, sin profundizar, sin especificar cómo evaluar el cumplimiento.

Además, y de forma paralela, tras la creación en 2002 de la Iniciativa Latinoamericana y Caribeña para el Desarrollo Sostenible (ILAC), adscrita al PNUMA, la 13.ª reunión del Foro de Ministros de Medio Ambiente celebrada en Panamá en 2003 estableció, mediante su Decisión n.º 6, un grupo de trabajo sobre indicadores ambientales (GTIA). Entre los seis temas seleccionados, una vez más, el derecho ambiental no aparece como tal. Pero se incluyen aspectos institucionales. El derecho aparece a veces dentro de los otros temas.

En el informe de indicadores regionales de 2011, entre los indicadores sobre diversidad biológica, aparece el número de áreas protegidas, sin especificar su estatus y la existencia de leyes o decretos sobre el acceso a los recursos genéticos. Los indicadores institucionales incluyen el informe sobre el estado del medio ambiente y la existencia de un consejo nacional de desarrollo sostenible[188].

---

186 https://www.cepal.org/pt-br/publicaciones/3607-indicadores-aplicacao-cumprimentonorma-ambiental-ar-agua-vegetacao-brasil.

187 Rayén Quiroga Martínez, *Guía metodológica para desarrollar indicadores ambientales y de desarrollo sostenible en países de América Latina y el Caribe*, CEPAL, Santiago de Chile, 2009.

188 UNEP-ILAC, *Regional Indicators Revision 2011*, Latin American and Caribbean Initiative for Sustainable Development, www.geodatos.org.

El informe de 2015 del Grupo de Trabajo sobre Indicadores de la ILAC fomenta las evaluaciones nacionales sobre la base de un programa de trabajo[189]. La XX reunión del Foro de Ministros de Medio Ambiente de América Latina y el Caribe en Colombia, en marzo de 2016, reconoce los avances del Grupo de Trabajo sobre Indicadores Ambientales en la Decisión 2. Propone el desarrollo de nuevos indicadores, especialmente en la interfaz ciencia-política, pero sin mencionar los indicadores jurídicos. En la XXI reunión de este Foro en Buenos Aires, en octubre de 2018, se solicita al Grupo de Trabajo sobre Indicadores Ambientales que continúe con la investigación de indicadores relevantes para la región.

Un informe chileno de 2016 sobre indicadores de desarrollo sostenible en relación con los ODS 2030 también omite los indicadores jurídicos[190]. Sin embargo, menciona los indicadores que deben desarrollarse para la normativa y las instituciones (p. 170).

## 11. Indicadores de cumplimiento medioambiental del INECE

La Red Internacional para el Cumplimiento y la Aplicación de la Normativa Medioambiental (*International Network for Environmental Compliance and Enforcement* - INECE) cuenta con 4000 miembros, profesionales, gobiernos y ONG de más de 150 países. Fue fundada en 1989 por las agencias medioambientales de Estados Unidos y los Países Bajos. Cuenta con el apoyo del PNUMA, el Banco Mundial, la Comisión Europea y la OCDE, entre otros. El presidente y el director ejecutivo son responsables del Instituto de Derecho Ambiental (*Environmental Law Institute* - ELI) en Washington. Los objetivos del ELI son sensibilizar sobre la importancia del cumplimiento y la aplicación de la normativa, desarrollar una red de cooperación en materia de cumplimiento y crear capacidad para el cumplimiento y la aplicación mediante seminarios de formación e investigación. Estos objetivos coinciden plenamente con nuestros criterios de efectividad del derecho medioambiental. El interés del enfoque de la INECE es que considera el respeto del derecho ambiental a todos los niveles, desde el internacional hasta el local.

---

189 UNEP, Intersessional Meeting of the Forum of Ministers of Environment for Latin America and the Caribbean, *Working Group on Environmental Indicators of the Forum of Ministers of Environment of Latin America and the Caribbean*, UNEP/LAC-IC.1.2015/7, 17–19 November 2015.

190 Secrétariat de l'environnement et Greenlab UC, *Implementación de indicadores relacionados con los objetivos de desarrollo sustentable y otras iniciativas en Chile*, Informe final, 15 de diciembre de 2016.

África es uno de los continentes estudiados, especialmente el África anglófona[191]. De hecho, el INECE está estudiando todas las formas de garantizar la correcta aplicación del derecho medioambiental, siendo los indicadores solo una de ellas. La creación de indicadores jurídicos debe complementar los indicadores recomendados por el INECE. La Declaración de Marrakech, adoptada el 15 de abril de 2005 en la 7.ª conferencia del INECE, que es el plan estratégico para 2012–2017, recomienda en el § 17 que se desarrollen indicadores para medir el cumplimiento y la aplicación de las normas medioambientales y encarga al INECE que siga desarrollando proyectos de indicadores de rendimiento. En su declaración final, la 8.ª Conferencia, celebrada en Ciudad del Cabo el 11 de abril de 2008, fomenta las medidas de rendimiento, incluidos los indicadores de la efectividad del cumplimiento y la aplicación del derecho medioambiental (§ f). Existe un claro interés por un enfoque mixto de análisis de las condiciones de aplicación del derecho, que es a la vez cuantitativo y cualitativo, con ocasión de los estudios de casos[192].

Los métodos utilizados sobre la base de los términos de referencia desarrollados por el Instituto del Banco Mundial fueron objeto de una reunión en la OCDE en 2003[193]. Tras la labor de un grupo de trabajo sobre indicadores, en 2008 se publicó una guía[194]. Sin embargo, es lamentable que ninguno de los numerosos trabajos del INECE aborde frontalmente la cuestión de los indicadores jurídicos[195].

En 2006 se creó en Rabat una red regional del INECE en el Magreb, la Red para el Cumplimiento y la Aplicación del Medio Ambiente en el Magreb (*Network for Environmental Compliance and Enforcement in the Maghreb* – NECMA), con el

---

191 Ver el informe del juez Nihunu Sama, *Criminal Law and Environment: Prosecutors, Inspectors and NGOs in Cameroon*, 9 April 2005 ; Mamann-Sani Issa, *Controlling Hazardous Waste in Cotonou (Benin) Port : What is Needed?*, 2 October 2011.

192 JoyAnna S. Hopper, *A Mixed-Methods Approach to Analyzing Environmental Enforcement in the American States*, SAGE Research Methods Cases, 2019.

193 INECE-OECD, *Workshop on Environmental Compliance and Enforcement Indicators: Measuring What Matters*, Paris, 2004.

194 *Performance measurement guidance for compliance and enforcement practitioners*, INECE, 2nd ed., 2008.

195 Informes que evocan la cuestión: *Performance Measurement*, webinar, 5 February 2017; E. Messina, *Next Generation Compliance Measurement Technique*, February 2017; Shelley H. Mertzenbaum, *Environmental Compliance and Enforcement: Why, What and How?*, 19–29 March 2015.

fin de mejorar la capacidad de aplicación en el medio ambiente. La red publica un boletín en francés.

## 12. Índice de la democracia medioambiental

Desde 1999, una red internacional, *The Access Initiative* (TAI), reúne a 250 ONG de 60 países, entre ellos 12 países africanos como Benín, Camerún y Madagascar. Uno de los programas de TAI se refiere a Túnez: la Asociación de Gobierno Abierto (*Open Government Partnership* – OGP) relativa a los planes de acción sobre recursos naturales. El objetivo de la red TAI es desarrollar la democracia ambiental mediante la difusión del Principio 10 de la Declaración de Río de 1992. La secretaría de la TAI corre a cargo del Instituto de Recursos Mundiales (*World Resources Institute* – WRI) de Washington. El objetivo es formar y desarrollar el acceso al derecho y a la justicia en materia medioambiental a través de la información y la participación. Entre los programas de TAI se encuentran la reflexión sobre los estándares regionales para la democracia ambiental y el Índice de Democracia Ambiental (*Environmental Democracy Index* – EDI) lanzado en 2015 para evaluar el derecho y la práctica ambiental. Incluye 75 indicadores jurídicos y 24 prácticos para 70 países[196]. Se basan en las normas jurídicas internacionales y en las Directrices de Bali del PNUMA de 2010. Estos indicadores han sido validados por 140 expertos jurídicos de todo el mundo. La última versión del EDI es de 2017. Según el EDI, los indicadores jurídicos miden la fuerza del derecho y los indicadores prácticos miden las condiciones de su aplicación. Estos datos deberían ayudar a movilizar la defensa (*advocacy*) y ayudar a los responsables políticos a identificar las reformas prioritarias.

Un ejemplo de indicador jurídico de acceso a la justicia es: "¿En qué medida la ley prevé un amplio acceso a la justicia en materia de medio ambiente?". Un ejemplo de indicador práctico es: "¿Se puede acceder directamente en línea a las mediciones de la contaminación atmosférica en su capital?". Cada indicador jurídico tiene una escala de valoración de 0 (valor más bajo) a 3 (valor más alto), en función de las respuestas a la pregunta planteada por el indicador. Para los indicadores prácticos, hay tres respuestas posibles: sí, un poco, no.

Es importante señalar que el trabajo del WRI y del TAI se refiere a algunos indicadores como "indicadores jurídicos". Además, se podría aprovechar su experiencia basada en la nota técnica publicada en 2015[197].

---

196 *Environmental Democracy Index*, www.environmentaldemocracyindex.org.

197 Jesse Werker y Lalanath de Silva, *The Environmental Democracy Index*, Technical Note, World Resources Institute, 2015.

## 13. Indicadores de la pesca de la FAO

Para facilitar la aplicación del Código de Conducta para la Pesca Responsable aprobado por la FAO en la Resolución 4/95 de 31 de octubre de 1995, se realizó en 2001 un estudio sobre los *Indicadores para el Desarrollo Sostenible de la Pesca Marina*. Este interesante trabajo tiene la ventaja de no ignorar los factores jurídicos que acompañan al ejercicio de la pesca. El objetivo es crear instrumentos que permitan el seguimiento de la contribución de la pesca al desarrollo sostenible, integrando datos tanto ecológicos como institucionales. Por lo tanto, algunos de los indicadores propuestos reflejan la dimensión administrativa, con factores jurídicos como el régimen de aplicación, los derechos de propiedad, la transparencia y la participación, y la capacidad de gestión (véase el Anexo 4: criterios normativos/institucionales). El interés metodológico de este informe es que considera territorialmente los tres niveles: global, regional y nacional, que es también nuestro proyecto (véase el Apéndice A del Anexo 4: "ejemplos de criterios e indicadores de regulación").

## 14. Indicadores de tierras

Desde 2012, se ha creado una red con el nombre de "Iniciativa Global de Indicadores de Tierra" (*Global Land Indicators Initiative* – GLII)[198]. Reúne, en torno a la Millenium Challenge Corporation, el Banco Mundial y ONU-Hábitat, a cerca de 50 instituciones internacionales y nacionales, públicas y privadas. Esta iniciativa se ha reforzado desde el nuevo programa urbano de Hábitat III en 2016. El objetivo es desarrollar una metodología de indicadores comparables como ayuda a la toma de decisiones públicas. Así, se han formulado 15 indicadores nacionales comparables, que desde 2017 se refieren a los indicadores relacionados con la tierra de los ODS 2030: los ODS 1, 5, 11 y 15, además del ODS transversal 16. El derecho de tierras y el medio ambiente tienen necesariamente su lugar. Entre ellos se encuentran cuestiones relacionadas con el derecho de las mujeres a gestionar y heredar la tierra, los derechos de los pueblos indígenas sobre la tierra, el acceso a la información sobre la tierra, la duración y el coste de las transacciones de tierras, la planificación urbana y rural, la eficiencia de los servicios de administración de tierras, el uso sostenible de la tierra[199]. En 2017 se publicó un experimento para traducir en 17 países el desarrollo del indicador necesario para

198 *Global Land Indicators Initiative*, http://gltn.net/global-land-indicators-initiative-glii.

199 UN Habitat, *Indicadores Globales de Tierras Propuestos. Estado del Informe sobre Indicadores, Formulación, disgregación, fuente de datos y metodología del GLII.* GLII Documento de trabajo n.° 3, Nairobi, 2015; UN Habitat, *Manual de Operación y organización de los Indicadores Globales de Tierras,* GLII Documento de trabajo n.°

cumplir el ODS 1.4.2. Sigue siendo el resultado de un examen de datos estadísticos y jurídicos oficiales, entrevistas y evaluación de expertos, sin llegar a evaluar la efectividad jurídica real de los instrumentos jurídicos mencionados[200].

La FAO publicó, en 2018, un libro que se refiere específicamente a los indicadores jurídicos sobre los derechos de las mujeres a la tierra[201]. Su objetivo es contribuir al proceso de evaluación del indicador 5.a.2 del ODS 5. Aunque el derecho está en el centro de esta iniciativa, se trata de identificar, con un experto jurídico y sobre la base de un cuestionario, las fuentes del derecho y no la realidad de la efectividad del derecho. Dado que deben mencionarse las referencias exactas del derecho aplicable, el método previsto abarca el derecho nacional e internacional y la costumbre, pero excluye la jurisprudencia.

## 15. Indicadores de sequía, desertificación y pastoreo

La Organización Meteorológica Mundial y la Asociación Mundial para el Agua publicaron en 2016 un manual técnico sobre indicadores e índices de sequía[202]. En el marco de la Convención de Lucha contra la Desertificación (CLD), se ha establecido una cooperación entre la Iniciativa Mundial de Indicadores de la Tierra (GLII) y el Comité de Ciencia y Tecnología de la CLD. La red de instituciones y ONG *Rangelands Initiative*[203] participa en esta acción. El objetivo es desarrollar indicadores globales de la sequía, cuyo contenido es mucho más científico que los anteriores y se presentan como indicadores de rendimiento más que como una evaluación del papel del derecho en la desertificación. Ciento dos Estados parte de la Convención han informado de 408 indicadores de sequía, de los cuales 63 son socioeconómicos[204]. En la COP 14 de Nueva Delhi (del 3 al 6 de

---

4, Nairobi, 2016; Everlyne Nairesiae, *Reflexiones sobre los Logros y Planes del GLII*, GLTN, GLII, 2018.

200 UN Habitat, *Evaluación de Capacidad Multi-países de la Preparación de las Oficinas Locales de Estadísticas para Informar los Indicadores del ODS 1.4.2*, GLII, Documento de trabajo n.° 7, Nairobi, 2017.

201 FAO, *Realizar legalmente los derechos de las mujeres a la tierra. Guía para el reporte sobre el indicador ODS 5.a.2*, Rome, 2018.

202 OMM-GWP, *Manual de indicadores de índices de sequía, Programa de gestión integrada de sequías.* Ginebra, 2016.

203 http://rangelandsinitiative.org.

204 Convención de Lucha contra la Desertificación, *Análisis preliminar – Objetivo estratégico 3: Atenuar los efectos de la sequía, adaptarse y manejarla con el fin de aumentar la resiliencia de los pueblos y de los ecosistemas vulnerables. Nota del Secretariado*, ICCD/CRIC(17)/5, 21 de enero de 2019.

septiembre de 2019) se acordó un programa de trabajo conjunto en el marco de la interfaz ciencia-política del Comité de Ciencia y Tecnología[205]. El objetivo es armonizar los indicadores globales de la tierra para medir mejor la seguridad de la misma y el progreso hacia la neutralidad de la degradación de la tierra.

El pastoreo también ha sido objeto de trabajos de evaluación para una mejor gobernanza, sobre todo en un libro de 2016, *Improving the Governance of Pastoral Lands*[206]. Propone, sobre todo en la parte 3 que define los marcos políticos y jurídicos del pastoreo, indicadores jurídicos inspirados en los derechos humanos y el derecho ambiental y que encuentran sus fuentes en el derecho nacional e internacional.

## C. Indicadores sobre los Derechos Humanos

Es raro que un convenio internacional de derechos humanos se ocupe de evaluar los datos. Un ejemplo es el artículo 31 de la Convención sobre los Derechos de las Personas con Discapacidad, que prevé la recopilación de estadísticas y datos para evaluar el cumplimiento de las obligaciones por parte de los Estados e identificar los obstáculos. Los derechos humanos son probablemente el área del derecho que más se ha estudiado en cuanto a la posibilidad de medir un derecho mediante indicadores. La Oficina del Alto Comisionado de las Naciones Unidas para los Derechos Humanos, la Comisión Interamericana de Derechos Humanos, la Norma Humanitaria Esencial, la Agencia de Derechos Fundamentales de la Unión Europea, el Consejo de Europa y el Instituto Cato de Estados Unidos han emprendido seis esfuerzos más o menos paralelos.

### 1. El Alto Comisionado de las Naciones Unidas para los Derechos Humanos

La idea de elaborar indicadores para medir la aplicación y la realización progresiva del Pacto Internacional de Derechos Económicos, Sociales y Culturales

205 Convention sur la lutte contre la désertification, *Programme de travail de l'Interface science-politique (2020–2021). Note du secrétariat*, ICCD/COP(14)/CST/6, 27 juin 2019 ; *Recommandations pratiques issues de la coopération avec d'autres groupes et organismes scientifiques intergouvernementaux. Rapport du Secrétaire exécutif*, ICCD/COP(14)CST/4, 5 juillet 2019.

206 FAO, *Améliorer la gouvernance des terres pastorales*, Guide technique pour la gouvernance des régimes fonciers 6, Rome, 2016.

surgió del Relator Especial Danilo Turk en un informe de 1990[207], que retomó la idea en 1993[208], año en que el seminario fue dedicado a este tema[209]. Es interesante señalar que durante este seminario se expresó la idea de que existen principios inviolables como el "derecho a un medio ambiente sano" (§ 26). Según las conclusiones de este seminario, la prioridad debería ser identificar y especificar mejor el contenido de los diferentes derechos y obligaciones de antemano, para luego desarrollar posibles indicadores. Según una propuesta, sería útil evaluar tres situaciones distintas: la ausencia de leyes o normas, la existencia de leyes que siguen siendo letra muerta y la aplicación discriminatoria o no de los textos (§ 30).

La Conferencia Mundial de Derechos Humanos, celebrada en Viena el 25 de junio de 1993, aprobó una declaración y un programa de acción, cuyo artículo 98 recomienda la creación de indicadores para evaluar el progreso de los derechos contenidos en el Pacto Internacional de Derechos Económicos, Sociales y Culturales[210]. «Medir» los derechos humanos fue en ese momento una fuente de cuestionamientos metodológicos y teóricos[211]. No fue hasta 2005 cuando se lanzó una iniciativa en la reunión anual de los comités de los órganos de tratados de derechos humanos de la Oficina del Alto Comisionado de las Naciones Unidas para los Derechos Humanos en Ginebra. Del 10 al 13 de marzo de 2005, se celebró en Turku (Finlandia) una reunión de expertos sobre indicadores de derechos humanos. El resultado fue el "Informe sobre la utilización de indicadores para supervisar la aplicación de los instrumentos internacionales de derechos humanos", que se debatió en junio de 2006[212]. Este informe se completó y validó en la reunión de los presidentes de los órganos de tratados de derechos humanos

207 Economic and Social Council, Human Rights and Disability, Written Statement Submitted by Human Rights Advocates, a Non-Governmental Organization in Consultative Status, E/CN.4. Sub.2/1990/19.

208 Según Judith V. Welling, "International indicators and economic, social and cultural rights", *Human Rights Quarterly*, vol. 30, 2008, p. 934.

209 Conferencia Mundial de Derechos Humanos, Comité preparatorio, sesión 4, *Informe del Secretariado*, A/CONF.157/PC/73, 20 de abril de 1993.

210 Conferencia Mundial de Derechos Humanos, *Declaración y Programa de Acción de Viena*, A/CONF.157/23.

211 Russell L. Barsh, "Midiendo los Derechos Humanos: Problemas de metodología y finalidad", *Human Rights Quarterly*, vol. 15, 1993, pp. 87–121.

212 Instrumentos Internacionales sobre Derechos Humanos, *Informe sobre la utilización de indicadores para la vigilancia de la aplicación de los instrumentos internacionales sobre Derechos Humanos* HRI/MC/2006/7, 11 de mayo de 2006.

y en la reunión de los comités de estos órganos en junio de 2008[213]. Tras nuevos trabajos, en 2012 se publicó una "Guía para la medición y aplicación de indicadores de derechos humanos"[214].

El objetivo es disponer de indicadores cuantitativos para controlar mejor la aplicación de los convenios internacionales de derechos humanos por parte de los Estados, en particular durante la presentación de los informes nacionales. Por lo tanto, el uso de las estadísticas debe ser en sí mismo objeto de una atención especial en lo que respecta a la recogida de datos[215]. En primer lugar, se pusieron a prueba cuatro derechos relacionados con el medio ambiente: el derecho a la vida, el derecho a una alimentación adecuada, el derecho a la salud y el derecho a la revisión judicial de la detención. El objetivo no era realizar una clasificación de los Estados de tipo *benchmarking*, a diferencia del Índice de Desarrollo Humano del que hablamos anteriormente[216]. La metodología aplicada consistió en proceder por etapas a nivel conceptual:

- Determinar las principales características del derecho estudiado, es decir, buscar la esencia y el significado del contenido normativo de un derecho. Debería ser posible conservar solo de tres a cinco características para cada derecho que se revise.
- Formular indicadores correspondientes a cada una de las características conservadas, buscando la intención de las Partes de aplicar los tratados.

A continuación, se distinguen tres categorías de indicadores, que reflejan los compromisos y los esfuerzos para aplicar los derechos:

a) Indicadores estructurales (o compromisos – *commitments*): ratificación del tratado, adopción de textos nacionales, naturaleza de los textos nacionales

213 Instrumentos Internacionales sobre Derechos Humanos, *Informe sobre la utilización de indicadores para la vigilancia de la aplicación de instrumentos internacionales sobre Derechos Humanos*, HRI/MC/2008/3, 16 de mayo de 2008.

214 Alto Comisionado para los Derechos Humanos, *Indicadores de los derechos humanos*, www.ohchr.org/Fr/issues/indicators.

215 Alto Comisionado para los Derechos Humanos. *Un enfoque de los datos basado en los derechos humanos. No dejar a nadie atrás en la Agenda de Desarrollo Sostenible 2030*, Ginebra, 2018.

216 Para los métodos de establecimientos de índices por país, ver Dipak K. Gupta *et al.*, «Creando un índice compuesto para evaluar el desempeño de los países en el campo de los Derechos Humanos: Propuesta de una nueva metodología», *Human Rights Quarterly*, vol. 16, 1994, pp. 131–162.

aplicables, instrumentos institucionales básicos, documentos de política pública y estrategia, prácticas consuetudinarias.

b) Indicadores de método o proceso (o esfuerzos): apoyo de las políticas públicas, esfuerzos realizados por los responsables, medidas adoptadas por los Estados, medios presupuestarios, seguimiento y controles, efectos individuales.

c) Indicadores de resultado: estado de la realización del derecho (o efectos globales).

Las fuentes de los indicadores son las estadísticas existentes, incluidas las recopiladas por los tribunales, los documentos administrativos, las encuestas de opinión y percepción y los dictámenes de expertos.

Los criterios de selección de los indicadores son: ser pertinentes, legítimos, fiables, sencillos, poco numerosos; y permitir el desglose por género, edad y grupo vulnerable.

Hay que hacer una importante distinción entre los indicadores sectoriales, para cada derecho humano, y los indicadores comunes a todos los derechos humanos. Esta distinción será esencial en relación con el derecho al medio ambiente.

Del mismo modo, debe prestarse especial atención a la distinción entre los indicadores que tienen relevancia universal y los que son específicos de cada Estado.

La guía de indicadores de derechos humanos de 2012 ofrece ejemplos de indicadores en 14 tablas y 16 fichas de metadatos para indicadores seleccionados[217].

Los relatores especiales del Consejo de Derechos Humanos no han dejado de pedir, cada uno en su ámbito, la elaboración de indicadores sectoriales para cada uno de los derechos humanos. Por ejemplo, Anand Grover, el Relator Especial sobre el derecho de toda persona al disfrute del más alto nivel posible de salud física y mental, en su informe de 2012[218].

Lo que más nos llama la atención es que el Relator Especial de la ONU sobre el derecho al medio ambiente (entonces experto independiente) también ha

---

217 Haut-Commissariat aux droits de l'homme, *Indicateurs des droits de l'homme. Guide pour mesurer et mettre en œuvre*, Genève, 2012. Sobre una experiencia nacional previa, ver Jeong-Woo Koo *et al.*, «Measuring national human rights: A reflection on Korean experiences», *Human Rights Quarterly*, vol. 34, 2012, pp. 986–1020.

218 Conseil des droits de l'homme, 20e session, *Rapport du Rapporteur spécial sur le droit qu'a toute personne de jouir du meilleur état de santé physique et mentale possible, Anand Grover*, A/HRC/20/15, 10 avril 2012, §§ 34 et 35.

informado sobre la creciente importancia de los indicadores ambientales con un vínculo directo con el derecho ambiental. Por ejemplo, en su informe de 2015 sobre buenas prácticas, menciona en cinco ocasiones indicadores relacionados con el derecho ambiental[219]: sobre los derechos procesales, sobre el control del cumplimiento, sobre la participación ciudadana, sobre el medio ambiente en la Constitución, sobre los informes del estado del medio ambiente.

Paralelamente a los trabajos de la Oficina del Alto Comisionado para los Derechos Humanos, se han llevado a cabo interesantes experiencias que podrían inspirar nuestro estudio, especialmente en lo que respecta al derecho al agua, que forma parte del derecho medioambiental. Así, en octubre de 2004 se celebró en Berlín un seminario bajo los auspicios de la Fundación Böll, con la presentación de un informe muy interesante de Virginia Roaf, Ashfaq Khalfoun y Malcolm Langford, titulado *Monitoring Implementation of the Right to Water: A Framework for Developing Indicators*. Este informe expone claramente las cuestiones de los indicadores para traducir las obligaciones jurídicas y los métodos adecuados. Propone una matriz de todos los indicadores posibles sobre el derecho al agua.

Entre el considerable conjunto de trabajos sobre los indicadores de cumplimiento del derecho internacional de los derechos humanos, un artículo de A. J. Rosga y M. L. Satterthwaite plantea cuestiones importantes: la necesidad de contar con indicadores de cumplimiento (*compliance*) de los derechos humanos que informen sobre la realización progresiva de los derechos en cuestión y que permitan vigilar el respeto de los mismos; el importante papel de los organismos que vigilan el respeto de los convenios (comités de cumplimiento – *compliance committees*), que pueden utilizar los indicadores como herramientas. Pero el uso exclusivo de este tipo de herramientas puede conducir a una gobernanza tecnocrática en lugar de democrática[220].

La Oficina del Alto Comisionado para los Derechos Humanos también ha desarrollado una importante fuente documental: el Índice Universal de Derechos Humanos (IUDH). Esta base de datos contiene 2218 recomendaciones específicas de países procedentes de los órganos de tratados, los procedimientos

---

219 Conseil des droits de l'homme, 28e session, *Rapport de l'Expert indépendant chargé d'examiner la question des obligations relatives aux droits de l'homme se rapportant aux moyens de bénéficier d'un environnement sûr, propre, sain et durable, John H. Knox*, A/HRC/28/61, 3 février 2015, §§ 31, 34, 49, 77 et 81.

220 A. J. Rosga y M. L. Satterthwaite, "The trust in indicators: Measuring human rights", *Berkeley Journal of International Law*, vol. 27 (2), 2009, pp. 253–315.

especiales y el examen periódico universal. Incluye referencias al derecho al agua, al derecho a la salud y a los objetivos de desarrollo sostenible.[221].

## 2. La Comisión Interamericana de los Derechos Humanos

Tras la entrada en vigor, en 1999, del Protocolo de San Salvador sobre Derechos Económicos, Sociales y Culturales en las Américas, la Asamblea General de la Organización de los Estados Americanos, en su resolución AG/RES. 2074 (XXXV-O/05), destinada a reforzar los informes periódicos exigidos a los Estados por el artículo 19 del Protocolo, decidió encomendar a la Comisión Interamericana de Derechos Humanos (CIDH) la elaboración de indicadores de progreso para reducir la brecha entre la realidad y los estándares impuestos[222]. Para ello, la CIDH organizó una reunión de expertos en octubre de 2005, bajo la dirección de uno de sus miembros, Víctor Abramovich. Los consultores elaboraron un documento sometido a consulta pública y aprobado por la CIDH en 2008: "Directrices para la elaboración de indicadores de progreso en materia de derechos económicos, sociales y culturales"[223]. Este informe sigue la metodología defendida por la Oficina del Alto Comisionado para los Derechos Humanos, es decir, distinguir entre indicadores estructurales, de proceso y de resultados. Estos indicadores de progreso fueron posteriormente refrendados por la Asamblea General de la Organización de los Estados Americanos en 2013[224]. En su opinión consultiva sobre "Medio Ambiente y Derechos Humanos" emitida el 15 de noviembre de 2017, a petición de Colombia, la Corte Interamericana de Derechos Humanos cita y utiliza expresamente estos indicadores de progreso[225].

El citado informe de 2008 añade interesantes consideraciones al sugerir también tres indicadores analíticos para recoger mejor la información relevante, teniendo en cuenta directamente los datos jurídicos: la recepción del derecho, la capacidad de las instituciones, el contexto financiero. Además, aprovechando el principio de progresividad de los derechos, el informe extrae la consecuencia de

221 *Índice Universal de los Derechos Humanos*, www.uhri.ohchr.org/fr.

222 *Normas para la confección de los informes periódicos previstos en el Protocolo de San Salvador*, 6 de junio de 2006.

223 Comisión interamericana de derechos humanos, *Lineamientos para la elaboración de indicadores de progreso en materia de derechos económicos, sociales y culturales*, OEA/SER.L/V/II.132, 19 de julio de 2008.

224 Organización de los Estados Americanos, *Indicadores de progreso para la medición de derechos contemplados en el Protocolo de San Salvador*, OEA/Ser.L/XXV.2.1, GT/PSS/doc9/13, 2013.

225 Opinión consultiva OC 23/17, 15 de noviembre de 2017, § 60 y notas 93 a 97.

la prohibición de las medidas regresivas, sugiriendo la necesidad de disponer de indicadores al respecto. Este informe es el primero que hace una mención específica a los indicadores de derechos, centrándose de hecho en indicadores específicamente jurídicos, como el reconocimiento constitucional de un derecho, los mecanismos de participación, la transparencia y la rendición de cuentas, las instituciones, los programas y los servicios dedicados a la aplicación de los derechos, y el funcionamiento del sistema de justicia. También menciona los indicadores que pueden utilizarse para medir la capacidad de las personas para exigir el respeto de los derechos que poseen. El informe va acompañado de indicadores modelo sobre el acceso a la justicia, el acceso a la información y la participación, la igualdad y la no discriminación, y el derecho a la salud. En cada caso, tres columnas distinguen entre indicadores estructurales, de proceso y de resultados. Una hoja cruza estos tres indicadores con los tres indicadores analíticos.

## 3. Indicadores de la Norma Humanitaria Esencial[226]

Los indicadores de la Norma Humanitaria Esencial (*Core Humanitarian Standard* – CHS) fueron desarrollados por una red de ONG internacionales asociadas a la Oficina de Coordinación de Asuntos Humanitarios de las Naciones Unidas (UNOCHA), el Proyecto Esfera y la Alianza CHS. Aunque las normas humanitarias se basan en reglas de derecho internacional (derecho a vivir con dignidad, derecho a la protección y a la seguridad, derecho a la salud, etc.), la guía de indicadores no se basa en indicadores jurídicos, sino en indicadores de resultados para evaluar los avances en el cumplimiento de la Norma Humanitaria Esencial de 2014 sobre calidad y responsabilidad[227]. Esta última incluye nueve compromisos voluntarios para las instituciones y personas que participan en la asistencia humanitaria, incluidas las catástrofes medioambientales. Para complementar estos nueve compromisos y hacerlos operativos, en 2016 se adoptaron y difundieron indicadores de resultados[228]. Dos compromisos se refieren a los derechos: el n.º 4, "Las comunidades y las personas afectadas por las crisis conocen sus derechos, tienen acceso a la información y participan en las decisiones

226 *Norme humanitaire fondamentale de qualité et de redevabilité*, http://corehumanitarianstandard.org.

227 *Ibid.*

228 Norme humanitaire fondamentale, *Guide et indicateurs de la norme humanitaire fondamentale*, CHS Alliance, Projet Sphère et Groupe URD, 2016.

que les afectan"; y n.º 5, "Las comunidades y las personas afectadas por las crisis tienen acceso a mecanismos seguros y receptivos para atender sus quejas"[229].

## 4. Agencia de Derechos Fundamentales de la Unión Europea

La Agencia de Derechos Fundamentales de la Unión Europea (*Fundamental Rights Agency* – FRA) fue creada por el Reglamento (CE) n.º 168/2007. Es responsable del seguimiento de la Carta de los Derechos Fundamentales de la Unión Europea y trabaja en los indicadores jurídicos de los derechos humanos desde 2012.

La Agencia considera que esos indicadores podrían ayudar a los Estados miembros y a las instituciones de la UE a determinar los ámbitos en los que habría que mejorar el pleno respeto de los derechos humanos, inspirándose en los métodos preconizados por la guía del Alto Comisionado para los Derechos Humanos de 2012. Además, un marco de indicadores sólido y basado en los derechos tiene varios efectos positivos, entre ellos el de mejorar la responsabilidad y la transparencia de las acciones de los responsables políticos. Estos pueden desempeñar un papel muy importante en el apoyo a la legitimidad democrática.

El informe "Derechos fundamentales: retos y logros en 2014", publicado por la Agencia en 2015, se centra en gran medida en los indicadores, incluida la sección "Integración de los derechos fundamentales: de la teoría a la práctica", y en particular el apartado "Medir es saber: experiencia con los indicadores de derechos fundamentales" (pp. 13–18)[230]. La FRA trabajó sobre los indicadores relativos a los derechos del niño, la justicia familiar[231], la participación política de las personas minusválidas[232] y sobre la integración de los Roms. En sus programas de trabajo 2017–2019 y luego 2020–2022, la FRA tiene previsto desarrollar indicadores para medir los avances en materia de derechos humanos. Pero no parece que esta agencia europea se interese por el derecho al medio ambiente,

229 CAFOD, *Politique et procédure de gestion des plaintes pour tous les programmes internationaux*, 2010.

230 http://fra.europa.eu/fr/publication/2015/les-droits-fondamentaux-defis-et-réussiteen-2014.

231 FRA, *Desarrollo de indicadores para la protección, respeto y promoción de los Derechos del Niño en la Unión Europea*, Viena, 2010.

232 FRA, *Derecho de participación de las personas con discapacidades: Indicadores de los Derechos Humanos*, Viena, 2014.

aunque el artículo 37 de la Carta de los Derechos Fundamentales considera el medio ambiente como un derecho humano[233].

## 5. Consejo de Europa

Se han desarrollado varios indicadores en el ámbito cultural y de los derechos humanos. Estos incluyen indicadores de derechos humanos para su uso por parte de la población local[234]. En su recomendación CM/Rec(2017)7 de 27 de septiembre de 2017 (punto h), el Comité de Ministros recomendó a los Estados que incluyeran el "paisaje" en los indicadores de desarrollo sostenible, en referencia a la contribución del Convenio del Paisaje a los derechos humanos y a la democracia, lo que requerirá el establecimiento de indicadores jurídicos para evaluar la efectividad de este Convenio.

## 6. Índice de Libertad Humana

Desde 2008, el Instituto Cato y el Instituto Fraser de Estados Unidos han elaborado un Índice de Libertad Humana (*Human Freedom Index*)[235]. Se trata de 76 indicadores de resultados que determinan, sobre la base de ciertos criterios, en qué medida los Estados respetan este derecho humano fundamental. El estudio de 2019 abarca 162 países[236]. Por supuesto, se utilizan datos jurídicos: el Estado de Derecho con el procedimiento jurisdiccional (derecho a la vida, juicio justo, protección de la intimidad), la justicia civil, la justicia penal; el sistema jurídico con la independencia de la justicia, la imparcialidad de los tribunales, la injerencia del ejército en el Estado de Derecho, el cumplimiento de los contratos; la regulación del mercado, del trabajo, de la empresa. No se hace referencia al medio ambiente. Los datos que sirven de base a los indicadores proceden de los textos existentes y de las encuestas de opinión. La evaluación global, con una escala de clasificación de 0 a 10, se basa en el supuesto de que la libertad se basa en un 50 % en factores de libertad individual y en un 50 % en factores de libertad económica.

233 M. Prieur, «El Medio Ambiente en la Carta de los derechos fundamentales de la Unión Europea», en *Derecho Ambiental, derecho sostenible*, Bruselas, Bruylant, 2014, pp. 368–376.

234 Consejo de Europa, *Lista de criterios del Estado de Derecho*, CDL-AD (2016)007, 18 marzo 2016.

235 *Índice de Libertad Humana*, https://www.cato.org/human-freedom-index-new.

236 Instituto Cato, *Índice de Libertad Humana 2019. Una Medición Global de la Libertad Civil, Personal y Económica*, Washington, 2019.

*

De esta revisión sistemática de 37 experiencias formales, académicas y de ONG con la evaluación medioambiental, se pueden extraer las siguientes lecciones:

- La evaluación medioambiental equivale al mito de la búsqueda del Santo Grial: es una búsqueda interminable y siempre insatisfactoria.
- Los juristas que han estudiado la efectividad del derecho ambiental nunca se han atrevido a considerar seriamente la posibilidad de "medir" las condiciones de aplicación del derecho.
- La confusión entre *eficacia* y *efectividad* del derecho se ve reforzada por el carácter incierto del vocabulario utilizado y la traducción inglesa de *effectiveness,* que corresponde más a "eficacia" que a "efectividad".
- Aparte del medio ambiente, dos sectores ya han sido objeto de estudios y pruebas de indicadores jurídicos en el seno de las Naciones Unidas: los derechos humanos y el Estado de Derecho. Por lo tanto, la División de Estadísticas de las Naciones Unidas debería estar interesada en desarrollar indicadores jurídicos en un área que ya cubre con los ODS.
- Si bien existe un acuerdo general sobre la necesidad de contar con indicadores medioambientales, la necesidad de contar con indicadores jurídicos se expresa de forma excepcional. Es el caso de la Conferencia de Viena de 1993 o de la guía de medición de indicadores de derechos humanos de 2012.
- El término "indicador jurídico" solo se encontró tres veces, en documentos de la Comisión Interamericana de Derechos Humanos, la OIT y la *Access Initiative.*
- Los trabajos más relevantes integran los tres niveles de evaluación del derecho ambiental: internacional, regional y nacional.
- Cuando se dispone de estadísticas sobre cuestiones jurídicas, estas informan sobre el número de actos en cuestión, las sanciones impuestas o los acontecimientos relacionados con estos actos, pero nunca sobre el proceso y las condiciones de aplicación de las normas.
- Es útil distinguir entre indicadores sectoriales y generales, como en el caso de los derechos humanos.
- Se plantea la cuestión de si hay que adaptar la distinción entre indicadores estructurales, de proceso y de resultados utilizada para los derechos humanos.
- Algunas instituciones parecen estar más abiertas que otras a integrar los datos jurídicos directamente en sus informes medioambientales, especialmente IMPEL, INECE, PNUMA, OCDE, Naciones Unidas en relación con los ODS 2030 (véase más adelante) y la Unión Europea.

- El Relator Especial J. Knox sobre el derecho humano al medio ambiente sí mencionó los indicadores relacionados con el medio ambiente en su informe de 2015.
- África podría beneficiarse de las iniciativas existentes, con el Índice Ibrahim (*supra*) y los GEO del PNUMA. Es necesario abordar los indicadores jurídicos por separado a nivel internacional y nacional, enriqueciendo las prácticas de información a nivel internacional.
- Los indicadores jurídicos de efectividad solo pueden ser relevantes si complementan los datos puramente jurídicos con datos institucionales, financieros y sociales.

## III. Indicadores al servicio de los Objetivos de Desarrollo Sostenible

Después de que las Naciones Unidas adoptaran, en 2015, 17 Objetivos de Desarrollo Sostenible en forma de resolución de la Asamblea General (70/1 de 25 de septiembre de 2015), se pidió a los Estados que los aplicaran como un acto jurídico no vinculante. Sin embargo, es un compromiso político y moral de los Estados. De forma voluntaria, envían informes sobre su aplicación en informes nacionales voluntarios. Cada año se revisa la aplicación de algunos de los ODS. Una guía ayuda a los Estados a rellenar sus informes, especificando que deben incluir la "legislación aplicable", lo que implica claramente que el derecho es el instrumento esencial para garantizar la aplicación de los ODS.[237]. Estos informes son revisados anualmente por los Estados en la reunión de julio del Foro Político de Alto Nivel sobre el Desarrollo Sostenible.

Para identificar mejor los Objetivos de Desarrollo Sostenible y poder medir los avances en su implementación, la Comisión de Estadística de las Naciones Unidas elaboró una batería de indicadores aprobada por la Asamblea General en la resolución 71/313 del 6 de julio de 2017. Se adoptaron 232 indicadores para medir el progreso en la implementación de las 169 metas dentro de los 17 ODS. De estos 232 indicadores, 93 están relacionados con el medio ambiente y 2/3 con los derechos humanos. Cada agencia u organización internacional especializada se encargó de desarrollar la metodología y recopilar los datos para que los Estados pudieran aplicar los indicadores. Así, el PNUMA se encarga de 26 indicadores.

Aunque no son jurídicamente vinculantes, los ODS han pasado a formar parte del panorama de la gobernanza medioambiental. Sirven de guía y referencia para la actuación política y jurídica de los Estados en materia medioambiental. Por lo tanto, conviene estudiar el lugar que ocupa el derecho en los ODS para comprobar si los indicadores oficiales reflejan la efectividad del derecho aplicable a su ejecución.

En primer lugar, constataremos que el carácter de *soft law* de los ODS es cada vez más una ficción, luego examinaremos sucesivamente los ODS relativos al

237 High-level Political Forum on Sustainable Development, *Handbook for the preparation of voluntary national reviews. The 2020 Edition*, New York, 2019, p. 24.

medio ambiente, los indicadores complementarios o alternativos del Banco Mundial y, por último, los indicadores de origen académico o privado.

## A. La base de la juridicidad progresiva y paulatina de los ODS

Jurídicamente no vinculantes, los ODS fueron concebidos desde el principio como un plan o programa político y estratégico común para todo el planeta. Como todos los planes y programas, los ODS tienen un contenido muy general que no especifica las condiciones de su aplicación. Pero muchos de los objetivos son cuantitativos, lo cual es bastante notable y no tiene precedentes en un documento de esta naturaleza. Cada Estado es libre de elegir los instrumentos de aplicación, que pueden ser técnicos, económicos y/o jurídicos. Cabe señalar que el derecho no está ausente en la formulación de algunos de los ODS y que varios documentos internacionales sugieren una cierta juridicidad, discreta pero real.

Los ODS hacen referencia en varias ocasiones a elementos jurídicos. En los 17 ODS, la palabra "derechos humanos" se menciona once veces, "convenio" once veces, "derecho internacional" ocho veces, "ley" o "legislación" cinco veces, "acuerdos internacionales" tres veces y "Estado de Derecho" tres veces. Entre los 169 objetivos, hay al menos 15 referencias directas al derecho[238]. Entre los 232 indicadores, la referencia al derecho, a la ley, al marco jurídico, a la aplicación o a la ejecución se produce 35 veces.

Por ello, no es de extrañar que varios documentos internacionales, siempre de carácter de *soft law*, se refieran a la necesidad política, aunque sea voluntaria, de implementar la Agenda 2030. En cuanto se promulgó este programa, la resolución 70/1 establece claramente que su aplicación debe hacerse de acuerdo con el derecho internacional y "ser compatible con los derechos y obligaciones de los Estados en virtud del derecho internacional" (§ 18). La agenda que establece los ODS está deliberadamente vinculada a los derechos humanos, a través de la Declaración Universal de Derechos Humanos y otros instrumentos internacionales de estos derechos (§§ 19 y 74-e). La implementación de los ODS implica claramente el uso del derecho cuando se hace referencia al "papel esencial que desempeñan los parlamentos nacionales a través de sus funciones legislativas y presupuestarias y su supervisión de la aplicación efectiva de nuestros compromisos" (§ 45).

---

238 Según el libro del PNUMA *Environmental Rule of Law. First Global Report*, *op. cit.*, p. 226, estas referencias serían incluso 76.

En la antesala de la 3.ª Asamblea de las Naciones Unidas para el Medio Ambiente (UNEA 3), el director ejecutivo del PNUMA afirma que el objetivo es "destacar cómo los acuerdos multilaterales sobre el medio ambiente están ayudando a avanzar hacia los ODS".[239]. En esta 3.ª Asamblea, que, al igual que la Asamblea General de la ONU, reúne a todos los Estados miembros de la ONU, se dedicó una resolución especial a los ODS. Según la resolución 3/5, los Estados se comprometen a acelerar la aplicación efectiva de la Agenda 2030[240]. La declaración ministerial final, *Hacia un planeta sin contaminación*, es aún más comprometida: "Estamos decididos a cumplir nuestros compromisos... adoptando las medidas adecuadas, incluidos los acuerdos medioambientales...; reforzaremos las políticas, los reglamentos y las leyes... y las haremos cumplir"[241].

La Declaración Política de 2019 del Foro Político de Alto Nivel sobre el Desarrollo Sostenible, responsable del seguimiento anual de los ODS, fue aprobada por la Asamblea General de la ONU en su resolución 74/4 del 15 de octubre de 2019. Esta dice así: "seguimos firmemente comprometidos con la aplicación de la Agenda 2030" (§ 2); "para garantizar que se adopten medidas ambiciosas y sostenidas" (§ 4); "nos comprometemos a eliminar todas las barreras jurídicas a la igualdad de género y al empoderamiento de las mujeres" (§ 27-a); "Integrar la Agenda 2030 en nuestros instrumentos de planificación y marcos de financiación nacionales" (§ 27-c); "Crear instituciones eficaces, responsables y transparentes" (§ 27-d); "Reforzar la acción local para acelerar la aplicación" (§ 27-e)[242].

La juridicidad de los ODS también ha aparecido en otros documentos internacionales no relacionados con el medio ambiente. Podemos dar tres ejemplos. En cuanto a la justicia penal, un ámbito muy específico para acompañar la efectividad jurídica de una medida previendo sanciones penales en caso de incumplimiento, una resolución de la Asamblea General de las Naciones Unidas está enteramente dedicada a la justicia penal en los ODS, lo que demuestra claramente que la aplicación de los ODS presupone jurídicamente la existencia de sanciones penales que deben crearse y aplicarse. En el caso de las medidas de derecho nacional, la ONU recurre a una de las comisiones funcionales del

---

239 *Progrès accomplis dans l'application de la résolution 2/5 sur la mise en œuvre du Programme de développement durable à l'horizon 2030. Rapport du Directeur exécutif*, UNEP/EA.3/5, 21 septembre 2017, § 8.

240 *Investir dans des solutions environnementales novatrices pour accélérer la mise en œuvre des objectifs de développement durable*, UNEP/EA.3/Res.5, 5 décembre 2017, § 1.

241 *Déclaration ministérielle adoptée par l'Assemblée des Nations Unies pour l'environnement à sa troisième session*, UNEP/EA.3/L.19, 5 décembre 2017, § 8.

242 A/RES/74/4, 15 octobre 2019.

Consejo Económico y Social de la ONU: la Comisión de Prevención del Delito y Justicia Penal. Esta comisión está llamada a desempeñar un papel activo en el seguimiento y la aplicación de los ODS, en particular el ODS 16[243]. En este sentido, cabe destacar que el tema del decimocuarto Congreso de las Naciones Unidas sobre Prevención del Delito y Justicia Penal es "Avanzar en la prevención del delito, la justicia penal y el Estado de Derecho: hacia el logro de la Agenda 2030"[244].

Tras los trabajos de la Comisión de Prevención del Delito y Justicia Penal, la Asamblea General de la ONU adoptó una resolución sobre el Estado de Derecho, la prevención del delito y la justicia penal en el contexto de los ODS[245]. Pide que se promueva el Estado de Derecho en el desarrollo de la legislación relacionada con los ODS (§ 4), así como la adopción de medidas eficaces contra los delitos con impacto ambiental para alcanzar los ODS 13 a 16 (§ 11).

La Asamblea General de la ONU, en su resolución sobre "el Estado de Derecho en los planos nacional e internacional" del 20 de diciembre de 2018, tampoco dejó de apuntar a los ODS. En ella, "reafirma su compromiso de trabajar sin descanso para la plena aplicación de la Agenda 2030 para el Desarrollo Sostenible"[246].

En términos más generales, el PNUMA ha puesto de relieve la interrelación entre el derecho y los ODS en el mencionado libro de 2019, *Environmental Rule of Law*. Cada uno de los 17 ODS requiere recurrir al derecho existente para ser eficaz y, en la mayoría de los casos, requiere la creación de nuevas leyes para alcanzar los objetivos establecidos. El derecho y los ODS se refuerzan mutuamente[247].

---

243 A/RES/73/183, 17 décembre 2018 : Renforcer le rôle de la Commission pour la prévention du crime et justice pénale au service de la mise en œuvre du Programme de développement durable à l'horizon 2030.

244 Estaba previsto que tuviera lugar en Kioto en abril de 2020 y se pospuso debido a la pandemia de Covid-19.

245 A/RES/73/185, 17 décembre 2018 : État de droit, prévention du crime et justice pénale dans le contexte des objectifs de développement durable.

246 A/RES/73/207, 20 décembre 2018, § 7.

247 En este libro, ver el diagrama ilustrativo de esta interrelación p. 227.

## B. Indicadores de los ODS de la ONU

### 1. Resumen

Los indicadores relacionados con los Objetivos de Desarrollo Sostenible (ODS) han sido objeto de numerosos trabajos y documentos. Cabe destacar:

- Los resúmenes de los exámenes nacionales voluntarios, que los Estados presentan anualmente desde 2016, elaborados por el Departamento de Asuntos Económicos y Sociales de las Naciones Unidas, especificando los indicadores utilizados[248].
- El seguimiento de los exámenes nacionales voluntarios por parte del Instituto Internacional para el Desarrollo Sostenible (International Institute for Sustainable Development – IISD), que publicó un resumen de los exámenes voluntarios de 9 países en junio de 2017, identificando las elecciones de indicadores realizadas por cada Estado[249].
- Evaluaciones de los avances en la implementación de los ODS a nivel nacional, realizadas por el Consejo Canadiense de Cooperación Internacional en 2016, 2017 y 2018, sobre la base de exámenes nacionales voluntarios, el último de los cuales recomendó el desarrollo de indicadores nacionales y subnacionales para complementar los indicadores globales[250] ;
- Los informes anuales del secretario general de las Naciones Unidas sobre los ODS de 2016 a 2019, la pieza central de las evaluaciones mundiales oficiales, que proporcionan una visión general de los avances positivos y negativos en la aplicación de cada ODS, sobre la base de los indicadores para los que se dispone de datos desglosados[251].

A raíz de la decisión 2015/216 del Consejo Económico y Social de las Naciones Unidas, se creó un grupo de expertos para elaborar indicadores de los Objetivos de Desarrollo Sostenible en respuesta al mandato otorgado a la Comisión

---

248 Ver las referencias a estos resúmenes en las notas 36 a 38 anteriores.

249 Livia Bizikova and Laszlo Pinter, *Indicator Preferences in National Reporting of Progress Toward the Sustainable Development Goals*, IISD, June 2017.

250 Conseil canadien pour la coopération internationale, *Progression de la mise en œuvre des ODD au niveau national : une évaluation indépendante des examens nationaux volontaires soumis au Forum politique de haut niveau sur le développement durable des Nations Unies en 2018*, Ottawa, 2019.

251 Último informe: ECOSOC, *Édition spéciale: point sur les objectifs de développement durable. Rapport du Secrétaire général*, E/2019/68, 8 mai 2019 ; ver también : Nations Unies, *Rapport sur les objectifs de développement durable 2019*, New York, 2019.

de Estadística de las Naciones Unidas por la resolución 70/1 de la Asamblea General, de 25 de septiembre de 2015, sobre los ODS. Este grupo de expertos se denomina Grupo Interinstitucional y de Expertos sobre los Indicadores de los Objetivos de Desarrollo Sostenible. El mandato del grupo de expertos figura en el anexo 1 del informe de la 48.ª sesión de la Comisión de Estadística[252]. Se presentó un informe el 19 de febrero de 2016[253], incluyendo un Anexo IV con una lista final de indicadores para cada uno de los ODS. Esta lista fue revisada y completada por la Comisión de Estadística en marzo de 2017[254], que incluyó la "lista revisada de indicadores" en el anexo 3 de su informe. Este documento servirá para proponer indicadores jurídicos que complementen los indicadores científicos y económicos existentes. El Comité de Expertos en Administración Pública del Consejo Económico y Social también ha formulado recomendaciones sobre medidas para garantizar la consecución de los Objetivos de Desarrollo Sostenible[255]. Sobre la base de la lista revisada de indicadores, se sugerirán indicadores jurídicos adecuados para los ODS más relevantes para las cuestiones medioambientales, a saber, los ODS 2, 3, 6, 7, 11, 12, 13, 14, 15 y 16.

El 7 de junio de 2017, el Consejo Económico y Social de la ONU adoptó una resolución sobre el trabajo de la Comisión de Estadística sobre los indicadores de la Agenda 2030 para los ODS[256], que posteriormente fue refrendada por la resolución 71/313 de la Asamblea General de la ONU, de 6 de julio de 2017, consagrando un marco global de 232 indicadores de los ODS. Este marco está abierto: debe "ajustarse anualmente" y someterse a "una revisión exhaustiva" por parte de la Comisión en 2020[257]. Por lo tanto, estos ajustes se han realizado de forma regular, por recomendación del Grupo de Expertos sobre los ODS. El Grupo de Expertos propuso 36 cambios importantes en forma de sustituciones, adiciones, supresiones y revisiones, que fueron aprobados por la Comisión de

252 E/CN.3/2017/2.

253 ECOSOC, *Informe del grupo de expertos de las Naciones Unidas y del exterior encargados de los indicadores relativos a los objetivos de desarrollo sostenible. Nota del Secretario General*, E/CN.3/2016/2/Rev.1.

254 ECOSOC, *Informe del grupo de expertos de las Naciones Unidas y del exterior encargados de los indicadores relativos a los objetivos de desarrollo sostenible. Nota del Secretario General*, E/CN.3/2017/2, 15 de diciembre de 2016.

255 ECOSOC, *Medidas para garantizar la realización de los objetivos de desarrollo sostenible. Nota del Secretariado*, E/C.16/2017/2, 30 de enero de 2017.

256 ECOSOC, Resolución 2017/7 – Trabajos de la Comisión de Estadística sobre el Programa de desarrollo sostenible de la Agenda 2030, E/RES/2017/7.

257 Resolución 71/313, § 1.

Estadística en 2018, 2019 y 2020[258]. Actualmente, el marco global incluye 231 indicadores únicos; aparentemente, el número total es de 247, pero 12 indicadores se repiten en dos o tres objetivos diferentes[259]. Los indicadores de los ODS se clasifican en tres categorías o niveles (*tier classification*): 1. Indicadores claros con una metodología internacional reconocida y utilizados por el 50 % de los Estados; 2. Indicadores claros con una metodología internacional reconocida, pero que no son utilizados regularmente por los Estados; 3. No hay una metodología internacional común, pero se están realizando pruebas. Se espera una revisión completa del marco global de indicadores en 2020. Por muy útiles que hayan sido estos ajustes, los ODS siguen careciendo de indicadores jurídicos reales.

En 2016, la Unión Interparlamentaria publicó un documento práctico para que los parlamentos nacionales lo utilicen en la evaluación del progreso de los ODS. El documento se refiere varias veces a la necesidad de contar con indicadores adecuados, sin especificar la naturaleza de los mismos y sin mencionar los indicadores jurídicos[260].

Varias iniciativas también se han centrado en los ODS con metas y/o indicadores relacionados con el medio ambiente. Esto ha dado lugar a evaluaciones que a veces son sectoriales, centrándose principalmente en los ODS individuales, y a veces transversales, explorando un tema particular horizontalmente a través de un grupo de ODS.

## 2. Evaluaciones sectoriales

Se presentarán ejemplos de tres conjuntos de indicadores relacionados, en primer lugar, con la salud; en segundo lugar, con el agua y el saneamiento; y, en tercer lugar, con la justicia y la gobernanza.

### *a) Indicadores relacionados con la salud*

El propósito principal del ODS 3 es permitir que todas las personas vivan con buena salud y promover el bienestar para todos en todas las edades. Aunque la atención a la mejora de la salud y el bienestar se basa principalmente en este objetivo, también se refleja de diferentes maneras en casi 50 metas de 14 ODS,

258 Marco mundial de los indicadores de los ODS, según actualización en 2020, disponible en: https://unstats.un.org/sdgs/indicators/Global%20Indicator%20Framework%20after%202020%20review_Eng.pdf.

259 Sitio de los indicadores de los ODD : https://unstats.un.org/sdgs.

260 Union interparlementaire, *Les ODD à l'usage des parlements, outil d'auto-évaluation*, Genève, 2016.

que abordan la erradicación de la pobreza (ODS 1), la seguridad alimentaria (ODS 2), la educación (ODS 4), la igualdad de género (ODS 5), el agua y el saneamiento (ODS 6), la energía limpia (ODS 7), el trabajo decente (ODS 8), la reducción de la desigualdad (ODS 10), las ciudades (ODS 11), el consumo y la producción (ODS 12), el cambio climático (ODS 13), la paz, la justicia e las instituciones (ODS 16), y las asociaciones (ODS 17). Por tanto, es necesario avanzar en todos estos frentes para garantizar la salud y el bienestar de todos. Por eso, en 2019, 12 organismos internacionales, entre ellos el Banco Mundial, ONU-Mujeres, el PMA, el PNUD, el UNFPA y UNICEF, orquestados por la OMS, han elaborado un plan de acción mundial[261] para reforzar la colaboración sanitaria mundial, trabajando juntos para garantizar la aplicación armonizada de todas las metas relacionadas con la salud, incluidas las del ODS 3 y los objetivos conexos.

Los vínculos entre el medio ambiente y la salud están claramente identificados en este plan, sobre todo teniendo en cuenta los millones de muertes anuales causadas por diversas formas de contaminación y las graves enfermedades (malaria, fiebre amarilla, cólera) agravadas por las variaciones climáticas y las catástrofes naturales. Las interacciones entre la salud y la biodiversidad también se pusieron de manifiesto en un estudio que postula que el derecho a la salud es "uno de los indicadores más importantes del desarrollo sostenible", en el sentido de que la conservación y el uso sostenible de la biodiversidad son imprescindibles para el funcionamiento continuado de los ecosistemas y para la prestación de servicios ambientales que son esenciales para la salud humana[262]. El Plan de Acción Mundial 2019 hace un llamamiento a los determinantes jurídicos de la salud para fortalecer los marcos normativos con el fin de reducir el impacto de la degradación del medio ambiente en la salud, al tiempo que hace hincapié en la centralidad del derecho a la salud para el desarrollo sostenible, así como la centralidad de los enfoques basados en los derechos para la salud y el bienestar.

261 *Une collaboration renforcée pour une meilleure santé : Plan d'action mondial pour permettre à tous de vivre en bonne santé et promouvoir le bien-être de tous. Renforcer la collaboration entre les organisations multilatérales pour accélérer les progrès des pays en vue d'atteindre les cibles des objectifs de développement durables liées à la santé*, Genève, OMS, 2019.

262 Organización Mundial de la Salud y Secretariado del Convenio sobre Diversidad Biológica. *Conectando las Prioridades Globales: Biodiversidad y Salud Humana. Revisión del Estado de Conocimientos*, Ginebra-Montreal, 2015.

### *b) Indicadores relacionados con el agua y el saneamiento*

Además de la gestión integrada de los recursos hídricos, el ODS 6 pretende garantizar el acceso al agua y al saneamiento para todos. En 2018, los datos sobre este objetivo mostraron que miles de millones de personas siguen sin acceso al agua potable y al saneamiento, y que la contaminación del agua está aumentando[263]. Ese mismo año, el ODS 6 fue revisado por el Foro Político de Alto Nivel sobre el Desarrollo Sostenible[264]. Sus objetivos e indicadores también fueron objeto de un detallado desciframiento[265]. Este análisis puede ilustrarse, por ejemplo, a través del prisma de los indicadores 6.1.1 y 6.2.1.

El primer indicador, que se refiere a la proporción de la población que utiliza servicios de agua potable "gestionados de forma segura" con el fin de garantizar "el acceso universal y equitativo al agua potable" (meta 6.1), es coherente con los criterios de accesibilidad y disponibilidad inherentes al derecho al agua[266]. La accesibilidad al agua se diseña en función de su proximidad al lugar de residencia (conexión domiciliaria) o de la longitud del trayecto para extraerla. La disponibilidad de agua debe ser constante y en cantidad suficiente para satisfacer los usos personales y domésticos. El indicador 6.2.1, que mide la proporción de la población que utiliza servicios de saneamiento "gestionados de forma segura" para garantizar "el acceso a un saneamiento e higiene adecuados para todos y poner fin a la defecación al aire libre" (meta 6.2), también se ajusta a la definición del derecho al saneamiento. En particular, implica el acceso a instalaciones de saneamiento que sean seguras, cercanas y no compartidas con otros hogares, y que sean esenciales para la salud, la privacidad, la dignidad y la seguridad de los usuarios[267].

---

263 UN-Agua, *Resumen del Objetivo de Desarrollo Sostenible 6. Informe 2018 sobre Agua y Saneamiento*, Nueva York, 2018.

264 *2018 HLPF Review of SDG implementation: SDG 6 – Ensure availability and sustainable management of water and sanitation for all*, https://sustainabledevelopment.un.org/content/documents/195716.29_Formatted_2018_background_notes_SDG_6.pdf.

265 Programa Solidaridad Agua, *Los Objetivos de Desarrollo Sostenible para los servicios de agua y saneamiento. Desciframiento de los objetivos e indicadores.* París, 2018.

266 Tal como lo reconoce la Asamblea General de la Naciones Unidas en su resolución 64/292 del 28 de julio sobre el derecho humano al agua y al saneamiento, reafirmado especialmente en su resolución 74/141 del 18 de diciembre de 2019, así como por el Consejo de los Derechos Humanos en su resolución 42/5 del 26 de septiembre de 2019.

267 Ver también los indicadores relacionados con la alimentación y la agricultura a continuación.

### c) *Indicadores relacionados con la justicia y la gobernanza*

Promover sociedades pacíficas e inclusivas para el desarrollo sostenible, garantizar el acceso a la justicia para todos y crear instituciones eficaces, responsables e inclusivas a todos los niveles: esta es la esencia del ODS 16, que tiene la particularidad de estar plenamente dedicado a la gobernanza y cuya inclusión en la Agenda 2030 "se logró con mucho trabajo y una amarga negociación"[268]. Fue el resultado de un "parto con fórceps"[269]. Muchos países se mostraron inicialmente reacios a unirse, pero finalmente lo hicieron, gracias sobre todo a la movilización de los países africanos[270]. Su adopción constituye, pues, "el punto culminante" del "auge del tema de la gobernanza a escala mundial"[271]. Como tal, el Objetivo 16 parece ser crucial para el logro de muchos otros ODS.

Dos metas del ODS 16 se centran específicamente en el imperativo de la accesibilidad a la justicia y la información para el disfrute efectivo de las libertades fundamentales. En el caso de la justicia, este requisito está anidado en la meta 16.3, que pretende promover el Estado de Derecho y proporcionar un acceso igualitario a la justicia para todos. Sin embargo, los dos indicadores relacionados se refieren únicamente a la justicia penal, ya que se centran solo en las víctimas de la violencia (indicador 16.3.1) y en la población penitenciaria (indicador 16.3.2)[272]. Por este motivo, en 2019 se ha presentado una propuesta de indicador sobre el acceso a la justicia civil al Grupo de Expertos sobre los Indicadores de los ODS por parte del PNUD y la OCDE, con el apoyo del World Justice Project[273]. Se sugirió añadir un tercer indicador: "Proporción de personas que han tenido un problema jurídico en los últimos dos años y que han tenido acceso a la información adecuada o a la ayuda de expertos y han podido resolver su problema". Aunque no se adoptó como tal, esta propuesta contribuyó a la elaboración de un nuevo indicador 16.3.3, que se ha incluido en el marco global revisado de

268 Jean-Pierre Cling, Mireille Razafindrakoto et François Roubaud, « L'ODD 16 sur la gouvernance et sa mesure. L'Afrique en tête », *Afrique contemporaine*, n.° 258, 2/ 2016, p. 73.

269 *Ibid.*, p. 75.

270 *Ibid.*, pp. 76 et 84.

271 *Ibid.*, p. 90.

272 Esta deficiencia fue señalada por Sukti Dhital y Meg Satterthwaite, «Des indicateurs de mesure nouveaux et inclusifs sont nécessaires pour les objectifs de développement durable promettant l'accès pour tous à la justice», *Open Global Rights*, 5 février 2019.

273 PNUD/OCDE, «16.3.3. Proposition d'Indicateur sur l'Accès à la Justice Civile», 2019, https://worldjusticeproject.org/sites/default/files/documents/16.3.3%20Flyer_Access%20to%20Civil%20Justice_final_fr.pdf.

indicadores, a saber: "Proporción de la población que ha sufrido un conflicto en los últimos dos años y que ha accedido a un mecanismo formal o informal de resolución de conflictos, por tipo de mecanismo"[274]. Como tal, es probable que este indicador adicional se aplique a todos los tipos de litigios y mecanismos de resolución, incluidos los medioambientales.

El componente de información está cubierto por el objetivo 16.10, que busca garantizar el acceso público a la información y proteger las libertades fundamentales, de acuerdo con la legislación nacional y los acuerdos internacionales. El principal criterio de medición aquí es el número de países que adoptan y aplican "disposiciones constitucionales, reglamentarias y políticas para garantizar el acceso público a la información" (indicador 16.10.2)[275]. Responsable de este indicador, la UNESCO lo supervisa en el marco del derecho a la información. En 2019, en colaboración con el Centre for Law and Democracy, la UNESCO inició un proyecto piloto para recopilar datos sobre las leyes relacionadas con el derecho a la información y evaluar su implementación[276]. La evaluación abarcó 43 de los 51 Estados que presentaron exámenes nacionales voluntarios en el marco de la Agenda 2030[277]. De los 43 países estudiados, 26 tenían leyes sobre el derecho a la información. Sin embargo, la efectividad práctica de estas leyes sigue siendo relativamente limitada, principalmente debido a la ausencia de organismos que supervisen su aplicación en varios países[278].

En el caso de África, las cuestiones de gobernanza que plantea el ODS 16 también se destacan en la Agenda 2063, el marco estratégico para el desarrollo sostenible a largo plazo del continente que los Jefes de Estado y de Gobierno de la Unión Africana adoptaron en enero de 2015. La visión que la sustenta se basa en siete "aspiraciones", expresadas en 20 objetivos, con 66 indicadores para

274 *Global indicator framework for the Sustainable Development Goals and targets of the 2030 Agenda for Sustainable Development*, A/RES/71/313, E/CN.3/2018/2, E/CN.3/2019/2, E/CN.3/2020/2, 2020, p. 18.

275 Comité de Expertos de la Administración Pública, *Avances logrados sobre los componentes institucionales siguientes del ODS nº 16 : acceso a la información, transparencia, participación y responsabilidad. Nota del Secretariado*, E/C.16/2019/7, 24 de enero de 2019.

276 Instituto para la Economía y la Paz, *ODS16+ Informe de avances 2019. Auditoría Global de Avances sobre Indicadores Disponibles del ODS 16*, Marzo 2019.

277 Centro para el Derecho y la Democracia, «Recolección de Datos Piloto sobre el Indicador 16.10.2 de los Objetivos de Desarrollo Sostenible», 7 de marzo de 2019.

278 UNESCO, *Puntos destacados del Monitoreo y el Reporte de la UNESCO de 2019 sobre el Indicador 16.10.2 de los ODS – Acceso a la información*, París, 2019.

medir su aplicación. La aspiración 3 es "un África de buen gobierno, respeto a los derechos humanos, justicia y Estado de Derecho". Tiene dos objetivos: (i) afianzar los valores y las prácticas democráticas, los principios universales de los derechos humanos, la justicia y el Estado de Derecho (Objetivo 11); (ii) crear instituciones capaces y un liderazgo transformador (Objetivo 12). Asociados a estos dos objetivos hay cinco metas y siete indicadores; de ellos, tres se refieren a la aplicación efectiva de la Carta Africana sobre Democracia, Elecciones y Gobernanza (2007), cuyo artículo 42 insta a los Estados Partes a adoptar "políticas y estrategias para la protección del medio ambiente con miras a lograr un desarrollo sostenible para las generaciones presentes y futuras". Sobre la base del primer plan decenal de aplicación de la Agenda 2063[279], una primera evaluación muestra un modesto progreso en la aspiración 3, que es del orden del 27 %.[280].

## 3. Evaluaciones transversales

También en este ámbito, tres ejemplos de análisis horizontales ilustrarán el enfoque trans-ODS en lo que respecta a los indicadores relacionados primero con la alimentación y la agricultura, luego con la cultura y por último con los derechos humanos.

### *a) Indicadores relacionados con la alimentación y la agricultura*

Como organismo especializado en la alimentación y la agricultura, incluidos el riego, la pesca y la silvicultura, la FAO se compromete a supervisar los ODS relacionados con sus áreas de competencia para evaluar los avances en los indicadores que supervisa. En 2019, la FAO publicó un primer informe en el que se analizan los datos y las tendencias mundiales de 17 indicadores relacionados con los ODS 2, 6, 14 y 15[281], que los estudios *ad hoc* han complementado para algunos indicadores[282].

279 Comisión de la Unión Africana, *Agenda 2063. El África que queremos. Marco estratégico común para un crecimiento inclusivo y un desarrollo sostenible. Primer Plan Decenal de implementación 2014–2023*, septiembre de 2015.

280 Unión Africana, *Primer informe continental sobre el estado de la implementación de la Agenda 2063*, febrero de 2020.

281 FAO, *Suivi des progrès accomplis dans le cadre des indicateurs des ODD liés à l'alimentation et à l'agriculture. Rapport sur les indicateurs sous la responsabilité de la FAO*, Rome, 2019.

282 De hecho, la FAO es responsable del seguimiento de 21 indicadores, que se enmarcan en seis objetivos : los ODS 2, 5, 6, 12, 14 et 15. Ver: *La FAO et les ODD. Des indicateurs de mesure pour suivre la mise en œuvre du Programme de développement durable à*

El ODS 2 aspira a erradicar el hambre mediante el acceso durante todo el año a alimentos sanos, nutritivos y adecuados para todos (meta 2.1), medido por referencia a la prevalencia de la subnutrición en el mundo (indicador 2.1.1). Este último mostró un ligero aumento en 2019, con más de 820 millones de personas que siguen pasando hambre. Esta tendencia se debe a una combinación de factores, incluidos los medioambientales, como la sequía y los fenómenos meteorológicos extremos. La eliminación del hambre también requiere la preservación de la diversidad genética de las semillas, los cultivos, los animales y la fauna conexa (meta 2.5), medida por el número de recursos genéticos animales y vegetales para la alimentación y la agricultura que están asegurados en instalaciones de conservación (indicador 2.5.1), así como la proporción de variedades y razas locales consideradas en peligro, no en peligro o en riesgo desconocido de extinción (indicador 2.5.2). En cuanto a los recursos fitogenéticos, a finales de 2018 había aproximadamente 512 000 muestras de 4500 especies incluidas en la Lista Roja de la UICN en 469 bancos de genes en todo el mundo. En cuanto a los recursos genéticos animales, su estado de conservación no ha progresado realmente: menos del 1 % de las razas ganaderas locales del mundo tienen una reserva de material genético suficiente para garantizar su recuperación de la extinción. Además, el 60 % de las razas ganaderas locales estaban en peligro de extinción en los 70 países con información sobre variedades en peligro.

El ODS 5 sobre igualdad de género no se incluyó en el citado informe de 2019 por falta de datos significativos. Sin embargo, se le ha dedicado una publicación aparte[283], y del análisis de los datos disponibles, sobre un número limitado de países, surgen algunas conclusiones sobre los dos indicadores de la FAO relacionados con la meta 5.a, que pretende dar a las mujeres acceso a la propiedad o al control de la tierra[284]. El indicador 5.a.1 sobre el acceso de las mujeres a la propiedad de la tierra agrícola se desglosa en dos subindicadores: (i) la proporción de la población agrícola total con derechos de propiedad o derechos garantizados a

---

*l'horizon 2030*, Rome, 2017. Debido a la falta de datos comparables a nivel mundial, cuatro indicadores no se pudieron tener en cuenta en el informe de 2019 mencionado anteriormente: los relacionados con la viabilidad de la agricultura (2.4.1), los agricultores con derechos garantizados a la tierra (5.a.1), los países con un marco jurídico que garantice los derechos de las mujeres a la tierra (5.a.2) y la pérdida de alimentos (12.3.1). No obstante, el seguimiento de estos indicadores permitió obtener datos parciales sobre su implementación, que se reportan por separado.

283 FAO, *Realizing women's rights to land in the law. A guide for reporting on SDG indicator 5.a.2*, Rome, 2018.

284 http://www.fao.org/sustainable-development-goals/indicators/fr.

la tierra agrícola, por género: según los datos proporcionados por unos diez países[285] el porcentaje de titulares de derechos de tierra seguros varía mucho, desde el 4 % (Níger) hasta el 69 % (Etiopía), el 19 % (Perú), el 34 % (Camboya), el 49 % (Uganda), etc. El porcentaje de mujeres con estos mismos derechos es en promedio netamente inferior, alcanzando rara vez la mitad del de los hombres, con una sola excepción en Malawi, 47 % para las mujeres y 41 % para los hombres; (ii) la proporción de mujeres entre los titulares de derechos de propiedad o de derechos garantizados sobre la tierra agrícola: también en este caso, los porcentajes son considerablemente más bajos para las mujeres, ya que las titulares de tenencias agrícolas solo representan el 10 % en Níger o el 14 % en la India, con picos excepcionales del 51 % en Etiopía y del 58 % en Malawi[286]. Para el indicador 5.a.2, que mide la proporción de países que otorgan a las mujeres igualdad de derechos para poseer o controlar la tierra, el análisis se centró en los marcos jurídicos de 16 Estados[287]. El nivel de garantías para la igualdad de acceso de las mujeres a la tenencia de la tierra, calificado de 1 (el más bajo) a 6 (el más alto), arrojó los siguientes resultados: 2 países en el nivel 6 (Colombia, Paraguay); 4 países en el nivel 5 (Nicaragua, Portugal, Serbia, Suecia); 4 países en el nivel 4 (Italia, Eslovaquia, Suiza, Uruguay); 2 países en el nivel 3 (Bielorrusia, Uzbekistán); 1 país en el nivel 2 (Surinam); y 3 países en el nivel 1 (Jordania, Pakistán, Qatar)[288].

En cuanto al ODS 6 sobre la gestión de los recursos hídricos, el informe de 2019 aborda la meta 6.4 de garantizar que los recursos hídricos se utilicen de forma eficiente en todos los sectores y asegurar la sostenibilidad de las extracciones y suministros de agua dulce para hacer frente a la escasez de agua, que es objeto de un seguimiento parcial por parte de la FAO, siguiendo una metodología que ha diseñado a tal efecto[289]. Los dos indicadores de este objetivo son: (i) el cambio en la eficiencia del uso del agua (indicador 6.4.1): a este respecto, las necesidades de mejora de la productividad del agua son especialmente pronunciadas en la agricultura de regadío, la reducción de las pérdidas en las redes de distribución municipales y los procesos de refrigeración industrial y energética; (ii) el nivel de estrés hídrico, inducido por las extracciones de agua dulce en

285 Burkina Faso, Camboya, Etiopía, India, Malaui, Níger, Nigeria, Perú, Tanzania, Uganda.

286 http://www.fao.org/sustainable-development-goals/indicators/5a1/fr.

287 Bielorrusia, Colombia, Eslovaquia, Italia, Jordania, Nicaragua, Pakistán, Paraguay, Portugal, Qatar, Serbia, Suecia, Suiza, Surinam, Uruguay, Uzbekistán.

288 http://www.fao.org/sustainable-development-goals/indicators/5a2/fr.

289 FAO, *Incorporating environmental flows into "water stress" indicator 6.4.2 – Guidelines for a minimum standard method for global reporting*, Rome, 2019.

proporción a los recursos disponibles (indicador 6. 4.2): mientras que el estrés hídrico se considera moderado en 2/3 de los países, su nivel es medio en el 20 % de los países y alto en el 15 % de ellos. En este último caso, los países deben reducir las extracciones de agua dulce y aumentar la productividad y la eficiencia de su uso.

En cuanto al ODS 14 sobre la vida acuática, en el informe de 2019 se reflejan cuatro metas de interés para la FAO, tres de las cuales tienen una connotación medioambiental. El primer objetivo es restablecer las poblaciones de peces a niveles que puedan producir el máximo rendimiento sostenible a partir de sus características biológicas (objetivo 14.4), medido por la proporción de poblaciones de peces en niveles biológicamente sostenibles (indicador 14.4.1). En este caso, la conclusión es que el porcentaje de las poblaciones de peces marinos del mundo que se pescan de forma sostenible está disminuyendo de forma constante, y un tercio de ellas están sobreexplotadas debido a la creciente sobrecapacidad. La segunda es eliminar las subvenciones que fomentan la pesca ilegal, no declarada y no reglamentada (meta 14.6), captada por los progresos realizados en la aplicación de los instrumentos internacionales de lucha contra la pesca ilegal (indicador 14.6.1)[290]. En este sentido, los países han avanzado mucho en la aplicación de los instrumentos en cuestión, pero deben redoblar sus esfuerzos para generalizar su aplicación. La tercera es garantizar el acceso de los pescadores a pequeña escala a los recursos marinos y a los mercados (meta 14.b), que se mide por los progresos realizados en la aplicación por parte de los países de "un marco jurídico, reglamentario, político o institucional que reconozca y proteja los derechos de acceso de los pescadores a pequeña escala" (indicador 14.b.1). La mayoría de los Estados han puesto en práctica estos instrumentos jurídicos y políticos en favor de la pesca a pequeña escala, además de crear mecanismos para que estos pescadores participen en los procesos de toma de decisiones[291].

El ODS 15 sobre la vida en la tierra aspira a gestionar de forma sostenible los bosques, luchar contra la desertificación, detener e invertir la degradación de la tierra y detener la pérdida de biodiversidad. Sus cuatro objetivos de interés

---

290 A saber: la Convención de las Naciones Unidas sobre el Derecho del Mar (1982); el Acuerdo de la FAO para promover el cumplimiento por los buques pesqueros en alta mar de las medidas internacionales de conservación y ordenación (1993); el Acuerdo de las Naciones Unidas sobre las poblaciones de peces (1995); el Acuerdo de la FAO sobre medidas del Estado rector del puerto para prevenir, desalentar y eliminar la pesca ilegal, no declarada y no reglamentada (2009).

291 Sobre estos indicadores, ver también: FAO, *The State of World Fisheries and Aquaculture 2018 – Meeting the sustainable development goals*, Rome, 2018.

para la FAO se reflejan en el informe de 2019. La primera es la meta 15.1, que consiste en garantizar la conservación, la restauración y el uso sostenible de los ecosistemas, y que se refleja en la proporción de la superficie forestal con respecto a la superficie terrestre (indicador 15.1.1). En este sentido, la pérdida de bosques continuó entre 2000 y 2015, ya que la superficie forestal total se redujo del 31,1 % al 30,7 % de la superficie terrestre del mundo, con mayores descensos en las zonas tropicales. A continuación, la meta 15.2 consiste en promover la gestión sostenible de todos los tipos de bosques, detener la deforestación, restaurar los bosques degradados y aumentar significativamente la forestación y la reforestación en todo el mundo, medida por el progreso hacia la gestión sostenible de los bosques (indicador 15.2.1). En este sentido, los datos recientes muestran un progreso hacia la gestión sostenible de los bosques del mundo: a pesar de la reducción de la superficie forestal, la tasa de pérdida de bosques disminuyó en aproximadamente un 25 % entre 2010 y 2015 en comparación con el período 2000–2005. Además, la proporción de zonas forestales protegidas y de bosques con planes de gestión se mantuvo estable o aumentó en todas las regiones del mundo. En segundo lugar, la meta 15.4 es aquella relativa a garantizar la conservación de los ecosistemas de montaña, medida por el índice de cobertura vegetal de montaña (indicador 15.4.2). Según los primeros datos recogidos en 2017, el 76 % de las zonas montañosas del mundo estaban cubiertas de vegetación (bosques, pastizales o matorrales, tierras de cultivo). Aunque los bosques siempre disminuyen con la altitud, su declive varía según la altura y puede ser el resultado de factores climáticos, el sobrepastoreo, el desmonte, la urbanización, la tala y los incendios. Por último, la meta 15.6 que fomenta la distribución justa y equitativa de los beneficios derivados de la utilización de los recursos genéticos, cuantificada por el número de países que han adoptado "marcos legislativos, administrativos y operativos para garantizar una distribución justa y equitativa de los beneficios" (indicador 15.6.1)[292]. Desde 2012, un tercio de los Estados parte del Tratado Internacional sobre los Recursos Fitogenéticos para la Alimentación y la Agricultura han proporcionado información sobre las medidas jurídicas adoptadas en virtud del Tratado en sus informes nacionales. Además, en virtud del Tratado, se celebran acuerdos estándar de transferencia de germoplasma para establecer las condiciones de uso y reparto de beneficios. En 2019, el número de estos acuerdos había superado los 75 000.

---

292 Cabe señalar que la FAO, sin ser plenamente responsable de este indicador, contribuye a su seguimiento junto con el PNUMA y la secretaría del Convenio sobre la Diversidad Biológica.

### *b) Indicadores relacionados con la cultura*

El ODS 4 pretende garantizar "una educación equitativa, inclusiva y de calidad" y "oportunidades de aprendizaje permanente" para todos. Partiendo de este objetivo de impulsar el derecho a la educación y ampliar la perspectiva al ámbito cultural, la UNESCO ha adoptado indicadores temáticos para la cultura en 2019, los llamados "Indicadores de Cultura 2030". Su objetivo es medir la contribución de la cultura a la consecución de los ODS a nivel nacional y local, complementando los indicadores relacionados con la Agenda 2030[293]. Su marco conceptual incluye cuatro dimensiones transversales: medio ambiente y resiliencia; prosperidad y recursos; conocimientos y habilidades; e inclusión y participación. Cada dimensión reúne varios objetivos y metas para captar las polifacéticas contribuciones de la cultura al desarrollo sostenible[294]. La dimensión "medio ambiente y resiliencia" destaca el papel del patrimonio natural y cultural, tanto material como inmaterial, en relación con el componente "planeta" de los ODS. Los indicadores establecidos evalúan, entre otras cosas, el nivel de compromiso de los países con la salvaguardia del patrimonio natural y cultural en relación con las convenciones pertinentes de la UNESCO y las metas correspondientes de los ODS.

A este respecto, se movilizan seis tratados: la Convención para la Protección de los Bienes Culturales en caso de Conflicto Armado (1954); la Convención sobre las Medidas que Deben Adoptarse para Prohibir e Impedir la Importación, la Exportación y la Transferencia de Propiedad Ilícitas de Bienes Culturales (1970); la Convención sobre la Protección del Patrimonio Mundial Cultural y Natural (1972); la Convención sobre la Protección del Patrimonio Cultural Subacuático (2001); la Convención para la Salvaguardia del Patrimonio Cultural Inmaterial (2003); y la Convención sobre la Protección y Promoción de la Diversidad de las Expresiones Culturales (2005). Cada una de estas convenciones está correlacionada con la consecución de varias metas en el marco de más de un

293 UNESCO, *Indicateurs Culture 2030*, Paris, 2019. Anteriormente, la UNESCO ya había publicado un libro para la evaluación del papel multidimensional de la cultura en el desarrollo, en términos de valores y normas que orientan la acción humana y promueven una visión inclusiva de las interacciones entre cultura y desarrollo, bajo el título: *Indicateurs de la culture pour le développement. Manuel méthodologique*, Paris, 2014.

294 Para un enfoque similar, ver: Katia Vladimirova and David Le Blanc, *How well are the links between education and other sustainable development goals covered in UN flagship reports? A contribution to the study of the science-policy interface on education in the UN system Department of Economic & Social Affairs*, DESA Working Paper 146, New York, October 2015.

ODS. En conjunto, contribuyen al avance de una serie de 26 metas diferentes, repartidas en nada menos que 12 ODS. Entre ellas se encuentran, por ejemplo, la protección del patrimonio cultural y natural del mundo (meta 11.4), la preservación de las zonas marinas y costeras (meta 14.5) y de los ecosistemas terrestres y de agua dulce (meta 15.1), la mejora de las capacidades de adaptación al cambio climático (meta 13.3), el fomento de un turismo sostenible que valore las culturas locales (meta 8. 3) y el seguimiento de su impacto en la sostenibilidad (meta 12.b), el refuerzo de la coherencia de las políticas para el desarrollo sostenible (meta 17.14), la devolución de los bienes robados y la lucha contra la delincuencia organizada (meta 16.4) o el apoyo a las instituciones encargadas de prevenir y combatir la delincuencia (meta 16.a). Esta forma de evaluación horizontal es instructiva y puede resultar metodológicamente fructífera para tratar de comprender la contribución de otras convenciones medioambientales a la consecución de los ODS en áreas relevantes, como la biodiversidad o el cambio climático, a través de indicadores seleccionados sobre una base temática.

### *c) Indicadores relacionados con los Derechos Humanos*

Aspirando a "un mundo en el que se respeten universalmente los derechos humanos", la Agenda 2030 reafirma la importancia de "los instrumentos internacionales de derechos humanos". En concreto, afirma que los ODS pretenden "hacer realidad los derechos humanos para todos" y que los procesos de seguimiento de su aplicación deben estar "centrados en las personas" y tener en cuenta los derechos humanos para "no dejar a nadie atrás"[295]. En concreto, se estima que aproximadamente el 92 % de las metas de los ODS reflejan las normas internacionales de derechos humanos y laborales. En este sentido, el Instituto Danés de Derechos Humanos ha elaborado una guía digital sobre estos derechos en el contexto de los ODS[296]. Al rastrear sus raíces en los 17 objetivos, relaciona sus 169 metas con 81 instrumentos jurídicos internacionales relativos a los derechos humanos en general (17 universales y 15 regionales), las normas laborales (38 instrumentos) y las cuestiones medioambientales (11 instrumentos)[297]. De este modo, la guía ayuda a comprender la interdependencia de estas tres categorías de derechos con respecto a los ODS.

---

295 «Transformer notre monde: le Programme de développement durable à l'horizon 2030», Assemblée générale des Nations Unies, Résolution 70/1, 25 septembre 2015.

296 https://sdg.humanrights.dk/fr/node/10.

297 https://sdg.humanrights.dk/fr/instruments/overview/list.

Así estructurada, la guía está conectada al *SDG – Human Rights Data Explorer*, una base de datos creada en colaboración con la Oficina del Alto Comisionado de las Naciones Unidas para los Derechos Humanos que puede buscarse por objetivo, meta, instrumento, artículo del instrumento, grupo de instrumentos, país o grupo de países, con varias combinaciones posibles de estas entradas. Por ejemplo, la búsqueda de Benín en la meta 12.4 de lograr una gestión ambientalmente racional de los desechos y los productos químicos, a fin de reducir al mínimo sus efectos negativos en la salud y el medio ambiente, un componente del ODS 12 sobre el consumo y la producción sostenibles, hace referencia a todas las disposiciones pertinentes de los seis instrumentos internacionales vinculantes para ese país a este respecto: el Pacto Internacional de Derechos Económicos, Sociales y Culturales (art. 12), la Declaración de las Naciones Unidas sobre los Derechos de los Pueblos Indígenas (art. 29), la Carta Africana de Derechos Humanos y de los Pueblos (art. 16), el Protocolo de la Carta Africana de Derechos Humanos y de los Pueblos sobre los Derechos de la Mujer (art. 18), todo el Convenio sobre el Control de los Movimientos Transfronterizos de los Desechos Peligrosos y su Eliminación, y la Convención de las Naciones Unidas sobre el Derecho del Mar (arts. 207–210 y 216)[298].

La base de datos también permite explorar las aproximadamente 150 000 recomendaciones emitidas a los Estados por los 67 órganos y mecanismos internacionales de derechos humanos (órganos de la Carta de la ONU, Examen Periódico Universal, procedimientos especiales, órganos de tratados, etc.). Aunque casi el 60 % de estas recomendaciones están estrechamente relacionadas con las metas de los ODS, no suelen estar explícitamente vinculadas a ellas. Gracias al motor de búsqueda, se pueden identificar fácilmente y utilizar directamente para la aplicación nacional de los ODS, en función de los indicadores relacionados. Así, las reformas recomendadas pueden llevarse a cabo de acuerdo con la indivisibilidad e interdependencia de los derechos humanos, siguiendo la visión global que la guía ofrece sobre el conjunto de los ODS y los instrumentos relacionados.

En el caso de Benín, de las 556 recomendaciones formuladas, 345 (62 %) están relacionadas con metas específicas, repartidas entre 13 ODS, de las cuales 179 corresponden únicamente al ODS 16. Por ejemplo, en relación con la meta 16.a (instituciones nacionales de derechos humanos), el Comité de Derechos Económicos, Sociales y Culturales recomendó al país que garantizara que los derechos

298 https://sdg.humanrights.dk/fr/targets2?combine_1=xxx&goal=81&target=12.4&instrument=All&title_1=&field_country_tid=27&field_instrument_group_tid=All&combine=.

establecidos en el Pacto Internacional de Derechos Económicos, Sociales y Culturales fueran directamente aplicables en los tribunales nacionales y que la formación jurídica y judicial tuviera en cuenta la justiciabilidad de estos derechos. Otro ejemplo: en relación con la meta 6.1 (acceso universal y equitativo al agua potable), el examen periódico universal recomendó al país que mejorara las condiciones de higiene en las escuelas mediante el suministro de agua potable y que mejorara las condiciones materiales de los presos en las cárceles mediante el acceso al agua y al saneamiento[299].

## C. Indicadores de los ODS del Banco Mundial

El Banco Mundial tiene una larga experiencia con los indicadores. Se actualizan periódicamente y ahora forman parte de los Objetivos de Desarrollo Sostenible. Tres conjuntos de documentos ofrecen una visión numérica de todos los países, incluso en África. Solo incluyen datos que se alejan del derecho medioambiental, pero que, sin embargo, proporcionan información utilizable. Entre las herramientas que transmiten estos indicadores se encuentran:

- Los Indicadores de Desarrollo Mundial (*World Development Indicators*), un conjunto de datos internacionales de 217 economías con 1600 indicadores, de los cuales más de 140 están relacionados con el medio ambiente desde 2015[300]. Entre ellos se encuentran el agua limpia y el saneamiento; la energía limpia; las ciudades sostenibles; el consumo responsable, incluidos los residuos; la acción climática; los océanos; la vida en la tierra, incluidos los bosques y la biodiversidad; la paz, la justicia y las instituciones.
- Los Informes sobre el Desarrollo Mundial, algunos de cuyos capítulos abordan temas medioambientales, como la edición de 2017, que incluye una sección sobre el crecimiento verde[301], o la de 2020 que examina la dimensión medioambiental de las cadenas de valor mundiales[302].

---

299 https://sdgdata.humanrights.dk/fr/taxonomy/term/800.

300 World Bank, *World Development Indicators 2015*, Washington, 2015; *World Development Indicators 2016*, Washington, 2016; *World Development Indicators 2017*, Washington, 2017. Desde 2018, estos indicadores están disponibles en versión digital en: http://datatopics.worldbank.org/world-development-indicators; https://databank.banquemondiale.org/source/world-development-indicators.

301 World Bank, *World Development Report. Governance and the Law*, Washington, 2017.

302 World Bank, *World Development Report 2020. Trading for Development in the Age of Global Value Chains*, Washington, 2020; Banque mondiale, *Rapport sur le développement dans le monde 2020. Le commerce au service du développement à l'ère de la mondialisation des chaînes de valeur. Abrégé,* Washington, 2020.

- El Atlas de los Objetivos de Desarrollo Sostenible, una guía visual publicada en 2017 y 2018[303] que proporciona información actualizada sobre los avances de los países en la consecución de los 17 ODS, especialmente en lo que respecta al clima, los océanos, el medio ambiente y las instituciones.

## D. Indicadores de los ODS de origen académico y privado

Dos organizaciones han desarrollado indicadores para los 17 ODS que complementan los indicadores oficiales de la ONU. Son Bertelsmann Stiftung, una fundación alemana, y Sustainable Development Solutions Network (SDSN), adscrito a la Universidad de Columbia en Nueva York.[304]. Estas entidades han desarrollado una metodología para clasificar a los Estados en la implementación de los ODS a nivel nacional y local. Esta clasificación se basa en una escala de 0 (peor) a 100 (mejor). Aplican 144 indicadores en 162 estados que permiten a los responsables de la toma de decisiones identificar las prioridades de acción para alcanzar los ODS. Así, el informe de 2019[305], establecido como los anteriores[306] bajo la dirección de Jeffrey Sachs, profesor de economía de la Universidad de Columbia, clasifica de esta manera, por ejemplo, cuatro estados africanos:

- Túnez, 63.° del mundo con una puntuación de 70,0;
- Camerún, 127.º del mundo con una puntuación de 56,0;
- Benín, 151.º del mundo con una puntuación de 50,9;
- Madagascar, 158.º del mundo con una puntuación de 46,7.

El primero en la clasificación es Dinamarca, con 85,2, y el último de 162 es la República Centroafricana, con 39,1.

Anteriormente, en 2015, el SDSN elaboró un informe encargado por el secretario general de la ONU en el que proponía un conjunto de indicadores para los ODS[307]. Este informe propone 100 indicadores para el seguimiento de los ODS.

303 Banque mondiale, *Atlas des Objectifs de développement durable 2018. Des indicateurs du développement dans le monde*, Washington, 2018; World Bank, *Atlas of Sustainable Development Goals 2017. From World Development Indicators*, Washington, 2017.

304 *Sustainable Development Solutions Network*, www.unsdsn.org

305 Bertelsmann Stiftung and SDSN, *Sustainable Development Report 2019. Transformations to achieve the Sustainable Development Goals*, June 2019.

306 Bertelsmann Stiftung and SDSN, *SDG Index and Dashboards Report 2017. Global Responsibilities, International Spillover in Achieving the Goals*, July 2017; *SDG Index and Dashboards Report 2018. Global Responsibilities, Implementing the Goals*, July 2018.

307 SDSN, *Indicators and a Monitoring Framework: Launching a Data Revolution for the Sustainable Development Goals*, 12 June 2015.

Es interesante observar que los autores parecen haber reconocido el obstáculo que supone el uso de datos jurídicos. De hecho, el informe afirma: "Los Estados podrían introducir indicadores nacionales adecuados sobre las políticas y el derecho", pero esta hipótesis se rechaza porque sería difícil armonizarlos a nivel mundial (p. 19). Nuestra posición, por el contrario, al menos en lo que respecta al derecho ambiental, es que la armonización se ve facilitada por el carácter universal del derecho ambiental. El mismo documento cita un ejemplo del informe nacional de Mongolia sobre la aplicación de los Objetivos de Desarrollo del Milenio, en el que se evalúa la conformidad del derecho de Mongolia con el derecho internacional de los derechos humanos (p. 11). Se ha señalado que los derechos humanos, al igual que el derecho medioambiental, son fácilmente comparables entre Estados debido al gran número de convenios internacionales que se les aplican.

En sus propuestas de 2015, el SDSN se refiere varias veces a los indicadores jurídicos, sin proponer sin embargo un método para evaluar la efectividad del derecho. Se puede citar, en relación con el ODS 8, el indicador 57, "Ratificación y aplicación de los convenios de la OIT", que menciona la aplicación "jurídica y práctica" de estos convenios y, en relación con el ODS 16, el indicador 93, "Existencia y aplicación de una ley nacional o garantía constitucional sobre el derecho a la información". Aunque el SDSN, en un informe de 2014 en el que se identifican lagunas en el alcance de los indicadores, no menciona "el derecho"[308], se podría pensar que estaría abierto a ampliar los indicadores a los aspectos jurídicos. Esta sensación está respaldada por el informe de 2019, que destaca que, además de los compromisos del poder ejecutivo, el poder legislativo también tiene un importante efecto de palanca en la orientación de las políticas y las leyes para la implementación de los ODS. Sin embargo, se afirma que la falta de datos comparables sobre la frecuencia y el contenido de los debates sobre los ODS en los parlamentos dificulta la evaluación precisa de sus contribuciones[309].

Desde 2018, el SDSN dedica un informe específico a África. Mientras que su primera edición[310] incluyó solo 11 países del continente en el análisis preliminar de la implementación de los ODS, el informe de 2019 incluye los 54 países africanos y utiliza 97 indicadores para clasificarlos en la misma escala (de 0 a 100) que

---

308 SDSN, *Assessing Gaps in Indicators Availability and Coverage*, July 2014.

309 Bertelsmann Stiftung and SDSN, *Sustainable Development Report 2019. Transformations to achieve the Sustainable Development Goals*, June 2019, p. 9.

310 Bertelsmann Stiftung and SDSN, *Africa SDG Index and Dashboards Report 2018*, July 2018.

se utiliza en el índice global. El primer país de la clasificación continental es Mauricio, con una puntuación de 66,19, y el último es Sudán del Sur, con una puntuación de 29,19. Los cuatro estados africanos mencionados anteriormente se clasifican de la siguiente manera:

- Túnez, 2.º puesto con una puntuación de 66,12;
- Camerún, 28.º puesto con una puntuación de 51,57;
- Benín, 29.º puesto con una puntuación de 51,52;
- Madagascar, 44.º puesto con una puntuación de 45,57.

Este mismo informe evalúa tanto los progresos realizados por los países africanos hacia la consecución de los ODS como las estrategias puestas en marcha para alcanzarlos, especialmente a nivel institucional. En este sentido, una de las entradas es "acciones legislativas", en torno a esta pregunta: "¿Se ha creado en el parlamento un grupo de trabajo o comité dedicado a debatir la implementación de los ODS?". En 2019, solo siete países – Argelia, Comoras, Malí, Nigeria, Sierra Leona, Uganda y Zimbabue – contaban con un órgano de este tipo en el parlamento, mientras que 21 países habían establecido un comité interministerial o un grupo de trabajo para coordinar la aplicación de los ODS en los ministerios u otros organismos pertinentes.

Otra iniciativa académica liderada por la Universidad de Oxford es *Our World in Data*[311]. Se trata de una plataforma de captación de datos sobre los principales problemas y cambios que configuran el mundo, agrupados en torno a 16 grandes temas, como el medio ambiente, la salud, la demografía, la alimentación, la energía, la paz, la sociedad, la cultura, los valores, la educación, el conocimiento, los derechos, las condiciones de vida, el sistema político, etc. Los 17 ODS se supervisan de forma interactiva a través de una herramienta específica: el *SDG Tracker*[312]. Esto proporciona los datos disponibles actualizados según el marco global de indicadores de ODS de la ONU.

311 https://ourworldindata.org.
312 https://sdg-tracker.org.

# IV. Razones para crear indicadores jurídicos para el medio ambiente

La creación de indicadores jurídicos en el ámbito medioambiental permite contribuir a un mejor seguimiento de las políticas públicas y de la gobernanza en este ámbito. Estos indicadores detectan, en primer lugar, a la inefectividad del derecho ambiental. A partir de ahí, servirán para varios propósitos combinados porque satisfacen varios usos.

## A. Responder al proceso de inefectividad del derecho ambiental

El derecho ambiental, debido a su rápido desarrollo y crecimiento tanto a nivel internacional como nacional, así como a sus exigencias que infringen derechos supuestamente adquiridos, ha generado críticas unánimes sobre su eficacia. ¿Sirve para algo? ¿Por qué no se ha protegido mejor el medio ambiente desde su creación? Se trata de preguntas legítimas que ponen en tela de juicio los numerosos informes de inspección y los informes sobre el estado del medio ambiente que buscan desesperadamente ilustrar los avances medioambientales año tras año. A nivel político, el resultado es que los gobiernos llevan algunos años pidiendo en reuniones y conferencias internacionales una aplicación más eficaz tanto de los convenios internacionales como de los derechos nacionales. Esta exigencia de efectividad sigue siendo siempre muy general y abstracta, sin sugerir remedios reales para la inefectividad. Sin embargo, para saber cómo aplicar mejor el derecho, es necesario conocer por qué se aplica mal o no se aplica. Aparte de algunos trabajos académicos que se atreven a abordar lo que parece ser un tabú, todavía no existe ningún método científico para detectar las razones precisas de la inefectividad[313]. Por lo tanto, el desarrollo de indicadores jurídicos debe proporcionar orientación y recomendaciones para mejorar la efectividad del derecho ambiental. La sociedad exige responsabilidad. Hay que disponer de las herramientas adecuadas. Ya no es posible contentarse con estudiar la letra de la ley, ignorando todas las dificultades de su aplicación.

---

313 J. Bétaille, «L'effectivité en droit de l'environnement», en S. Brimo y Ch. Pauti (dir.), *L'effectivité des droits. Regards en droit administratif*, París, Mare et Martin, 2019.

## B. Informar al público sobre la utilidad social del derecho ambiental

Los indicadores jurídicos deben, en primer lugar, ser capaces de informar al público para que este tome conciencia de la utilidad social del derecho y de su papel en la protección del medio ambiente. Dado que el medio ambiente es un patrimonio común, tanto el público de a pie como los grupos de interés profesionales deben poder apreciar si el derecho ambiental sirve para algo y funciona correctamente. Esta información servirá, en primer lugar, para dar a conocer el derecho medioambiental, que sigue siendo ampliamente ignorado por los ciudadanos incluso en los estados en los que existe un código medioambiental. Además, la creación de un código de este tipo debería haber tenido el efecto de facilitar el acceso a textos dispersos. Sin embargo, esto ha afectado principalmente a los profesionales del derecho. A medida que los textos sean accesibles a través de Internet y las bases de datos jurídicas, el público cuestionará su pertinencia, legibilidad y complejidad. Por ello, los indicadores jurídicos permitirán al público comprender de forma concreta las dificultades encontradas en la aplicación del derecho y apreciar mejor los progresos realizados. Además, una mejor comprensión de la utilidad del derecho para resolver los problemas medioambientales conducirá a una mejor aceptación de la norma, que se ha convertido en legítima, por parte de los interesados públicos y privados, y por tanto a un mejor cumplimiento. Se sabe que la efectividad del derecho solo puede existir con el apoyo consciente de todos los actores implicados.

## C. Informar a los encargados de tomar decisiones

La utilidad de los indicadores jurídicos es también política y operativa. Proporcionarán los mecanismos de evaluación de las políticas públicas emprendidas por los gobiernos y los parlamentos con una base científica, permitiendo obtener datos sobre la aplicación del derecho sobre el terreno. Así, los proyectos de reforma previstos ya no se harán a ciegas, sino con pleno conocimiento de causa. En efecto, la utilización de indicadores jurídicos permitirá poner de manifiesto los verdaderos obstáculos que dificultan o impiden la aplicación efectiva del Estado de Derecho. Por lo tanto, las evaluaciones de impacto de los proyectos y propuestas de ley y de los proyectos de actos normativos pueden basarse en las conclusiones que se desprenden del uso de los indicadores jurídicos. La decisión pública podría estar motivada, precisamente, por los remedios que aporta a la situación existente, basada en la evidencia (*evidence-based decision-making*). Los responsables políticos dispondrán así de una nueva e innovadora herramienta para las imprescindibles reformas que se avecinan.

## D. Medir científicamente los avances y retrocesos en el derecho ambiental

Por último, la utilidad de los indicadores jurídicos es científica. Permiten, gracias a una metodología adecuada, medir científicamente el grado de efectividad del derecho, llamando la atención tanto sobre los avances como sobre los retrocesos de la misma. También constituyen una herramienta incomparable para enriquecer los datos utilizados en los informes científicos sobre el estado del medio ambiente, tanto nacionales como internacionales. Es bien sabido que estos informes han ignorado hasta ahora, el lugar y el papel del derecho en los niveles de contaminación y el estado de la biodiversidad. La ausencia de referencias al derecho ambiental en los informes sobre el estado del medio ambiente es un insulto al Estado de Derecho. Este incluye ahora también el derecho medioambiental. Ahora hablamos del estado de derecho medioambiental[314]. En general, los regímenes democráticos no pueden seguir ignorando la contribución del derecho ambiental a las políticas públicas. Con la ayuda de los indicadores jurídicos, los futuros informes medioambientales podrán informar a los gobiernos y al público sobre el papel efectivo del derecho en el estado del medio ambiente.

Si bien la utilidad de los indicadores jurídicos es alta a nivel nacional, también es importante a nivel internacional en lo que respecta a la aplicación efectiva de los convenios internacionales sobre medio ambiente. A nivel formal, estos indicadores pueden utilizarse para informar mejor sobre el grado de cumplimiento de las obligaciones generales por parte de las Partes contratantes. Además, ayudarán a los Estados a cumplir mejor su obligación especial de presentar informes periódicos. Por último, permitirán a las reuniones de las Partes contratantes evaluar mejor el cumplimiento, orientar adecuadamente sus decisiones y recomendaciones, y dar un respaldo informado a las conclusiones que les proponen los comités de cumplimiento que acompañan a la mayoría de los convenios medioambientales multilaterales.

En el plano sustantivo, los indicadores jurídicos documentarán periódicamente los puntos fuertes y débiles de la aplicación de los convenios internacionales, proporcionando una imagen clara de los obstáculos, las lagunas, los avances y los retrocesos en su aplicación. Proporcionarán una herramienta científicamente

---

314 UNEP, *Environmental Rule of Law. First Global Report*, *op. cit.*

sólida para medir el grado de eficacia jurídica de las medidas jurídicas adoptadas por los Estados Partes para aplicar la convención internacional en su legislación nacional. Por último, serán una valiosa herramienta para los comités de cumplimiento. Los indicadores jurídicos les permitirán comprender mejor las dificultades jurídicas que entraña la aplicación de los convenios y formular así recomendaciones detalladas para subsanarlas. El diagnóstico revelado por los indicadores jurídicos identificará inmediatamente los esfuerzos que deben realizar los Estados, centrándose precisamente en las deficiencias existentes en la aplicación: problemas de procedimiento, de recursos humanos o financieros, de organización institucional o de inadecuación del contenido mismo de la norma.

# V. Cómo construir indicadores jurídicos a partir de los criterios de efectividad del derecho ambiental

La creación de indicadores jurídicos es una compleja tarea multidisciplinar que requiere un buen equipo de abogados especializados en derecho ambiental, acompañados de otras disciplinas, como las matemáticas, la sociología, la ecología y las ciencias políticas. Antes de presentar nuestro método, es útil tomar nota de tres experiencias similares en derecho internacional y comparado. Sin embargo, no condujeron a una medición real de la efectividad del derecho aplicable. A continuación, presentaremos la elección preliminar del ámbito del derecho ambiental que se va a evaluar, seguida del marco teórico para dividir los indicadores en grandes categorías, denominadas familias de indicadores jurídicos. Por último, se describirán las distintas fases de los trabajos que se llevarán a cabo para formular los indicadores jurídicos. A modo de ilustración, se darán ejemplos de cuestionarios estándar en el derecho internacional y nacional, relativos a indicadores jurídicos generales o a indicadores jurídicos especiales.

## A. Experiencias similares

Es interesante informar sobre tres experimentos que buscan identificar los criterios jurídicos para la aplicación del derecho ambiental. A pesar de su interés, se observará que, si bien pretenden ir más allá del análisis del contenido de las normas de derecho internacional y nacional, no proceden a una ponderación de las preguntas ni a una medición de los resultados, que son los únicos que pueden dar resultados fiables y más cercanos a una realidad difícil de aprehender.

### 1. Criterios para evaluar la efectividad del derecho ambiental internacional por Peter H. Sand

La obra colectiva que Peter Sand prologó en julio de 1992[315], poco después de la adopción de la Declaración de Río, es un verdadero tratado de derecho internacional del medio ambiente, que establece las condiciones jurídicas para la aplicación del capítulo 39 de la Agenda 21 sobre los instrumentos jurídicos

---

315 Peter H. Sand (ed.), *The Effectiveness of International Environmental Agreements: A Survey of Existing Legal Instruments*, Cambridge, Grotius, 1992.

internacionales y los mecanismos que los acompañan. Se basa en las propuestas del Comité Preparatorio de la Conferencia de Río, que formuló "criterios para evaluar la efectividad de los acuerdos existentes"[316]. El análisis de la efectividad abarcó 124 acuerdos internacionales. Sin embargo, el análisis de la efectividad se limita al ámbito del derecho internacional, sin abordar la aplicación de los tratados en el derecho nacional, que consideramos indispensable. No obstante, este interesante documento puede utilizarse hoy en día como base para elaborar indicadores jurídicos sobre la efectividad del derecho internacional del medio ambiente. La efectividad se divide en seis criterios, cada uno de los cuales se subdivide en indicadores y subindicadores. En total, hay 32 indicadores.

En su segunda sesión, celebrada en marzo y abril de 1991, el Comité Preparatorio de la Conferencia de las Naciones Unidas sobre el Medio Ambiente y el Desarrollo creó el Grupo de Trabajo III. Este grupo de composición abierta recibió el mandato de ocuparse de las cuestiones jurídicas, institucionales y conexas, y se le encomendó específicamente, entre otras tareas, la de "preparar una lista anotada de los acuerdos e instrumentos jurídicos internacionales existentes sobre el medio ambiente, describiendo su finalidad y alcance, evaluando su efectividad y examinando las perspectivas de desarrollo del derecho internacional sobre el medio ambiente, a la luz de la necesidad de integrar el medio ambiente y el desarrollo, y teniendo especialmente en cuenta las necesidades y preocupaciones especiales de los países en desarrollo" (decisión 2/3, A/46/48, parte I, anexo I).

En su tercer período de sesiones, celebrado en agosto y septiembre de 1991, el Comité Preparatorio formuló una propuesta de un conjunto de "criterios para evaluar la efectividad de los acuerdos e instrumentos existentes" que sirviera de base para la recopilación de la información necesaria para una lista acordada de dichos acuerdos e instrumentos, en cooperación con las secretarías internacionales interesadas, según procediera (decisión 3/25, A/46/48, vol. II). Estos criterios, que establecen así el marco de la investigación, son los siguientes:

**Criterios para evaluar la efectividad de los acuerdos o instrumentos existentes**

(Es posible que algunos de los criterios que figuran a continuación no se apliquen a todos los acuerdos o instrumentos que deben evaluarse).

316 Decisión 3/25, A/46/48, vol. II.

**A. Objetivos y aplicación**

1. ¿Cuáles son los objetivos principales de los acuerdos e instrumentos internacionales evaluados y cómo se relacionan con la integración efectiva del medio ambiente y el desarrollo?
2. En el caso de los acuerdos e instrumentos regionales, ¿cuál es su impacto real y potencial en la protección del medio ambiente mundial y el desarrollo sostenible?
3. ¿Tienen estos acuerdos o instrumentos en cuenta la situación específica de los países en desarrollo?
4. ¿En qué medida se han alcanzado los objetivos principales (para el medio ambiente y el desarrollo) de los acuerdos e instrumentos internacionales y cómo se mide su consecución?

**B. Participación**

5. ¿La participación es restringida o abierta?
6. ¿Es posible presentar reservas y, en caso afirmativo, en qué medida se utiliza esta posibilidad?
7. ¿Cuál es la distribución geográfica actual de la participación en los acuerdos e instrumentos medioambientales existentes, en particular en lo que respecta a los países en desarrollo?
8. ¿Cuáles son los resultados en cuanto a la participación efectiva de los países en desarrollo en la negociación y redacción de estos acuerdos e instrumentos, así como en las actividades de los programas y reuniones organizadas en el marco de estos acuerdos e instrumentos?
9. ¿Qué incentivos (por ejemplo, medidas financieras o comerciales, ventajas tecnológicas) se ofrecen para fomentar la participación de los países en desarrollo y facilitar su aplicación en ellos?
10. ¿Qué medidas se han adoptado para promover y apoyar la participación efectiva de los países en desarrollo en la negociación y aplicación de los acuerdos o instrumentos internacionales, incluida la asistencia técnica y financiera y otros mecanismos puestos a disposición con este fin?
11. ¿Qué factores han afectado a la participación, especialmente de los países en desarrollo, en el acuerdo o instrumento? Por ejemplo:

    a. los recursos financieros necesarios y disponibles para la participación en el acuerdo o instrumento;
    b. la asistencia técnica necesaria y disponible para la participación en el acuerdo o instrumento;
    c. la asistencia científica necesaria y disponible para la participación en el acuerdo o instrumento;

d. la comunicación de información sobre la aplicación del acuerdo o el instrumento a los gobiernos, parlamentos, la prensa, las organizaciones no gubernamentales, las industrias y el público;
e. el papel de los parlamentos, la prensa, las organizaciones no gubernamentales, las industrias y la opinión pública;
f. la posibilidad de presentar reservas.

**C. Implementación**

12. ¿En qué medida la aplicación de los acuerdos o instrumentos se ha visto obstaculizada o acelerada por las disposiciones relativas a su entrada en vigor?
13. ¿Cuáles son los compromisos impuestos a las Partes por estos acuerdos e instrumentos, y cómo se lleva a cabo el seguimiento y la medición del cumplimiento de los compromisos por las Partes?
14. ¿Cómo informan las Partes sobre sus resultados en la aplicación de los acuerdos e instrumentos, y en qué medida cumplen con sus obligaciones de información?
15. ¿Cuáles son los requisitos específicos de información y divulgación (si los hay) y en qué medida los cumplen las Partes?
16. ¿Qué oportunidades existen para promover el cumplimiento y hacer un seguimiento de los incumplimientos, y en qué medida se utilizan estas oportunidades?
17. ¿Qué mecanismos existen para resolver los conflictos de aplicación y en qué medida se utilizan?
18. ¿Qué factores han afectado la aplicación? Por ejemplo:

a. los recursos financieros necesarios y disponibles para la aplicación del acuerdo o instrumento;
b. la asistencia técnica necesaria y disponible para la aplicación del acuerdo o instrumento;
c. la asistencia científica necesaria y disponible para la aplicación del acuerdo o instrumento;
d. el suministro de información sobre la aplicación del acuerdo o instrumento a los gobiernos, los parlamentos, la prensa, las organizaciones no gubernamentales, la industria y el público;
e. el papel de los parlamentos, la prensa, las organizaciones no gubernamentales, la industria y la opinión pública;
f. los organismos internacionales de supervisión o aplicación;

g. informar sobre el cumplimiento o proporcionar y divulgar datos;
h. los procedimientos para tratar el incumplimiento y la resolución de conflictos (incluidos los procedimientos de investigación).

**D. Información**

19. ¿En qué forma y lengua se publican y difunden los textos de los acuerdos e instrumentos existentes?
20. ¿Cómo se pone a disposición de los gobiernos, las industrias pertinentes y el público, la información actualizada sobre la aplicación y el cumplimiento de los acuerdos e instrumentos internacionales?
21. ¿Qué documentos adicionales pueden utilizarse para orientar la aplicación de los acuerdos e instrumentos internacionales a nivel nacional?
22. ¿En qué medida los programas internacionales y nacionales de formación y educación utilizan la información anterior?

**E. Implementación, revisión y ajuste**

23. ¿Cuáles son las disposiciones institucionales para la administración internacional de los acuerdos e instrumentos existentes?
24. ¿Cuáles son los costes anuales (1990) de la administración internacional (secretaría, reuniones, programas) de los acuerdos e instrumentos, y cómo se financian?
25. ¿Cuáles son los principales beneficios y elementos de coste de la participación nacional en los acuerdos e instrumentos existentes? y, ¿cuáles son las oportunidades para que los países en desarrollo reduzcan los costes de participación?
26. ¿Qué mecanismos existen para garantizar que los conocimientos y el asesoramiento científico se tengan en cuenta en las decisiones políticas de estos acuerdos e instrumentos?
27. ¿Cómo garantizan estos acuerdos y mecanismos la participación efectiva de:
    a. las autoridades nacionales, especialmente las de los países en desarrollo;
    b. participantes no gubernamentales, incluyendo las industrias pertinentes y la comunidad científica.
28. ¿Qué mecanismos existen para garantizar la revisión periódica y la adaptación de los acuerdos e instrumentos internacionales a las nuevas necesidades, y en qué medida se utilizan?

## F. Programación de la codificación

29. ¿Qué nuevos proyectos o revisiones de acuerdos e instrumentos medioambientales se están preparando o negociando?
30. ¿En qué medida y a través de qué mecanismos se coordina la redacción con los trabajos relacionados con otros acuerdos e instrumentos?
31. ¿Qué lagunas quedan por cubrir con la legislación?
32. ¿En qué medida los mecanismos distintos de los acuerdos o instrumentos formales contribuyen al desarrollo del derecho ambiental internacional?[317]

Algunos indicadores implican una respuesta de sí o no. Pero la mayoría de ellos dan a elegir entre varias respuestas o requieren una respuesta ampliada de carácter cualitativo, lo que dificulta mucho su medición.

Peter Sand ha retomado el tema de la efectividad en una publicación más reciente en la que revisa la literatura internacional sobre el tema[318] En esta ocasión, indicó que ya existen bases de datos con indicadores para medir y comparar la actuación de los Estados en la aplicación de un tratado medioambiental[319].

En realidad, la base de datos de R. B. Mitchell, que es una notable herramienta que inventaría y haría accesibles todos los tratados internacionales sobre el medio ambiente (1280 tratados multilaterales, 2100 tratados bilaterales), solo proporciona datos estáticos o indicadores científicos de rendimiento (150), y no indicadores jurídicos de la aplicación efectiva del derecho nacional en aplicación del derecho internacional.

---

317 Fuente: Peter H. Sand (ed.), *The Effectiveness of International Environmental Agreements: A Survey of Existing Legal Instruments, op. cit*, pp. 4–7 (traducción libre).

318 Peter H. Sand, "The Effectiveness of Multilateral Environmental Agreements: Theory and Practice", en Melissa Lewis, Tuula Honkonen and Seita Romppanen (eds.), *International Environmental Law-making and Diplomacy Review 2016*, Joensuu, University of Eastern Finland Law School, UNEP Course Series 16, 2017, pp. 1–25.

319 H. Breitmeir, O. R. Young y M. Zurn, *Analyzing International Environmental Regimes: From Study to Database*, Cambridge, MIT Press, 2006; R. B. Mitchell, *International Environmental Agreements: Database, Performance Indicator Data*, http:// iea.uoregon.edu; ver también todos los instrumentos de derecho ambiental en la base de datos ECOLEX, http://www/ecolex.org.

## 2. Los indicadores relacionados con los objetivos de Aichi de Gerd Winter

El profesor G. Winter, de la Universidad de Hamburgo, realizó un interesante experimento sobre las metas de Aichi como programa de acción no vinculante para la aplicación del Convenio sobre la Diversidad Biológica. Este ejercicio es interesante en la medida en que, a diferencia del anterior, se refiere al *soft law* y puede inspirarnos para la construcción de los indicadores de los ODS. En un informe para la UICN del 12 de diciembre de 2014, examina cómo podrían utilizarse los indicadores jurídicos para evaluar la eficacia de las metas de Aichi, tomando el caso de la pesca marina[320]. Señala, con razón, que el factor "derecho" no es el único que hay que tener en cuenta y que junto al derecho "formal" existe el derecho "real", es decir, tal y como se aplica. Para evaluar el éxito o el fracaso de una política, propone una lista de 12 preguntas que son indicadores, pero sin cuantificarlos ni clasificarlos. Solo la duodécima pregunta se refiere a las medidas de aplicación del Estado de Derecho. En realidad, el objetivo es solo evaluar la eficacia de una política teniendo en cuenta los factores jurídicos y no evaluar la efectividad del derecho como proceso, en el sentido en que la entendemos.

## 3. La evaluación del derecho para la sostenibilidad: estudio de caso

Se ha realizado un estudio de casos para la UICN con el fin de evaluar, con indicadores parcialmente jurídicos, cómo los Estados están aplicando algunos principios generales del derecho ambiental[321]. El informe se centra en la aplicación de los principios de precaución y participación pública en las áreas protegidas, incluidas las marinas, y en las especies amenazadas. Los autores identifican cuatro niveles o criterios de indicadores:

- Criterio instrumental: relativo a la existencia de los principios mencionados, las fuentes jurídicas de estos principios y sus fuentes no jurídicas, como los códigos de la industria o las normas del mercado.

320 G. Winter, *Assessing law as a factor towards the Aichi Biodiversity Targets*, 2014, https://www.iucn.org/sites/dev/files/assessing_law_as_a_factor_toward_the_aichi_biodiversity_targets_0.pdf.

321 Paul Martin, Ben Boer y Lydia Slobodian (eds.), *Framework for Assessing and Improving Law for Sustainability. A Legal Component of a Natural Resource Governance Framework*, Environmental Policy and Law Paper n.° 87, Gland, IUCN, 2016.

- Criterio institucional: relativo a la creación de instituciones o disposiciones administrativas para aplicar los principios y los programas y presupuestos correspondientes.
- Criterios de comportamiento: la actitud de las personas y las organizaciones hacia estos principios y cómo los integran en su comportamiento. A este respecto, también se buscan acciones de aplicación práctica.
- Criterios de resultados (*outcome*): la medición de los resultados medioambientales y sociales que demuestran que se está logrando el propósito de los principios.

La ambición de este proyecto, que va más allá del derecho estricto para incluir datos sociales, psicológicos y científicos, es clara. Los autores del informe admiten que han encontrado muchos obstáculos para encontrar datos fiables, sobre todo en lo que respecta al criterio de los resultados.

La metodología empleada combinó el uso de datos existentes, grupos de trabajo de las partes interesadas, entrevistas y grupos de expertos multidisciplinares.

## B. Selección previa del ámbito jurídico que se va a evaluar

Para crear indicadores jurídicos, primero es necesario determinar el área del derecho ambiental que se evaluará, también llamado ámbito de medición. Sin embargo, como este ámbito no es necesariamente fácil de identificar y como la evaluación de la efectividad se refiere al medio ambiente, buscaremos primero la pregunta a la que queremos responder, basándonos en cuatro entradas diferentes:

a) ¿Busca una aplicación efectiva del derecho en un sector concreto del medio ambiente? ¿En el derecho internacional? ¿En el derecho regional? ¿En el derecho nacional, incluida la aplicación nacional del derecho internacional? La elección del ámbito del derecho puede hacerse, por ejemplo, entre los 35 sectores específicos del medio ambiente cubiertos por el derecho:

   - caza;
   - pesca;
   - pastoreo;
   - agua;
   - aire;
   - suelos;
   - bosques;
   - ruido;

- paisajes;
- residuos;
- productos químicos;
- disruptores endocrinos;
- contaminación industrial;
- organismos genéticamente modificados;
- pesticidas;
- glifosato;
- abejas;
- plásticos;
- zonas costeras;
- medio ambiente marino;
- montaña;
- desastres y riesgos naturales;
- energía;
- fauna;
- flora;
- áreas naturales protegidas;
- islas;
- humedales;
- patrimonio cultural e histórico;
- planificación urbana;
- agricultura;
- señalización y publicidad;
- minería y canteras;
- emisiones de luz;
- gas de esquisto.

b) O se trata de evaluar la aplicación real de la norma en relación con un tema relativo a un principio general, por ejemplo:

- información;
- participación;
- acceso a la justicia;
- prevención;
- precaución;
- quien contamina paga;
- compensación por daños ecológicos;
- no regresión;
- integración;

- educación;
- límites planetarios.

c) O bien se trata de evaluar la aplicación efectiva de la norma en relación con un tema medioambiental o jurídico transversal o una cuestión general, por ejemplo:

- evaluación del impacto ambiental;
- desarrollo sostenible;
- el medio ambiente en la constitución;
- derecho humano al medio ambiente;
- patrimonio común;
- Estado de Derecho;
- sanciones penales;
- sanciones administrativas;
- servidumbres;
- fiscalidad;
- gobernanza;
- biodiversidad;
- derechos de la naturaleza;
- solidaridad ecológica;
- cambio climático;
- justicia ambiental;
- acceso a la justicia;
- medidas de emergencia;
- energías renovables;
- centrales nucleares;
- industria agroalimentaria;
- transición ecológica;
- economía circular;
- planes y programas medioambientales;
- Objetivos de Desarrollo Sostenible;
- organizaciones no gubernamentales (ONG).

d) O es para evaluar la aplicación real del derecho dentro de una institución, por ejemplo:

- ministerio de medio ambiente;
- órganos consultivos;
- agencias medioambientales;
- autoridades locales y regionales;

- autoridades administrativas independientes;
- defensor del medio ambiente;
- aeropuertos ;
- inventarios;
- jurisdicciones;
- juez constitucional;
- ONU;
- FAO, PNUMA, etc.;
- secretaría de un convenio internacional.

Dada la complejidad y el gran número de ámbitos del medio ambiente que son objeto de regulación, y para ayudar a la elección del ámbito jurídico que se va a evaluar, se recomienda realizar un ejercicio preliminar. Consiste en hacer un inventario de todos los sectores medioambientales que cuentan con textos jurídicos, como puede hacerse, cuando existen, mediante códigos medioambientales, y luego realizar una encuesta entre los expertos para seleccionar el tema o los temas que se consideren prioritarios. Sin embargo, hay que señalar que la existencia de un código medioambiental no es necesariamente una garantía de la exhaustividad de los temas medioambientales. Por ejemplo, en Francia, los bosques, elemento esencial de la biodiversidad y la lucha contra el cambio climático, no están cubiertos por el código medioambiental, sino por el código forestal.

En cuanto al derecho internacional como tal, independientemente de su aplicación en el derecho nacional, la evaluación de su efectividad también podría realizarse según las mismas cuatro entradas:

a) Por sector medioambiental, al igual que en el caso anterior, examinando todas las normas aplicables del derecho internacional, tanto las vinculantes como las de *soft law*. En esta hipótesis, la evaluación de la efectividad de los tratados internacionales sobre el medio ambiente, tanto universales como regionales, será decisiva. Llevará a la elaboración de una metodología adecuada, tal como se prevé en el Convenio de Barcelona para la Protección del Medio Marino y de la Región Costera del Mediterráneo y sus protocolos (véase más arriba).
   En primer lugar, es posible evaluar el funcionamiento interno del Convenio en cuanto a su Secretaría General y sus relaciones con las Partes contratantes. Se trata de una evaluación de tipo institucional, en términos de gobernanza. Un convenio internacional también puede evaluarse en términos de control de su aplicación efectiva en relación con el derecho internacional. En este

caso, se tratará de determinar indicadores capaces de informar sobre el funcionamiento real de la obligación de presentar informes y también de informar sobre el funcionamiento y los efectos de la intervención de los comités de cumplimiento creados en la Conferencia de las Partes. En este sentido, los indicadores serán principalmente formales y tendrán que combinarse necesariamente con los indicadores nacionales, que son la única forma de evaluar la aplicación del convenio a nivel nacional, lo cual es obviamente una exigencia del derecho internacional.

b) En relación con los principios generales del derecho internacional reconocidos por la jurisprudencia internacional, la costumbre internacional y la doctrina. Hay que utilizar como fuentes todos los informes de las distintas instituciones internacionales, comités de expertos y doctrina, y realizar encuestas a los especialistas mediante cuestionarios o entrevistas.
c) En relación con un tema medioambiental transversal o una cuestión general. Deben utilizarse las mismas fuentes que en el apartado b) anterior.
d) En relación con las funciones y actividades de una organización internacional o la secretaría de un convenio internacional. La búsqueda de indicadores jurídicos equivaldrá aquí a una especie de auditoría externa para evaluar la gobernanza y el funcionamiento de la institución. Los cuestionarios se elaborarán a partir de los informes de actividad, las bases de datos, las entrevistas internas y las encuestas a los socios de la institución, es decir, los Estados miembros y las ONG acreditadas.

Para seleccionar el área del derecho que se va a evaluar en función de las prioridades, debe realizarse una encuesta previa, ya sea entre los cargos electos, el gobierno o el público, o simplemente entre un grupo de expertos. Cada estado, en función de su cultura, geografía, recursos y modelo de desarrollo, suele tener prioridades y un mayor o menor grado de sensibilidad medioambiental. Esto se refleja en leyes actualizadas o leyes antiguas inadecuadas o en áreas del medio ambiente que aún no están cubiertas por el derecho.

A partir de la lista de 35 objetos medioambientales presentada anteriormente, podría ser interesante proponer, como indicadores de la sensibilidad ecológica de un Estado, una lista de áreas medioambientales que se clasificarían por orden de importancia, según la opinión de las personas encuestadas. También podría imaginarse interrogar a este respecto a un grupo de personas compuesto por cargos electos, funcionarios, ONG, ciudadanos de a pie, juristas y expertos en ecología.

Teniendo en cuenta la existencia de estos textos y no su contenido, y suponiendo que son jurídicamente aplicables, es posible en cada país clasificar los ámbitos cubiertos por una norma jurídica por orden de importancia y utilidad jurídica para un mejor medio ambiente (del 1 al 35, siendo el 1 el más importante; para los textos considerados de igual importancia, se puede utilizar el mismo número). El resultado será una clasificación propia de cada país que permitirá determinar las prioridades, ya sea con vistas a la adopción de textos o a su refuerzo.

## C. Familias de criterios para la efectividad del derecho ambiental

Tras especificar el ámbito medioambiental o jurídico en el que se van a construir los indicadores jurídicos, es necesario determinar las principales categorías o familias de indicadores que se consideran criterios relevantes en la medida en que contribuyen a la efectividad de la aplicación del Estado de Derecho. Todos estos son criterios generales de efectividad. Por convenio, los diversos componentes de la aplicación del derecho ambiental se han dividido en seis criterios de efectividad. De hecho, esta división no es específica del derecho medioambiental, sino que podría aplicarse a cualquier evaluación de las fases de aplicación de un ámbito jurídico concreto. A partir de estas seis familias de indicadores se pueden construir los distintos cuestionarios y medirlos en cifras.

Estas seis familias de criterios permiten tener en cuenta los elementos del proceso jurídico, desde el texto o el ámbito del derecho que se evalúa hasta su eventual aplicación por los tribunales. Todos estos son pasos necesarios para garantizar que la norma escrita, cuando se aplica efectivamente, pueda producir beneficios ambientales. Como se ha explicado anteriormente (I-B anterior), no se trata de evaluar directamente sus efectos beneficiosos, lo que corresponde a los indicadores de rendimiento o de resultados (*output*), sino de evaluar en sentido ascendente si el derecho se ha aplicado correctamente.

De estas seis familias de criterios, cinco son puramente jurídicas y una está fuera del derecho:

1. criterio existencial y fuentes jurídicas;
2. criterio de aplicabilidad y legalidad;
3. criterio sustantivo;
4. criterio orgánico o institucional;
5. criterio relativo a los controles de aplicación;
6. criterios no jurídicos que, sin embargo, condicionan la aplicación del derecho.

Antes de examinar el contenido de cada uno de estos criterios, conviene mencionar otra escala de criterios de efectividad propuesta por la doctrina. En su tesis de derecho, Julien Bétaille[322] enumeró lo que consideraba las condiciones esenciales para evaluar la efectividad de una norma jurídica nacional. Se trata de un desglose detallado que refleja la complejidad del análisis jurídico de la efectividad de una norma. Identifica once criterios:

1. indicadores relacionados con la coherencia interna entre los ordenamientos jurídicos;
2. indicadores relacionados con la coherencia del ordenamiento jurídico interno;
3. indicadores relacionados con la sanción de la norma nacional;
4. indicadores relacionados con el control judicial de la legalidad de la norma;
5. indicadores relacionados con la responsabilidad de la administración por la violación de las normas de derecho ambiental;
6. indicadores relacionados con el conocimiento de la norma;
7. indicadores relacionados con la calidad de la norma;
8. indicadores relacionados con la legitimidad de la norma;
9. indicadores de aplicación de la norma;
10. indicadores de recepción de la norma por parte de sus destinatarios;
11. indicadores de la recepción de la norma por parte del juez.

Junto a Julien Bétaille intentamos detallar el contenido preciso de cada uno de estos once criterios. El resultado son 127 indicadores:

**Condiciones jurídicas de la efectividad del derecho ambiental**[323]

***1. Los indicadores relacionados con la coherencia entre los ordenamientos jurídicos***

**1.1. Indicadores formales**

- Ratificación
- Publicación
- Incorporación en una ley *ad hoc*
- Incorporación difusa
- No hay incorporación

**1.2. Indicadores institucionales**

- Instituciones

322 Julien Bétaille, *Les conditions juridiques de l'effectivité de la norme en droit public interne: illustrations en droit de l'urbanisme et de l'environnement*, *op. cit.*

323 Lista establecida a partir de la tesis de Julien Bétaille, *ibid.*

- Seguimiento de la implementación
- Personal y presupuesto asignados

**1.3. Indicadores sustantivos**
- Primacía del orden jurídico internacional
- Contenido de la recepción de cada artículo de un tratado

**1.4. Indicadores de control judicial del cumplimiento del derecho internacional**
- Control de la convencionalidad de la constitución
- Control de la convencionalidad de la ley
- Control de la convencionalidad del reglamento
- Posibilidad de invocar las normas de origen externo
- Criterios de efecto directo evaluados por el juez nacional

***2. Los indicadores relacionados con la coherencia del orden jurídico interno***

**2.1. Existencia de normas constitucionales** que establecen normas generales (derechos, deberes o principios)

**2.2. Número de niveles normativos** dentro de las principales categorías de normas (ley, reglamento, etc.):
- Ley de programación / ley ordinaria
- Multiplicidad de actos normativos que regulan la misma materia: por ejemplo, número de niveles de planificación medioambiental.

**2.3. Relación entre las normas medioambientales y otras normas** (derecho urbanístico, derecho económico, derecho sanitario, etc.)

**2.4. Grado de exigencia de la relación entre las normas internas:** conformidad, compatibilidad, tener en cuenta

***3. Indicadores relacionados con la sanción de la norma nacional***

**3.1. Indicadores formales**
- Existencia de sanciones penales
- Existencia de un delito específico contra el medio ambiente
- Existencia de sanciones administrativas
- Obligación de notificación administrativa

**3.2. Indicadores institucionales**
- Organismos competentes para detectar la violación de la norma
- Los poderes de investigación de esos órganos
- Organismos públicos encargados de iniciar el procedimiento sancionador

- Personal y presupuesto asignados
- Poder discrecional de la autoridad sancionadora
- Independencia e imparcialidad del titular de la potestad sancionadora

**3.3. Indicadores substantivos**

- Calificación jurídica de la sanción penal: crimen, delito, contravención
- Naturaleza de la sanción administrativa: suspensión temporal, cierre, exclusión de contratos públicos, etc.
- Proporcionalidad entre la severidad de la sanción y la gravedad de la infracción

**3.4. Indicadores de control jurisdiccional de las sanciones**

- Personas privadas y ONG capaces de desencadenar sanciones penales
- Personas privadas y ONG capaces de desencadenar sanciones administrativas
- Derechos de defensa
- Posibilidad de impugnar la debilidad de una sanción

**4. *Indicadores para el control judicial de la legalidad de la norma medioambiental nacional***

**4.1. Indicadores formales**

- Derecho de recurso contra una ley:
  - ✓ Por una persona natural
  - ✓ Por una persona pública
  - ✓ Por una persona jurídica
  - ✓ Por una ONG
- Derecho de recurso contra un acto administrativo:
  - ✓ Por una persona natural
  - ✓ Por una persona pública
  - ✓ Por una persona jurídica
  - ✓ Por una ONG

**4.2. Indicadores institucionales**

- Contra la ley:
  - ✓ Existencia de un juez constitucional
  - ✓ Independencia del juez constitucional
  - ✓ Número de ayudantes por cada juez

- Contra un acto administrativo:

  ✓ Independencia del juez
  ✓ Número de tribunales competentes por habitante
  ✓ Número de jueces por habitante

**4.3. Indicadores sustantivos**

- Contra la ley:
  ✓ Control de la violación de los derechos humanos
  ✓ Control de la violación del derecho ambiental
  ✓ Efectos de la anulación

- Contra un acto administrativo:

  ✓ Sanción de violaciones de procedimiento
  ✓ Teoría de las formalidades sustantivas
  ✓ Efectos de la anulación

***5. Indicadores relacionados con la responsabilidad de la administración por violaciones de las normas del derecho ambiental***

**5.1. Sanción por incumplimiento de la norma internacional ante el juez nacional**
- Admisibilidad
- Base: falta / responsabilidad de hecho

**5.2. Sanción por incumplimiento de la norma nacional**
- Admisibilidad
- Base: culpa simple / falta grave / riesgo / responsabilidad legal
- Perjuicios: materiales / morales
- Reparación: por equivalente / en especie

**5.3. Sanción de la inaplicación de la norma: inacción y fracaso de la administración**
- Admisibilidad
- Fracaso:
  ✓ En el ejercicio de la potestad reglamentaria
  ✓ En el ejercicio del poder de la policía administrativa
  ✓ En el ejercicio de la potestad de sanción

- Base: falta simple / falta grave
- Reparación

**5.4. Sanción del daño ambiental o responsabilidad por daño ecológico puro**

- Admisibilidad: persona natural / persona jurídica y ONG
- Base de la reparación: culpa / sin culpa
- Daños: material / moral
- Reparación: por equivalente / en especie

***6. Indicadores relacionados con el conocimiento de la norma***

- Publicación de la norma
- Acceso a la norma por internet
- Existencia de una codificación
- Integridad de la codificación
- Difusión de comentarios y explicaciones de la norma

***7. Indicadores relacionados con la calidad de la norma***

**7.1. Indicadores relacionados con la calidad formal de la norma**

- Claridad y precisión
- Accesibilidad e inteligibilidad
- Estabilidad (seguridad jurídica)

**7.2. Indicadores relacionados con la calidad sustantiva de la norma**

- Asesoría jurídica obligatoria en la fase previa
- Nivel de ambición de la norma
- Carácter vinculante de la norma
- Carácter permisivo de la norma

***8. Indicadores relacionados con la legitimidad de la norma***

**8.1. Indicadores relacionados con la evaluación de la norma *a priori***

- Exigencia de un estudio de impacto de las leyes

Exigencia de un estudio de impacto de los actos administrativos

**8.2. Indicadores relacionados con la legitimidad democrática de la norma**

- Información pública sobre el proyecto de ley
- Información pública sobre el proyecto de acto administrativo
- Derecho del público a comentar el proyecto de ley
- Derecho del público a comentar el proyecto de acto administrativo
- Informe sobre los comentarios del público sobre la ley
- Informe sobre los comentarios del público sobre el acto administrativo

- Consideración de la opinión del público en el texto de la ley
- Consideración de la opinión del público en el acto administrativo
- Motivación de la decisión a la luz de los diversos comentarios del público
- Admisibilidad de un recurso contra el texto adoptado por violación del procedimiento de participación

**8.3. Indicadores relacionados con la evaluación de la norma *a posteriori***

- Evaluación parlamentaria de la aplicación de la norma
- Evaluación por parte del ejecutivo
- Evaluación por una autoridad independiente

***9. Indicadores de la implementación de la norma***

**9.1. Adopción formal de las normas de aplicación**

- De la constitución
- De las leyes
- De los reglamentos

**9.2. Adopción de instrumentos de implementación**

- Medidas de policía
- Servidumbres
- Contratos
- Fiscalidad
- Intercambio de derechos

**9.3. Factores de confianza de los destinatarios de la norma**

- Motivación de las normas
- Derogaciones
- Regularizaciones
- Tolerancias administrativas

***10. Indicadores de recepción de la norma por parte de sus destinatarios***

**10.1. Indicadores de acceso a la justicia**

- Protección constitucional y convencional del derecho de acceso a la justicia
- Admisibilidad de particulares y ONG
- El coste de la acción judicial
- Costes judiciales y multas por recurso abusivo

## *11. Indicadores de recepción de la norma por el juez*

### 11.1. Número de contenciosos medioambientales

- Constitucional
- Penal
- Administrativo
- Civil y comercial

### 11.2. Interpretación de la norma por el juez

- Existencia de interpretación *contra legem*
- Interpretación más o menos favorable para la protección del medio ambiente

### 11.3. Poderes del juez

- Medidas cautelares y suspensión de daños ambientales
- Experiencia del juez
- Poder de requerimiento del juez
- El poder de reforma del juez

### 11.4. Ejecución de las decisiones de justicia

Como podemos constatar, en esta lista se encuentran indicadores que se refieren a la existencia misma de la norma, indicadores formales, substanciales, institucionales y de control de aplicación. Particularmente están presentes los indicadores procedimentales y aquellos vinculados a los controles jurisdiccionales.

En definitiva, lo ideal sería utilizar esa escala detallada de once criterios de efectividad. Pero es evidente que formular preguntas que correspondan a cada criterio y subcriterio implicaría una cantidad de trabajo considerable. Algunas preguntas implican respuestas de "si" o "no", fácilmente medibles, otras son abiertas y cualitativas y deben formularse de manera adecuada para que sean cuantificables.

Pero la cantidad y el peso exclusivo que se le da a los elementos estrictamente jurídicos únicamente, es el mayor obstáculo que impide la utilización de esos once criterios. El detalle de los indicadores que corresponde a cada una de las etapas del proceso jurídico de aplicación es tal que las personas que deben responder estarían siempre desamparadas y desanimadas, lo que definitivamente distorsionaría la confiabilidad de los resultados. Además, al no tener en cuenta lo que hemos llamado criterios de efectividad no jurídicos, estamos al margen de la realidad social sobre el terreno, que sin embargo forma parte de la aplicación del derecho. Más allá de sus términos, el derecho no es una abstracción, está en la sociedad y forma parte de la sociedad. Evaluar la efectividad del derecho sin tomar en cuenta los factores sociales, culturales o económicos, conduce a hacer una evaluación errónea. Porque incluso si nos limitamos al proceso de efectividad, sin abordar los resultados ambientales, los factores extrajurídicos están efectivamente presentes y pueden impedir o distorsionar las condiciones jurídicas de aplicación del derecho.

Por esas razones escogimos renunciar a esa escala de indicadores y limitarnos de manera más modesta, pero con mayor eficacia, solamente a seis familias de indicadores retomando las principales categorías detalladas en la lista de los once indicadores. Esta última lista también se podrá utilizar para redactar algunas preguntas que se harán en relación con las seis familias seleccionadas.

Las seis familias de criterios de efectividad se pueden explicar ilustrando cada vez el significado que se les da mediante preguntas modelo hipotéticas.

## 1. Criterio existencial y/o fuentes jurídicas del ámbito del derecho de que se trata

Para que una norma sea efectiva primero tiene que existir. Es evidente. Cuando la evaluación se refiera a un texto jurídico, se establecerá su existencia identificando sus fuentes jurídicas: ¿cuáles son los fundamentos jurídicos de ese texto (convenio internacional, resolución o recomendación internacional, constitución, ley, decreto, circular, convenio o acuerdo privado, norma ISO, plan, programa, jurisprudencia, etc.)? ¿Se trata de un acto unilateral, contractual? ¿De un instrumento de planificación?

Cuando la evaluación se refiera a un problema o a una pregunta, se buscará en el origen de la acción estudiada la existencia y la visibilidad de un acto jurídico o de un instrumento político o programático. ¿Existe un derecho específico directo o indirecto que constituya el fundamento de ese problema o de esa pregunta? También, ¿cuáles son sus fuentes tanto de *hard law* duro como de *soft law*? ¿Bajo qué forma (declaración política, compromiso voluntario o recomendación internacional)? En una palabra, ¿cuál es el origen formal y/o informal de la pregunta objeto de la evaluación?

## 2. Criterio de aplicabilidad

Para que una norma sea efectiva debe ser jurídicamente aplicable con una fuerza más o menos grande. Es una condición de su aplicabilidad, es decir, del hecho que esta pueda ser invocada al mismo tiempo por la administración y por los particulares. En primer lugar, la aplicabilidad se constata sobre la base de las modalidades procedimentales según la manera en que esta se haga pública (en carteles, publicación, notificación). Su aplicabilidad también puede estar condicionada por la divulgación de los textos de aplicación. Se harán las siguientes preguntas: si la norma estudiada tiene su base en una ley, ¿existe un texto de aplicación? ¿A qué nivel: nacional o local? ¿Existen plazos? ¿Existen requisitos de procedimiento para su aplicación? ¿Se necesita una publicación?

Para que una norma sea aplicable también debe ser jurídicamente válida. Se trata por lo tanto de su legalidad. ¿Existe un control de legalidad o de constitucionalidad? ¿Cuándo? ¿*A priori* o *a posteriori*? Cuando la norma ambiental está en conflicto con otras normas, ¿existe un informe de conformidad, compatibilidad o de consideración? ¿Cómo? ¿Existe primacía del orden jurídico internacional? ¿La norma internacional tiene un efecto directo en el derecho nacional para que tenga validez?

## 3. Criterio sustancial

Para que una norma sea efectiva debe tener un contenido más o menos preciso o general. ¿Se trata de principios generales o de normas detalladas? ¿Cómo está formulado el contenido de la norma? ¿Qué prevé? ¿Qué prohíbe? ¿Qué autoriza? ¿Es una norma de progreso o de regresión?

Tratándose de un documento dividido en varios artículos, se pueden hacer preguntas sobre cada artículo o solamente sobre algunos artículos importantes seleccionados.

## 4. Criterio orgánico o institucional

Para que una norma sea efectiva, las instituciones adecuadas deben aplicarla disponiendo de suficientes recursos de personal y presupuesto. ¿Existen esas instituciones? ¿A qué nivel territorial? ¿Cómo están organizadas? ¿Cuáles son sus recursos humanos, técnicos, científicos, financieros?

## 5. Criterio de los controles de aplicación

Para que una norma sea efectiva debe ser aplicada realmente. Esta debe someterse a varios controles en su aplicación. Esos controles son de tres tipos: controles administrativos, controles jurisdiccionales y controles públicos.

¿Existen órganos de control administrativo con inspectores? ¿Cuántos son? ¿Se trata de una policía general o especial? ¿Existen sanciones penales? ¿Sanciones administrativas? ¿Se utilizan? ¿Cómo? ¿Existen recursos contra las sanciones?

¿Los recursos jurisdiccionales están abiertos a las ONG? ¿Se ejecutan las decisiones de los jueces? ¿Qué formas de control hace el público? ¿Existe un control de la convencionalidad de la constitución, de la ley, del reglamento?

### 6. Criterios que refuerzan y condicionan la efectividad

Para que una norma sea efectiva debe finalmente responder a exigencias y variables económicas, sociales y culturales. Aquí se trata de tomar en cuenta y de evaluar la influencia que pueden tener los criterios no jurídicos sobre la aplicación del derecho.

¿La norma o la pregunta estudiada es conocida? ¿Se puede entender y leer? ¿Es demasiado técnica? ¿Está burlada por la corrupción? ¿Es compatible con las costumbres o la cultura local? ¿Responde a las expectativas de la población? ¿A las creencias? ¿Va en contra de los comportamientos habituales?

En resumen, las preguntas que se deben hacer a título de ese sexto criterio de efectividad dependen del contexto político, socioeconómico, cultural, internacional, nacional o local. El objetivo es identificar los obstáculos no jurídicos para la aplicación efectiva del derecho.

## D. Fases que conducen a la formulación de indicadores jurídicos en los cuestionarios

Diseñar y utilizar indicadores jurídicos exige seguir un proceso de elaboración riguroso que tiene 12 fases.

### 1. Implementación por un comité de expertos

Ese comité debe estar formado por un máximo de 10 a 15 miembros que posean conocimientos jurídicos y científicos, de los cuales dos tercios serán juristas, con conocimiento o experiencia en el derecho ambiental. Los juristas podrán ser profesores de derecho, magistrados, abogados, juristas de una administración del medio ambiente, juristas de ONG ambientalistas. Los no abogados podrán ser estadísticos y matemáticos familiarizados con el dominio de los indicadores, sociólogos, politólogos, historiadores. Los miembros tendrán un número impar para el caso de que las decisiones necesiten una votación por falta de consenso. Para la búsqueda de documentos o de datos, ese comité podría estar asistido por un grupo de tres a cinco investigadores, juristas ambientalistas, tales como estudiantes de doctorado en derecho ambiental.

Considerando el trabajo que debe realizar ese comité y la nueva naturaleza del ejercicio, será necesario organizar sesiones de formación y de explicación durante las primeras reuniones del comité con el fin de evitar que en el camino haya cuestionamientos que pongan en duda la finalidad del ejercicio, su objeto o su programación.

## 2. Selección del ámbito que se va a evaluar o perímetro de la medición

El comité determinará el o los campos de evaluación de la efectividad. Considerando la importancia del campo que abarca el medio ambiente, es evidente que no será posible medir el cumplimiento de toda la legislación ambiental. La aplicación del derecho es más o menos compleja en función de los ámbitos considerados, bien sea por su carácter científico, o por la complejidad del propio texto jurídico. Por lo tanto, será conveniente escoger el campo que se va a evaluar en función de determinados criterios: actualidad del tema, solicitud política o demanda social. Se favorecerán los campos en los cuales se sabe que existen problemas de aplicación.

Una vez escogido el ámbito del derecho, se tendrá que definir el campo territorial de la evaluación, internacional, nacional, regional o local, que pueda estar condicionado por la opción del área en cuestión.

Se puede considerar que el comité de expertos proceda a hacer una clasificación de diversos campos ambientales por orden de importancia o de urgencia para definir los que se abordarán de manera prioritaria.

## 3. Inventario de fuentes aplicables del derecho

Todas las fuentes del derecho que puedan ser aplicadas en el campo de la evaluación escogido deberán ser identificadas con precisión. Se tratará de derecho internacional, de derecho regional, de derecho nacional, en particular los actos de traducción jurídica del derecho internacional. Los documentos políticos o declarativos nacionales e internacionales también deberán ser tomados en consideración, incluso si no son jurídicamente vinculantes.

No será necesario retomar cada una de esas fuentes durante la redacción de las preguntas del cuestionario. El comité de expertos deberá hacer una selección de las fuentes más esenciales. El inventario de la selección servirá luego para formular algunas preguntas.

Se podrá solicitar al comité de expertos que, a título indicativo y con el fin de orientar mejor la redacción de las preguntas, le dé un número de orden a las fuentes de derecho aplicables, del 1 al x, según la importancia que el comité de expertos le otorgue a cada fuente a partir de su contribución a la efectividad del campo a evaluar.

## 4. Elaboración del cuestionario por identificación y formulación de preguntas

Cuando el contenido de las seis familias de criterios se haya explicado bien y previamente al comité de expertos, este procede a identificar por familia las preguntas y subpreguntas pertinentes que se harán a los actores implicados en la aplicación del derecho. Es inminente tener siempre presente el objetivo final: medir la efectividad de la aplicación del derecho. La manera de formular las preguntas deberá permitir enseguida medir matemáticamente las respuestas. Por esta razón en la parte VI de esta obra se dan consejos particulares sobre este tema.

Se formulará una pregunta cerrada con una única opción para permitir la medición de la efectividad para cada criterio. En caso de ser necesario, un criterio podrá requerir que la pregunta sea formulada en subpreguntas para medir una alternativa o una combinación de modalidades de aplicación efectiva del derecho.

Es esencial que el comité de expertos adopte una posición común por consenso para cada pregunta y subpregunta, lo cual implica mucho tiempo. De lo contrario se procederá a una votación.

## 5. Definición de la escala de gradación de las respuestas a las preguntas

Cada una de las preguntas y subpreguntas implica una sola respuesta que no puede ser motivada. Esta es el resultado del conocimiento del problema por la persona interrogada o de su sentimiento o de su ignorancia. Las posibles respuestas están ordenadas según una escala de valores asignados a cada respuesta. El valor más alto se le da a la respuesta que traduce la efectividad más grande. Las respuestas son: si, a menudo, a veces, ocasionalmente, no, no sé. El comité de expertos escoge aquellas que guarda y se pone de acuerdo sobre el valor que le dará a cada respuesta: esta es la gradación en la opción de las respuestas.

## 6. Ordenación de las preguntas y subpreguntas

Acá es conveniente revisar en cada una de las seis familias de criterios todas las preguntas y subpreguntas para ordenarlas, tanto con el propósito de una mejor comprensión, y como siempre, con la perspectiva de la mayor efectividad. Esto puede eventualmente llevar a cambiar el orden inicial de las preguntas.

Durante esta misma fase, se verificarán las posibles opciones de respuestas para cada pregunta y subpregunta.

## 7. Ponderación de las preguntas y subpreguntas

Se trata de evaluar el peso o la importancia de la pregunta y subpregunta con respecto a otras preguntas de la misma familia de criterios. El comité de expertos decide sobre dicha evaluación, que se puede hacer en una escala de 10 a 1 (de más a menos importante), con miras a la futura medición de la efectividad. En efecto, el comité evaluará la importancia relativa de cada pregunta como factor de efectividad en la aplicación del derecho.

Se entiende que es una evaluación subjetiva pero matizada por una adopción por consenso después de un debate o, si fuera necesario, por votación. De esta manera se obtiene una escala cuantitativa de la efectividad que reposa sobre la evaluación que hacen los pares de la importancia de la fase de aplicación del derecho objeto de la pregunta. Las preguntas o subpreguntas pueden tener el mismo peso dentro de una misma familia de criterios.

No se comunican los resultados de esta ponderación a las personas que responderán el cuestionario pues esto podría influenciar sus respuestas.

Se debe considerar que la ponderación es el reflejo de una evaluación de abogados expertos de aquello que es más o menos necesario para que el derecho sea aplicado efectivamente por aquellos que lo deben respetar.

## 8. Ponderación de las familias de criterios

En el mismo sentido, el comité de expertos procederá a la ponderación entre las seis familias de criterios. Se trata de expresar una relación traducida en porcentaje, considerando la importancia entre las familias. El porcentaje más alto determina la familia de criterios considerada más importante para garantizar la efectividad del tema en cuestión. Por el contrario, el porcentaje más bajo determina la familia de criterios considerada como la menos importante. La suma de las seis familias es igual al 100 %. Por supuesto, las seis familias de criterios pueden considerarse de igual importancia para garantizar la efectividad del derecho. A cada familia se le asignará entonces la misma proporción de 1/6.

De nuevo, dicha ponderación no se dará a conocer a las personas interrogadas. Esta es únicamente el reflejo de la opinión derivada de la experiencia de los expertos jurídicos.

## 9. Validación de los cuestionarios

Luego de un examen final crítico, el comité de expertos validará el o los cuestionarios. Estos irán acompañados de una nota explicativa dirigida a las personas interrogadas. Dicha nota presentará de manera sucinta la importancia de los indicadores jurídicos, explicará los elementos esenciales de la metodología utilizada como también la razón de ser del cuestionario que les es suministrado.

## 10. Diseño del panel de encuestados

Será conveniente crear un panel de encuestados que sea lo más representativo de todas las categorías de actores implicados en la aplicación efectiva de la norma o del problema elegido. De igual manera la composición de ese panel variará según el ámbito del derecho ambiental seleccionado.

Aquí se utiliza la metodología practicada por el *World Justice Project* y el *Rule of Law Index*, que consiste en recurrir a personas especialmente calificadas para evaluar el cumplimiento del derecho (*qualified respondents questionnaire*).

Un panel modelo estará compuesto por 15 a 17 personas seleccionadas de forma meticulosa entre los actores del proceso jurídico de aplicación del derecho. Estará compuesto en función del ámbito de derecho evaluado.

Necesariamente incluirá: (i) un funcionario de la administración del medio ambiente implicado en la aplicación del derecho en cuestión; (ii) un inspector medioambiental (por lo tanto al menos dos representantes de la administración a cargo de la ejecución de la norma); (iii) uno o dos representantes de los destinatarios de la norma quienes, según el campo considerado, serán un agricultor, un industrial, un artesano o un comerciante; (iv) dos o tres representantes de grupos de interés (cámara de industria, cámara de comercio, federación de cazadores o pescadores, propietarios forestales, etc.); (v) dos representantes de ONG de defensa del medio ambiente (una nacional, una local o regional); (vi) cuatro representantes de profesiones jurídicas (un abogado, un juez penal, un juez civil, un juez administrativo); (vii) un representante de una empresa consultora que trabaje sobre el medio ambiente; (viii) un profesor de derecho ambiental (lógicamente que no sea miembro del comité de expertos); (ix) dos representantes electos (uno nacional y uno local o regional).

Es ideal que institutos profesionales de encuestas puedan realizar el panel de encuestados reproduciendo a gran escala la composición presentada aquí arriba.

La encuesta puede ser realizada según el campo del derecho considerado, bien sea a nivel internacional, nacional, regional o local.

## 11. Planeamiento y desarrollo de la encuesta

Si es posible, la encuesta se llevará a cabo mediante entrevistas directas que permitan movilizar y orientar mejor a los encuestados, siempre que los encuestadores jurídicos reciban una formación previa para llevar a cabo dichas encuestas.

De lo contrario, la encuesta se realizará por correo electrónico, con el riesgo de una tasa de respuesta baja, a no ser que previamente las personas encuestadas hallan recibido una información explicativa sobre el objetivo de la encuesta y sobre el proceso de evaluación de la efectividad del derecho por medio de indicadores jurídicos.

### 12. Manejo de cuestionarios e interpretación de los resultados

La recolección de respuestas se efectúa por medio de una operación matemática en las condiciones descritas más adelante (parte VI).

Los resultados de la medición de la efectividad deberán ser examinados por el comité de expertos, el cual deberá formular un diagnóstico, poner en evidencia los progresos constatados y hacer las recomendaciones dirigidas a los poderes públicos y a los actores interesados en realizar las mejoras y reformas que se impongan.

## E. Ilustración de cuestionarios estándar utilizables

Aquí nos limitaremos a presentar las ilustraciones de modelos de cuestionarios que formulen los indicadores jurídicos sin que se haya podido realizar una «medición» del peso respectivo de esos indicadores, lo cual habría requerido un trabajo posterior con la contribución de matemáticos. Con ese fin, en la parte VI se darán pistas explicativas y metodológicas sobre el método de medición y su representación gráfica.

En el marco de una investigación realizada en 2017 por el IFDD, se hizo un experimento que consistió en elaborar cuestionarios que permitían evaluar la efectividad del derecho ambiental en África. Se probaron en total 17 cuestionarios que incluían indicadores en cuatro países africanos francófonos: Benín, Camerún, Madagascar y Túnez. Ocho eran sobre el derecho internacional y nueve sobre el derecho nacional. A falta de la creación de un comité de expertos, en el experimento participaron expertos individuales y especialistas en derecho ambiental de esos países[324]. Del 5 al 9 de febrero de 2018 se realizó una validación durante un seminario en Yaundé (Camerún).

Los indicadores jurídicos permiten evaluar y medir bien sea preguntas generales o preguntas especiales de derecho ambiental.

---

324 Benín: Pulchérie Donoumassou Siméon; Camerún: Parfait Oumba; Madagascar: Saholy Rabelisoarajo; Túnez: Leila Chikhaoui. Todos representan a sus países en el Centro Internacional de Derecho Ambiental Comparado.

## 1. Indicadores jurídicos generales

Los indicadores jurídicos generales se refieren al derecho internacional convencional, al derecho internacional de los ODS de 2030 y al derecho nacional.

### *a) En derecho ambiental internacional convencional*

Aquí se tratan de evaluar los aspectos jurídicos que contribuyen a una aplicación efectiva de las exigencias jurídicas impuestas por los convenios internacionales. Para completar, deberían formularse paralelamente otros aspectos relacionados con la efectividad de los principios generales del derecho internacional, tales como la costumbre internacional, los instrumentos de *soft law*, la jurisprudencia internacional y las conclusiones de los comités de cumplimiento de las obligaciones contenidas en los convenios internacionales. Constatamos que los trabajos sobre la efectividad del derecho ambiental se enfocaron más sobre el derecho internacional que sobre el derecho nacional. Por ese motivo, después de nuestras propias propuestas, nos referimos a los indicadores formulados por otro lado por P. Sand (*supra*).

Los indicadores se formulan de forma simplificada en cuestionarios organizados en torno a las seis familias de criterios. Estos deberían ser respondidos por expertos jurídicos familiarizados con el vocabulario utilizado en el derecho internacional (abogados, jueces, administradores, profesores de derecho, juristas de ONG). Esta primera lista de indicadores pretende evaluar los mecanismos y procedimientos formales que permiten considerar que el tratado evaluado se aplica efectivamente y no es un tratado de papel. La respuesta de "sí" o "no" permite un tratamiento sencillo y rápido. Aquí no se aborda el fondo del derecho.

Dependiendo de los casos, la posible respuesta a las preguntas y a las subpreguntas será: si, no, a veces, no sé.

i) En el plano institucional

| | |
|---|---|
| – Secretaría: | existencia |
| – Conferencia de las Partes: | existencia |
| | poder para adoptar recomendaciones |
| | poder para emitir sanciones |
| – Punto focal: | existencia |

ii) Control de la aplicación del tratado

| | |
|---|---|
| – Informes periódicos: | obligatorios |
| | publicados por la secretaría |
| | transmitidos a las Partes |
| | publicados por el Estado en cuestión |
| | evaluados por la secretaría |
| | evaluados por un comité de expertos |
| – Comité de aplicación: | existencia |
| | miembros representantes de los Estados |
| | miembros independientes |
| | remisión al comité por parte de los Estados |
| | remisión al comité por parte de la secretaría |
| | remisión al comité por parte de las ONG |
| | remisión al comité por parte de particulares |
| | seguimiento de las decisiones del comité por el comité |
| | seguimiento de las decisiones del comité por la COP |
| | asistencia técnica prevista para la aplicación |

iii) Solución de controversias

- Arbitraje
- Recurso ante la Corte Internacional de Justicia

Los criterios propuestos por Peter Sand en 1992[325] son mucho más ambiciosos pues estos tratan al mismo tiempo la forma y el fondo de los tratados evaluados.

### *b) En materia de objetivos del desarrollo sostenible (ODS 2030)*

Tomando en cuenta la importancia política, estratégica y financiera de los ODS adoptados en septiembre de 2015[326] por las Naciones Unidas y debido al seguimiento de su aplicación tanto a nivel internacional y regional como a nivel nacional, es seguro que las herramientas de dicha aplicación pasan por el derecho, en particular del medio ambiente. De todas maneras, anotaremos que las metas de los 17 ODS solo le dan al derecho un lugar menor. Únicamente los derechos humanos y el Estado de Derecho se mencionan como derechos fundamentales. Pero en general se menciona poco el derecho ambiental. Sin embargo, las Naciones Unidas acompañan el seguimiento de los ODS mediante indicadores creados especialmente para ese fin. Por lo tanto, después que su marco global hubiera sido aprobado por el Consejo Económico y Social de las Naciones Unidas, el 7 de junio de 2017, existe una lista de "los indicadores mundiales" de los ODS que se actualiza y revisa periódicamente.

El asunto de saber si los indicadores deben ser globales, es decir mundiales, o nacionales, fue objeto de un acalorado debate con respecto a los ODM y posteriormente en relación con los ODS, ya que los estadísticos sostienen, con justa razón, que los indicadores acordados a nivel mundial deben ser utilizados por todos los Estados para poder obtener datos comparables. Algunos países que no tienen los recursos humanos y financieros (bastante considerables) para ajustarse al marco global de los indicadores adoptados en 2017 por la Asamblea General de las Naciones Unidas, presionan para utilizar indicadores "alternativos" que se dan a sí mismos y que son bastante más económicos. Esos países aparentemente tuvieron un resultado exitoso en marzo 2020, durante la 51 reunión de la Comisión de Estadística que parece haber abierto la puerta a los indicadores "alternativos" nacionales, lo cual criticó el director de estadísticas de la FAO, Sr. Gennari, debido a que eso puede representar un retroceso en términos del nivel de exigencia de la aplicación de los ODS[327]. La FAO había sido criticada en el pasado por haber aceptado, bajo la presión de algunos Estados, suavizar

325 P. Sand, *La Efectividad de los Acuerdos Ambientales Internacionales*, *op. cit.*

326 Resolución 70/1 de la Asamblea General de las Naciones Unidas del 25 de septiembre de 2015 (A/RES/70/1).

327 P. Gennari y D. Kalamvrezos Navarro, «A bold call for action needed on measuring SDG indicators», *IISD*, 28 de abril de 2020.

algunos criterios de evaluación del área y de la densidad de los bosques en el mundo sobre la base de indicadores "alternativos" nacionales o regionales.

Los indicadores "alternativos" nacionales, en ese caso, pueden implicar cualquier tipo de indicador y entonces podrían ser indicadores jurídicos a nivel nacional. En 2020 cuando la Comisión de Estadística evoca los indicadores "complementarios", esta retoma una terminología utilizada por la Asamblea General de la ONU en resoluciones relativas a los ODS. Por consiguiente, la Comisión de Estadística "reiteró que la aplicación del marco de indicadores mundiales es un proceso voluntario e impulsado por los países y que, en el plano nacional, se elaborarán indicadores alternativos o complementarios para el seguimiento a nivel nacional y subnacional, sobre la base de las prioridades, realidades, capacidades y circunstancias nacionales"[328]. Esos indicadores complementarios son indicadores nuevos, negociados y aceptados por la Comisión de Estadística que podrían ser también de naturaleza jurídica. Pueden ser de sustitución, revisión, adición o supresión.

Nuestra investigación sobre los indicadores jurídicos ambientales debería permitir completar la lista de indicadores reafirmando el lugar del derecho ambiental como herramienta operacional del desarrollo sostenible.

Algunos de los 17 ODS tienen más relación con el medio ambiente y requieren el uso de instrumentos jurídicos de aplicación, a saber los ODS 2, 3, 6, 7, 11, 12, 13, 14, 15 y 16.

Durante la prueba piloto realizada en 2017 y publicada por el IFDD en 2018, solicitamos a los cuatro expertos nacionales proponer indicadores jurídicos específicos para las metas que necesitaban claramente instrumentos jurídicos para su aplicación. Encontraremos sus propuestas para Benín, Camerún, Madagascar y Túnez en los anexos 5 a 8 de la obra de 2018[329] mencionada anteriormente.

Durante un seminario realizado en el 2020 en el marco de la Cátedra de Normandía para la paz de Caen, un grupo internacional de investigadores, reunidos por videoconferencia debido a la pandemia, elaboró un cuestionario. Este se refiere al ODS 14 sobre los océanos, "Conservar y explotar de forma sustentable los océanos, los mares y los recursos marinos para el desarrollo sostenible".

En efecto, es interesante constatar que el derecho está muy presente dentro de los ODS 14. Todos sus objetivos implican tomar medidas jurídicas de aplicación:

328 Decisión 51/101, § e, adoptada por la Comisión de Estadística en su 51.° sesión, 3-6 de marzo de 2020, E/CN.3/2020/37.

329 *Op. cit.*, pp. 115–159.

- 14.1: «[. . .] prevenir y reducir [. . .]»;
- 14.2: «[. . .] tomar medidas [. . .]»;
- 14.4: «[. . .] reglamentar [. . .]»;
- 14.5: «[. . .] derecho nacional e internacional [. . .]»;
- 14.6: «[. . .] prohibir [. . .] eliminar [. . .]»;
- 14.b: «[. . .] garantizar [. . .]»;
- 14.c: «[. . .] derecho internacional [. . .] marco jurídico [. . .]».

Algunos indicadores propuestos más o menos evocan el recurso al derecho:

- 14.2.1: «[. . .] zonas económicas exclusivas [. . .]»;
- 14.5.1: «[. . .] áreas marinas protegidas [. . .]»;
- 14.6.1: «[. . .] instrumentos internacionales [. . .]»;
- 14.a.1: «[. . .] presupuesto total [. . .]»;
- 14.b.1: «[. . .] marco jurídico [. . .] derecho de ingreso [. . .]»
- 14.c.1: «[. . .] ratificación [. . .] marco jurídico [. . .] institucional [. . .] derecho internacional [. . .] derecho del mar [. . .]».

### *c) En derecho ambiental nacional*

Debido a la gran cantidad de tratados internacionales que hay sobre el medio ambiente, es conveniente considerar primero el asunto importante de la efectividad del derecho internacional en derecho nacional, que se refiere al mismo tiempo a la ratificación, incorporación, aplicación, a la implicación de las ONG y del público y a la costumbre internacional. Hemos agregado indicadores no jurídicos que ponen trabas a la aplicación de los tratados en los Estados.

A continuación, propondremos dos enfoques que pueden ser complementarios en condiciones que validen los pares, tomando en cuenta las modalidades de «medición» de los indicadores que se decidirán posteriormente.

i) Evaluación de la efectividad del derecho internacional en derecho nacional

Según los casos, la respuesta sugerida será por opción: si, no, a veces, con condiciones, no sé.

1. *Ratificación:*
   - ¿La ratificación siempre exige una ley?
   - ¿Generalmente el procedimiento de ratificación es largo o corto?
   - ¿La ratificación debe estar precedida por un control de constitucionalidad del tratado?
   - ¿La aplicabilidad del tratado exige su previa publicación en el diario oficial?

2. *Incorporación al derecho nacional:*
   - ¿La primacía del derecho internacional sobre el derecho nacional está en la constitución?
   - ¿Dicha primacía es reconocida por los jueces?
   - ¿Dicha primacía conlleva a que los tratados se consideren siempre de efecto directo (*self executing*)?
   - ¿Dicha primacía depende del carácter preciso del contenido de los artículos del tratado en cuestión?
   - ¿La ratificación implica, jurídicamente o de hecho, la previa adopción de una legislación interna de aceptación de las exigencias del tratado?
   - ¿La aplicación de un tratado exige siempre una ley de incorporación al derecho nacional?
   - ¿La ley o los textos de incorporación están precedidos por endosos que mencionen el tratado incorporado?

3. *Aplicación nacional de los tratados:*
   - ¿La buena aplicación de los tratados en derecho nacional es un indicador de promoción de la democracia?
   - La aplicación se le confía:
     ✓ ¿al ministerio de relaciones exteriores?
     ✓ ¿al ministerio del medio ambiente?
     ✓ ¿a los dos ministerios?
   - ¿Adopción de las normas técnicas impuestas por el convenio?
   - ¿Existe un servicio especial de seguimiento para cada tratado?
   - ¿Existe un dispositivo de evaluación de la aplicación del tratado?
   - ¿Existe una estructura de coordinación de la aplicación de los tratados?
   - ¿Existen problemas relacionados con la interpretación del tratado?
   - ¿Se han designado los puntos focales nacionales exigidos para cada convenio?
   - ¿Los puntos focales están coordinados?
   - ¿Existen mecanismos de seguimiento de las resoluciones y decisiones de las conferencias entre las partes?
   - ¿Existe un control de conformidad de las leyes a los tratados?
   - ¿Existe un control de conformidad de los actos administrativos a los tratados?
   - ¿Los jueces nacionales están formados para aplicar los tratados?
   - ¿Los abogados nacionales están formados para aplicar los tratados?

- ¿El acceso a los tribunales contra las decisiones que no respetan un tratado está abierto a todos?

4. *Implicación de las ONG y del público:*
   - ¿Las ONG y el público son destinatarios de las informaciones sobre la existencia y la aplicación de los convenios?
   - ¿Las ONG tienen dificultades para ser acreditadas en las conferencias de las Partes?
   - ¿Invitan a las ONG a formar parte de la delegación oficial a las conferencias de las Partes?

5. *Aplicabilidad de la costumbre en el derecho internacional:*
   - ¿Se reconoce la costumbre internacional en el derecho local?

6. *Otras condiciones de efectividad:*
   - ¿Cuáles son los obstáculos que impiden la aplicación nacional de los tratados sobre el medio ambiente? (ordene de 1 a 9, representando 1 un obstáculo mínimo, 9 un obstáculo importante):

     ✓ fácil lectura y comprensión del texto de los tratados o su divulgación;
     ✓ información sobre la existencia del tratado;
     ✓ acceso al texto del tratado;
     ✓ capacidad técnica;
     ✓ desconocimiento del inglés;
     ✓ costumbre local o creencia contraria;
     ✓ presión de grupos de interés para impedir la aplicación del tratado;
     ✓ conciencia de los conceptos universales relacionados con el medio ambiente mundial;
     ✓ ONG no interesadas.

ii) Evaluación general de la efectividad del derecho ambiental nacional

Acá proponemos una lista de indicadores que requieren una respuesta simple de “si” o “no”, que se medirá más adelante, precedida por una jerarquización. Se le anexaron indicadores no jurídicos que permiten evaluar las causas de la no efectividad del derecho. Este conjunto de indicadores permitirá dar una visión global de la efectividad del derecho ambiental en un Estado, con miras a determinar las prioridades de acción por medio de instrumentos jurídicos. Retuvimos tres entradas: las instituciones, los instrumentos jurídicos y la justicia.

1. *Instituciones:*
   - ¿Existe un ministerio del medio ambiente?
   - ¿Es competente sobre los bosques?
   - ¿Es competente sobre el agua?
   - ¿Es competente sobre la desertificación?
   - ¿Es competente sobre el medio ambiente urbano?
   - ¿Hay juristas en el seno del ministerio del medio ambiente? ¿Cuántos?
   - ¿Existe una comisión o un consejo nacional del medio ambiente?
   - ¿Dicho órgano es competente sobre el desarrollo sostenible?
   - ¿Existe una estructura de coordinación en materia ambiental entre los ministerios?
   - ¿Existen agencias especializadas en ciertos sectores del medio ambiente?
   - ¿La tutela sobre esas agencias está prevista jurídicamente?
   - ¿Hay representantes del ministerio del medio ambiente en el territorio?
   - ¿Hay juristas en esas representaciones locales?

2. *Instrumentos jurídicos:*
   - ¿Los planes relacionados con los asuntos ambientales están previstos en textos?
     ✓ Si es así, ¿esos planes tienen jurídicamente una fuerza obligatoria?
   - ¿Existe un código del medio ambiente?
   - ¿Si no es así, existe en su lugar una ley general del medio ambiente?
   - ¿Ese código o esa ley general se ocupa también del bosque?
   - ¿Ese código o esa ley general se ocupa también de las minas?
   - ¿La posesión de tierras es un obstáculo para las medidas medioambientales?
   - ¿La costumbre juega un papel en materia de medio ambiente?
     ✓ ¿En un sentido de protección del medio ambiente?

3. *Justicia:*
   - ¿Hay tribunales especiales del medio ambiente?
   - ¿El acceso a la justicia para todos está previsto en la constitución?
   - ¿Está permitido para las ONG?
   - ¿Hay decisiones de justicia sobre el medio ambiente?
   - ¿Son numerosas?
   - ¿Por qué no? (clasifique las opciones de 1 a 8, siendo 1 el menos importante y 8 el más importante):
     ✓ textos desconocidos;
     ✓ derechos desconocidos;

✓ exigencia previa de recursos administrativos;
✓ transacción;
✓ precio de la justicia;
✓ miedo de ir ante el tribunal;
✓ desconfianza en la justicia;
✓ recurso a tribunales consuetudinarios;

- ¿Existe la asistencia jurídica gratuita?
- ¿Se ejecutan las decisiones judiciales sobre el medio ambiente?

4. *Criterios no jurídicos que limitan la aplicación eficaz de la norma* (clasifique por orden de importancia, de más a menos):

- corrupción;
- clientelismo político;
- pobreza;
- inestabilidad política;
- inestabilidad administrativa;
- peso de las creencias;
- legística y mala redacción;
- tecnicismo de la norma;
- ausencia de ONG.

## 2. Indicadores jurídicos especiales

Dado que el desarrollo de indicadores jurídicos para el conjunto del derecho ambiental solo puede ser un amplio esfuerzo colectivo, se ha seleccionado arbitrariamente un número limitado de áreas de aplicación efectiva del derecho ambiental.

En derecho internacional, se trata de seis convenios: dos universales y cuatro regionales para los que se examina la efectividad de su aplicación en el derecho nacional.

En derecho nacional, se han mantenido los principios generales por tener un contenido menos técnico que las leyes especiales, y dos áreas especiales: las áreas protegidas y los estudios de impacto.

### *a) Aplicación nacional de algunos convenios ambientales internacionales*

Para todos los convenios, el modelo de indicadores es el mismo en la medida en que las preguntas jurídicas de efectividad sean siempre las mismas, salvo algunas excepciones. Proponemos sucesivamente como indicadores jurídicos los siguientes elementos: la existencia jurídica del convenio en derecho nacional; la aplicabilidad del convenio; el contenido orgánico de la aplicación; la evaluación de la aplicación de fondo; las condiciones institucionales y jurídicas de la aplicación; y finalmente los indicadores no jurídicos relacionados con los obstáculos encontrados.

Ese modelo de indicadores recae primero sobre la aplicación nacional de dos convenios universales: la Convención relativa a los humedales de importancia internacional especialmente como hábitat de aves acuáticas (Convención de Ramsar) y la Convención sobre la protección del patrimonio mundial cultural y natural (Convención de la UNESCO).

Enseguida se trata de evaluar la efectividad de cuatro convenios regionales en derecho nacional: el Convenio africano sobre la conservación de la naturaleza y los recursos naturales (Convenios de Argelia y de Maputo), el Convenio para la protección del medio marino y la región costera del Mediterráneo (Convenio de Barcelona), el Convenio relativo a la cooperación en materia de protección, gestión y desarrollo del medio marino y de las zonas costeras de la costa atlántica de la región de África Occidental, del Centro y del Sur (Convenio de Abiyán) y el Convenio para la protección, la gestión y el desarrollo del medio marino y de las zonas costeras de la región de África Oriental (Convenio de Nairobi). Podríamos incluir el Convenio regional para la conservación del medio ambiente del Mar Rojo y del Golfo de Adén (Convenio de Jeddah) en caso de que los países del Cuerno de África como Yibuti y las Comoras estén interesados.

Aparte de los aspectos formales e institucionales, preparamos preguntas específicas para cada artículo de cada convenio orientado sobre el fondo del derecho (contenido sustancial).

i) La existencia jurídica del convenio

- El Estado la:
  - ✓ ¿firmó?
  - ✓ ¿ratificó?
  - ✓ ¿publicó?

- ¿La publicación es una condición de la aplicación?
- ¿Otros indicadores sugeridos?

ii) ¿Es aplicable ese derecho?

- El convenio está incorporado en derecho nacional:

✓ ¿En un texto único específico?
✓ ¿En varios textos?
✓ ¿En ningún texto?

- ¿Incluso si no está incorporado, ese convenio tiene un efecto directo en derecho nacional?
- ¿Otros indicadores sugeridos?

iii) Contenido orgánico:

- instituciones previstas e implementadas;
- procedimientos previstos;
- ¿otros indicadores sugeridos?

iv) Contenido sustancial:

- Para cada artículo de fondo:
  ✓ ¿Se tomó una medida jurídica?
  ✓ ¿Se tomó parcialmente?
  ✓ ¿Ya existía?
  ✓ ¿No se tomó?
  ✓ ¿Otros indicadores sugeridos?

v) ¿Ese derecho está aplicado?

- ¿Instituciones encargadas del control: general, específica, inexistente?
- ¿Número de funcionarios afectados?
- Sanciones: ¿previstas; no previstas?
- Recurso abierto en caso de no aplicación: ¿previsto; no previsto?
- ¿Número de decisiones de justicia en relación con la aplicación del convenio?
- ¿Presupuesto asignado?
- ¿Otros indicadores sugeridos?

vi) Otros factores que limitan la aplicación: (numere en el orden de 1 a 5, 1 el menos, 5 el más)

- corrupción;
- pobreza;
- inestabilidad política;
- costumbre local;
- legística, mala redacción;
- ¿otros indicadores sugeridos?

En lo referente al contenido de fondo del punto iv, hay que precisar que cada pregunta realizada se refiere únicamente a la aplicación formal del artículo del tratado en cuestión. Evaluar la adecuación científica del contenido del artículo del tratado con la medida nacional de aplicación requeriría unos conocimientos cruzados de científicos y juristas. Normalmente la llevan a cabo la secretaría de los convenios y los comités de cumplimiento de la aplicación del convenio, cuando estos existen.

Para cada convenio seleccionamos los artículos para los cuales se han previsto indicadores de aplicación:

- Convención de Ramsar: artículos 1 al 5;
- Convención de la UNESCO: artículos 1 al 6;
- Convenio de Argelia: artículos 2 al 5; Convenio de Maputo: artículos 2 al 21;
- Convenio de Barcelona: artículos 1 al 15;
- Convenio de Abiyán: artículos 1 al 11 y el 13;
- Convenio de Nairobi: artículos 1 al 10 y el 13.

### *b) Evaluación de la efectividad del derecho nacional*

Hemos escogido cinco campos de evaluación relativos a principios generales en las leyes y la jurisprudencia: el medio ambiente en la constitución; el derecho a la información; el derecho a la participación del público; el acceso a la justicia en materia ambiental; y el principio de no regresión.

Además, dos campos sectoriales de evaluación se incluyen: las áreas naturales protegidas y los estudios de impacto de proyectos y actividades perjudiciales para el medio ambiente.

Los indicadores tratan de responder a las siguientes seis preguntas cada vez, las cuales corresponden a las seis familias de criterios examinadas anteriormente:

- ¿El derecho en cuestión existe?; ¿cuáles son sus fuentes?
- ¿Ese derecho es aplicable?
- ¿Cuál es su contenido de fondo?
- ¿Cuáles son su contenido orgánico y su marco institucional?
- ¿Ese derecho es objeto de un control efectivo de su aplicación por parte de la administración, por el juez, por el público?
- ¿Cuáles son los criterios no jurídicos que pueden explicar su no aplicación o su mala aplicación?

i) El medio ambiente en la constitución

1. *La existencia y las fuentes del derecho*

- La palabra "ambiental" aparece:
  - ✓ ¿En la constitución?
  - ✓ ¿En el preámbulo?
  - ✓ ¿En el cuerpo de la constitución?

2. *¿Ese derecho es aplicable?*
   - ¿Aparece en las disposiciones jurídicamente aplicables?
   - ¿La aplicación está condicionada por una futura ley?
   - ¿La aplicación está condicionada por una futura ley orgánica?
   - ¿Esa ley (o esas leyes) está (o están) siendo intervenida (o intervenidas)?

3. *Contenido orgánico*
   - Instituciones: ¿la constitución crea una institución o un consejo o comité sobre el medio ambiente?
   - Procedimientos: ¿la aplicación de la constitución exige la creación de procedimientos particulares?
   - La constitución le da competencias al parlamento sobre:
     - ✓ ¿El medio ambiente?
     - ✓ ¿Los principios fundamentales únicamente?
   - ¿La constitución pone a disposición de los ciudadanos un derecho de petición o de reclamo?
   - ¿Ese derecho se limita a los asuntos ambientales?

4. *Contenido sustancial*
   - La constitución se refiere a los siguientes principios:
     - ✓ ¿Prevención?
     - ✓ ¿Precaución?
     - ✓ ¿Quien contamina paga?
     - ✓ ¿Reparación de los daños al medio ambiente?
     - ✓ ¿No regresión (pregunta hecha también en el cuestionario sobre los principios contenidos en las leyes)?
     - ✓ ¿Información?
     - ✓ ¿Participación?
     - ✓ ¿Acceso a la justicia?
     - ✓ ¿Deber de proteger el medio ambiente?
   - El fondo del derecho trata:
     - ✓ ¿El derecho al medio ambiente?
     - ✓ ¿El derecho de las futuras generaciones?

- ✓ ¿El desarrollo sostenible?
- ✓ ¿La educación y la formación?
- ✓ ¿La investigación?
- ✓ ¿La biodiversidad?
- ✓ ¿El cambio climático?
- ✓ ¿Los desastres?
- ✓ ¿Los desechos en el territorio nacional?
- ✓ ¿La prohibición de importación de desechos radiactivos?
- ✓ ¿La prohibición de importación de desechos peligrosos?

5. *En materia de medio ambiente, la constitución es aplicada por:*
   - ¿El juez constitucional?
   - ¿El juez civil?
   - ¿El juez penal?
   - ¿El juez administrativo?
   - ¿Las autoridades consuetudinarias?

6. *Criterios no jurídicos que limitan la aplicación efectiva*

Clasifique en orden de 1 a 5, siendo 1 el factor de menor impacto:

- corrupción;
- pobreza;
- inestabilidad política;
- legística y mala redacción;
- otros.

ii) El derecho a la información

1. *El derecho a la información sobre el medio ambiente aparece:*
   - ¿En una ley?
   - ¿En un decreto?

2. *Ese derecho es jurídicamente aplicable:*
   - ¿En general por la remisión al derecho a la información?
   - ¿Mediante un texto especial de aplicación?
   - ¿Por medio de la costumbre?

3. *Contexto orgánico del ejercicio de ese derecho y procedimientos:*
   - ¿Existe una institución nacional especializada para el seguimiento?
   - ¿En cada servicio administrativo sobre el medio ambiente, existe un agente encargado de la información?
   - ¿A la administración se le da un plazo para responder?

- ¿Se debe solicitar la información primero a un órgano especializado?

4. *Contenido sustancial:*
   - ¿Se enumeran los secretos protegidos?
   - ¿Tiene que estar motivada la negativa a dar una información?
   - ¿Se puede comunicar la información sobre las actividades peligrosas?
   - ¿Se puede comunicar el nivel de contaminación de las empresas?
   - ¿Se pueden comunicar los informes de los inspectores de la administración?
   - ¿Se pueden comunicar los documentos preliminares?
   - ¿Se pueden comunicar los documentos inconclusos?
   - ¿Se pueden comunicar los planes de emergencia en los sitios peligrosos?

5. *¿Se aplica de manera efectiva ese derecho?*
   - ¿Existen estadísticas sobre el número de solicitudes y de respuestas?
   - ¿Esas estadísticas son periódicas?
   - ¿Es posible recurrir a un tribunal contra los rechazos?
   - ¿El recurso está abierto a las ONG?
   - ¿Es admisible la suspensión o remisión urgente?
   - ¿Existe una jurisprudencia sobre el cumplimiento de ese derecho?
     ✓ ¿Esta es abundante?
   - ¿Hay que dirigirse con antelación a un órgano *ad hoc*?
   - ¿Es sancionable el rechazo ilegal a comunicar?
   - ¿Está sancionado el rechazo ilegal a comunicar?

6. *Criterios no jurídicos que limitan la aplicación del derecho a la información*

Clasifique por orden de importancia de 1 a 5, siendo 1 el factor de menor impacto:

- corrupción;
- ignorancia de los ciudadanos;
- mala voluntad de la administración;
- legística e impresión de los textos;
- ausencia de ONG;
- otras por especificar.

iii) El derecho del público a la participación

1. *El derecho del público a participar en materia ambiental aparece:*
   - ¿En la constitución?
   - ¿En una ley?
   - ¿En un decreto?
   - ¿En la jurisprudencia únicamente?
   - ¿En la práctica administrativa únicamente?

2. *Ese derecho es jurídicamente aplicable:*
   - ¿En general, por una remisión al derecho a la participación?
   - ¿Por un texto especial sobre el medio ambiente?

3. *Contexto orgánico del ejercicio de ese derecho, procedimientos y contenidos sustanciales:*
   - ¿Existe un departamento ambiental dedicado a la participación?
   - ¿El procedimiento de participación está abierto a las personas jurídicas?
   - ¿La participación permite a las ONG participar en organismos consultivos?
   - ¿Los expertos o personalidades calificadas están invitados a participar en organismos consultivos?
   - ¿Están invitados a participar en organismos de consulta los juristas ambientales?
     - ✓ ¿Con frecuencia o esporádicamente?
   - ¿La participación en la toma de decisiones se puede hacer por internet?
   - ¿La participación en la toma de decisiones se debe hacer exclusivamente por internet?
   - ¿Previo a las autorizaciones individuales, existe un procedimiento especial (del tipo encuesta pública)?
     - ✓ En caso afirmativo, cual es la duración de la participación: ¿< 10 días, o > 10 días?
   - ¿Existe un procedimiento de participación para la elaboración de textos reglamentarios sobre el medio ambiente?
     - ✓ Si es así, ¿la participación abarca todos los textos ambientales?
     - ✓ ¿En este caso, cuánto dura la participación?
   - ¿Existe un procedimiento de participación para la elaboración de planes y programas?

- ¿Existe un procedimiento de participación para la elaboración de leyes?
- ¿Existe un procedimiento de participación previa a la ratificación de los tratados?
- ¿Hay un responsable externo a la administración durante y después del proceso de participación?
- ¿La administración debe informar sobre el progreso de la participación?
- ¿La administración debe motivar su decisión tomando en cuenta la participación?
- El referendo en materia ambiental está previsto por los textos:
  - ✓ ¿A nivel nacional?
  - ✓ ¿A nivel local?
- ¿Ya ha sido utilizado?
- ¿El resultado estuvo a favor del medio ambiente?

4. *¿Ese derecho está aplicado con efectividad?*
   - ¿Un recurso contra un acto posterior a la participación del público es viable invocando la violación del procedimiento de participación?
   - ¿Ese recurso puede ser interpuesto por cualquier persona para que sea admisible?
   - ¿El recurso solo es admisible cuando el propio demandante es quien ha participado?
   - ¿Existe una jurisprudencia sobre la participación?
     - ✓ ¿Es extensa?
   - ¿Es necesario interponer un recurso ante la administración previamente?

5. *Criterios no jurídicos que limitan la aplicación del derecho en la participación*

Clasifique en orden de importancia de 1 a 5, siendo 1 el factor de menor impacto:

- corrupción;
- analfabetismo;
- ignorancia del público de su derecho a participar;
- temor del público de participar;
- legística e imprecisión de textos relativos a la participación;

- ONG sin disponibilidad de personal científicamente competente debido a la tecnicidad de los textos;
- ONG sin disponibilidad de juristas;
- administración reticente;
- ¿otros?

iv) Principio de acceso a la justicia en materia ambiental

1. *El principio de acceso a la justicia*
   - Se encuentra consagrado en general:
     ✓ ¿En la constitución?
     ✓ ¿En una ley?
     ✓ ¿Por la jurisprudencia?
   - Está consagrado particularmente para el medio ambiente:
     ✓ ¿En la constitución?
     ✓ ¿En una ley sobre el medio ambiente?
     ✓ ¿Por la jurisprudencia?
2. *Ese derecho es jurídicamente aplicable:*
   - ¿Se necesita un texto de aplicación?
   - ¿Existe ese texto?
3. *Contenido orgánico e institucional:*
   - ¿Existe un juez administrativo para los recursos contra la administración y el Estado?
   - ¿Antes de ir frente al juez, se requiere de un recurso preliminar ante una autoridad administrativa?
   - ¿Existe una fiscalía especial para las persecuciones penales sobre el medio ambiente?
4. *Contenido sustancial*
   - ¿El público está informado sobre su derecho a interponer un recurso?
   - Las ONG ambientalistas son admisibles:
     ✓ ¿Ante el juez administrativo?
     ✓ ¿Ante el juez civil?
     ✓ ¿Ante el juez penal?
   - ¿Los demandantes tienen que mostrar suficiente interés para actuar?
   - ¿Los demandantes tienen que alegar la vulneración de un derecho?

- ¿Es posible interponer un recurso contra una omisión o una abstención de la autoridad administrativa?
- ¿El juez puede dictar ordenes de restricción?
- ¿La justicia es rápida?
- ¿Los costos de la justicia son elevados?
- Las decisiones de los tribunales se publican:
  - ✓ ¿En versión impresa?
  - ✓ ¿En versión electrónica?

5. *¿Ese derecho se aplica efectivamente?*

- Hay estadísticas sobre las decisiones judiciales relativas al medio ambiente:
  - ✓ ¿Ante el juez administrativo?
  - ✓ ¿Ante el juez civil?
  - ✓ ¿Ante el juez penal?

6. *Criterios no jurídicos que limitan la aplicación del derecho de acceso a la justicia*

Clasifique por orden de importancia de 1 a 7, siendo 1 el factor de menor impacto:

- corrupción de los jueces;
- número de jueces;
- falta de ONG;
- complejidad del procedimiento;
- costo de los abogados;
- ignorancia de los demandantes;
- temor de ir ante la justicia;
- ¿otros?

v) El principio de no regresión ambiental

1. *El principio de no regresión existe en su derecho:*
   - ¿En la constitución?
   - ¿En una ley?
   - ¿Solamente en la jurisprudencia?

2. *¿Ese principio es jurídicamente aplicable?*
   - ¿Se necesita un texto de aplicación?
   - ¿El principio se considera únicamente como un objetivo político y no jurídico?

- ¿La oposición al principio está fundada sobre la idea de soberanía del parlamento?
- ¿La oposición al principio está fundada sobre el poder de derogar cualquier norma?

3. *Contexto orgánico:*
   - ¿Existen informes o estudios sobre el asunto?
   - ¿Ese principio tuvo declaraciones políticas favorables?

4. *Contenido sustancial:*
   - ¿Se refiere a todo el medio ambiente?
   - ¿Se refiere solamente a la naturaleza?
   - ¿Se refiere solamente a la lucha contra las poluciones?
   - ¿Se refiere al espacio urbano?

5. *¿Ese principio es aplicado efectivamente?*
   - ¿Hay ejemplos precisos?
   - ¿Existe una jurisprudencia?
   - ¿Dicha jurisprudencia favorece el principio?
   - ¿Dicha jurisprudencia desfavorece el principio?

6. *Criterios no jurídicos que limitan la aplicación del principio de no regresión*

Clasifique en orden de importancia de 1 a 7, siendo 1 el factor de menor impacto:

- desconocimiento del principio;
- oposición oficial al principio;
- oposición doctrinal al principio;
- oposición de los sectores económicos al principio;
- incomprensión del alcance del principio;
- miedo a bloquear cualquier avance;
- voluntad para mantener la flexibilidad y la libre adaptación de las nuevas situaciones.

vi) Áreas naturales protegidas

1. *Las fuentes jurídicas de derecho sobre las áreas naturales protegidas:*
   - ¿La constitución?
   - ¿Una ley especial?
   - ¿Una ley sobre el medio ambiente?

2. *¿Ese derecho es jurídicamente aplicable?*

- ¿Son necesarios textos de aplicación?
  - ✓ Si es así, ¿se los llevaron?
- ¿Se necesita un texto especial para cada área protegida?
- ¿Hay obstáculos relacionados con la tenencia de la tierra?
- ¿Hay obstáculos relacionados a la aplicación de la costumbre local?

3. *Contenido orgánico*
   - ¿A nivel nacional hay un control ejercido sobre las áreas protegidas:
     - ✓ ¿Por el ministerio del medio ambiente?
     - ✓ ¿Por un organismo nacional especializado?
   - Hay varias categorías de áreas protegidas:
     - ✓ ¿Cuántas?
     - ✓ ¿Están copiadas sobre el modelo de las categorías de la UICN?
   - ¿Su creación es competencia del gobierno central?
   - ¿Su creación es competencia de una autoridad local que represente al Estado?
   - ¿Su creación es competencia de una autoridad local elegida?
   - ¿Su creación contempla la participación del público (encuesta u otro)?
   - ¿La supresión de las áreas protegidas respeta el paralelismo de las formas?
   - ¿La supresión de un área protegida exige un acto jerárquicamente superior a aquel exigido para su creación?
   - ¿La supresión de áreas protegidas está prohibida?
   - ¿El procedimiento de supresión de un área protegida prevé la participación del público?
   - ¿La gestión del área protegida se realiza a nivel local?
   - ¿Se prevé un director?
   - ¿Se prevé un consejo de administración?
   - ¿Se prevé un consejo científico?

4. *Contenido sustancial:*
   - ¿La reglamentación aplicable en el área protegida es uniforme para cada una de las categorías?
   - ¿La reglamentación aplicable varía de un área protegida a otra?
   - ¿Son posibles las prohibiciones de ejercer ciertos derechos?
   - ¿Algunas actividades están sometidas a autorización?
   - ¿Se pueden imponer algunas obligaciones de hacer?

- ¿Está permitida la cacería dentro del área protegida?
- ¿Está permitida la pesca dentro del área protegida?
- ¿Está autorizada la deforestación?
- ¿Es posible la investigación científica en el área protegida?
- ¿La explotación de minas y canteras está permitida dentro del área protegida?
- ¿Las actividades afuera del área protegida pero contiguas pueden ser controladas?
- ¿Es obligatorio un plan de gestión?
- ¿Ese plan se debe revisar periódicamente?
- ¿Se impone a las actividades y planes locales?

5. *Controles de la aplicación:*
   - ¿Hay agentes locales de control?
   - ¿Ellos tienen la facultad de poner multas?
   - ¿Existen sanciones penales previstas en los textos?
   - ¿Estas se aplican?
   - ¿Hay sanciones administrativas?
   - ¿Estas se aplican?
   - ¿Hay un contencioso sobre las áreas protegidas?

6. *Criterios no jurídicos que impiden la efectividad del derecho de las áreas protegidas*

Clasifique en orden de importancia de 1 a 7, siendo 1 el factor de menor impacto:

- corrupción;
- falta de interés de los ciudadanos;
- legística e imprecisión de los textos;
- falta de interés de las ONG;
- personal de gestión y de control insuficiente;
- caza ilegal;
- captura ilegal y tráfico de especies.

vii) Estudio de impacto de los proyectos y actividades perjudiciales para el medio ambiente

1. *Las fuentes jurídicas del derecho de los estudios de impacto:*
   - ¿La constitución?
   - ¿Una ley general sobre el medio ambiente?
   - ¿Una ley especial sobre los estudios de impacto?
   - ¿Otro?

2. *¿Ese derecho es aplicable?*
   - ¿Existen los textos de aplicación?
   - ¿Hay folletos explicativos?
   - ¿Es una exigencia que el proyecto tenga un efecto ambiental importante?
   - ¿Existe un umbral financiero para trabajos que estén siempre exentos de un estudio de impacto?

3. *Contenido orgánico de ese derecho:*
   - ¿Existe un servicio especial en el ministerio?
   - ¿Existe un órgano central técnico de asesoramiento?
   - ¿Existe un órgano independiente de evaluación de los estudios de impacto?
   - ¿El demandante puede pedir un encuadre previo para saber lo que debe preparar?
   - ¿Los proyectos sometidos a estudio de impacto son aquellos que figuran en una lista de proyectos acordada?
   - ¿Los proyectos de trabajos o de actividades que no aparecen en dicha lista están exentos de estudio de impacto?
   - ¿O son objeto de una decisión, caso por caso, de sometimiento a estudio de impacto?
   - ¿El demandante es responsable de la realización del estudio de impacto?
   - ¿El demandante le puede encargar el estudio a una oficina de estudios?
   - ¿Las oficinas de estudios deben estar aprobadas oficialmente?
   - ¿La oficina de estudios debe contar con un jurista?
   - ¿Normalmente hay un jurista en el equipo?
   - ¿Se informa al público con antelación sobre los proyectos específicos que están sujetos a un estudio de impacto?
   - ¿Existe un listado nacional o un sitio donde se enumeren todos los proyectos en curso?
   - ¿Existe un listado nacional o un sitio donde se pongan a disposición todos los estudios de impacto realizados en el pasado?
   - ¿El público puede intervenir durante la realización del estudio de impacto?
   - ¿El público debe dar una opinión o ser consultado al final del estudio de impacto?

4. *Contenido sustancial del derecho de los estudios de impacto:*
   - ¿Los textos describen de manera precisa el contenido?
   - ¿Se deben presentar los efectos del proyecto sobre la salud?
   - ¿Se exige el estudio de los efectos sobre el paisaje?
   - ¿Debe haber un resumen que no sea técnico?
   - ¿Se deben presentar los métodos utilizados y las dificultades encontradas?
   - ¿Se exige mencionar los textos jurídicos ambientales que son aplicables?
   - ¿Se exige mencionar las áreas protegidas afectadas?
   - ¿Se exige examinar los efectos del proyecto sobre el cambio climático?
   - ¿Se exige examinar los efectos del proyecto sobre la biodiversidad?
   - ¿Se exige examinar los efectos transfronterizos sobre el medio ambiente?
   - ¿Se exige presentar alternativas?
   - ¿Se debe estudiar la alternativa cero (es decir renunciar al proyecto)?
   - ¿El demandante puede proponer medidas de compensación?
   - ¿El demandante tiene que demostrar que él no puede tomar medidas de supresión o reducción de los efectos sobre el medio ambiente?

5. *Control de la aplicación efectiva:*
   - ¿Existe un control científico especializado de los estudios de impacto realizado por un órgano independiente?
   - ¿Hay un control administrativo?
   - ¿Antes de tomar la decisión de autorizar el proyecto, se exige un aviso oficial de evaluación del estudio de impacto?
     ✓ Si es así, ¿este aviso se hace público?
   - ¿Se puede interponer un recurso contra el estudio de impacto ante la administración?
   - ¿Se puede interponer un recurso directamente ante el juez?
   - ¿Se necesita un recurso administrativo previo?
   - ¿El recurso solamente se puede interponer contra la autorización dada al proyecto: si – no?
   - ¿El juez examina el contenido del estudio de impacto?
   - ¿El juez solamente examina la forma del estudio de impacto?

- ¿El proyecto se suspende automáticamente cuando falta el estudio de impacto siendo este obligatorio?
- ¿Se castiga penalmente la falta de estudio de impacto?
- ¿El autor es responsable de un error en el estudio de impacto?
- ¿Se sanciona penalmente un dato deliberadamente inexacto en el estudio de impacto?
- ¿El contencioso sobre los estudios de impacto es cuantitativamente importante?
- ¿El juez hace un control profundo?
- ¿Existen proyectos a los cuales el demandante ha renunciado debido a que la administración ha estimado que el estudio de impacto es insuficiente?

6. *¿Cuáles son los criterios no jurídicos que limitan o impiden la efectividad del derecho de los estudios de impacto?*

Clasifique por orden de importancia de 1 a 8, siendo 1 el factor de menor impacto:

- corrupción;
- ignorancia o falta de interés de los ciudadanos;
- control científico insuficiente por parte de la administración;
- falta de un órgano experto independiente;
- legística e imprecisión de los textos;
- falta de oficinas de estudios competentes;
- mala voluntad de los peticionarios;
- falta de presión por parte de los donantes para realizar estudios serios;
- ¿otros?

Podemos completar esta lista de indicadores con aquellos propuestos por C. Wood[330] :

1. *Is the EIA system based on clear and specific legal provisions?*
2. *Must the relevant environmental impacts of all significant actions be assessed?*
3. *Must evidence of the consideration, by the proponent, of the environmental impacts of reasonable alternative actions be demonstrated in the EIA process?*
4. *Must screening of actions for environmental significance take place?*

---

330 C. Wood, *Environmental Impact Assessment: A Comparative Review*, London, Prentice Hall, 1995, p. 12, citado por C. McGrath, *op. cit.*, p. 142.

5. *Must scoping of the environmental impacts of actions take place and specific guidelines be produced?*
6. *Must EIA reports meet prescribed content requirements and do checks to prevent the release of inadequate EIA reports exist?*
7. *Must EIA reports be publicly reviewed and the proponent respond to the points raised?*
8. *Must the findings of the EIA report and the review be a central determinant of the decision on the action?*
9. *Must monitoring of action impacts be considered at the various stages of the EIA process?*
10. *Must the mitigation of action impacts be considered at the various stages of the EIA process?*
11. *Must consultation and participation take place prior to, and following EIA report publication?*
12. *Must the EIA system be monitored and, if necessary, be amended to incorporate feedback from experience?*
13. *Are the financial costs and time requirements of the EIA system acceptable to those involved and are they believed to be outweighed by discernable environmental benefits?*
14. *Does the EIA system apply to significant programs, plans and policies, as well to projects?*

**Para concluir sobre todas esas ilustraciones de cuestionarios estándar:** La existencia de indicadores jurídicos aporta una plusvalía mayor a numerosos informes nacionales e internacionales sobre el "estado del medio ambiente", que permite evaluar científicamente el aporte del derecho ambiental en los progresos o retrocesos de la biodiversidad y de las poluciones.

Esos informes le servirán mejor a los tomadores de decisiones políticas para orientar sus decisiones y, al mismo tiempo, le darán al derecho una visibilidad que solo puede fortalecer su efectividad. Cuando un gobierno ha impuesto por primera vez un informe periódico sobre el estado del medio ambiente, ha exigido que este contemple los asuntos relacionados con el estatuto ambiental y que permita hacer propuestas de legislación para remediar las insuficiencias constatadas[331].

Para constatar la efectividad del derecho ambiental, los indicadores que se escojan deben ser esencialmente simples y comprensibles para todos, siempre y

331 Estados Unidos, *Ley de Política Ambiental Nacional* (NEPA), 1969.

cuando se mantengan los elementos claves del lenguaje jurídico. Antes vimos la pertinencia de los indicadores sobre los derechos humanos, sobre los ejes de la represión y las sanciones, y divididos en tres categorías (indicadores estructurales, indicadores de procedimientos e indicadores de resultados). Para evaluar si esa división responde a las necesidades y contenidos del derecho ambiental, este debería ser analizada y discutida, pero excluyendo los indicadores de resultados, los cuales, para el medio ambiente, son de naturaleza científica o económica.

Los criterios seleccionados en las seis familias presentadas *supra* deberían permitir proceder a una evaluación de la efectividad científicamente válida que repose sobre la evaluación formal del texto jurídico y, a la vez, sobre su aplicación concreta o la evaluación material del procedimiento de aplicación. Se dejó deliberadamente de lado la evaluación de los resultados (*outcome evaluation*), es decir el control del lazo de causalidad entre el texto de la ley y el nivel de polución constatado. Esta necesitará un trabajo complementario pluridisciplinario diferente que tendremos que realizar ulteriormente.

Para retomar la terminología de R. Bartlett, nos concentramos únicamente en los indicadores de procedimiento y los indicadores institucionales[332].

332 R. Bartlett, «Evaluando el éxito y fracaso de las Políticas Ambientales», en N. Vig y M. Kraft (eds.), *Política Ambiental en los 1990s: Hacia una Nueva Agenda*, Washington, CQ Press, 1994, n.°24, p. 170.

# VI. Medición y representación de los indicadores jurídicos

Los indicadores jurídicos responden a una alta exigencia de la comunidad internacional orientada a demostrar que cada Estado despliega dispositivos jurídicos que fortalecen la protección ambiental. Por ello se plantea la siguiente pregunta: ¿cómo medir y representar esos indicadores jurídicos con el propósito de mejorar la aplicación del derecho?

Siendo el **indicador** una herramienta de evaluación y de ayuda a la toma de decisiones, el **indicador jurídico** antes que todo es, en primer lugar, la apreciación de la **implementación del proceso de aplicación del derecho** para medir su **efectividad.** Además, es una fuente de mejoras de las condiciones de aplicación del derecho para hacerlo más efectivo.

La medición de la efectividad necesita una competencia cuádruple, jurídica, sociológica, matemática y estadística:

- **jurídica,** puesto que los criterios medidos deben responder a un estado factual del proceso de aplicación del derecho;
- **sociológica,** puesto que esos criterios deberán reflejar exhaustivamente los roles de todos los actores de la aplicación del derecho;
- **matemática,** puesto que esos mismos criterios deberán agregarse entre sí para producir indicadores jurídicos de la efectividad;
- **estadística,** puesto que esos mismos criterios serán objeto de un seguimiento en el tiempo para medir la evolución de los progresos en materia de desarrollo sostenible.

Por lo tanto, es complejo poner en marcha el ejercicio de la medición de la efectividad del derecho. Este requiere competencias pluridisciplinarias reunidas en comité.

## A. El objeto de la medición

Además de la evaluación de los efectos del derecho, es decir de su nivel de eficacia, el hecho de medir jurídicamente la protección ambiental impone la apreciación de la implementación de la aplicación del derecho, es decir de su nivel de efectividad.

La **efectividad** es el carácter de aquello que es efectivo, de aquello que produce un efecto, de aquello que realmente existe. Desde el punto de vista del método, la efectividad **del derecho** es por lo tanto la evaluación de los **criterios que describen el proceso de aplicación del derecho.** Vimos anteriormente que había seis criterios o familias de criterios que permiten evaluar científicamente la efectividad del derecho: **existencia y fuentes, aplicabilidad, contenido o fondo, organización o institución, control de la aplicación** y **factores no jurídicos.**

## 1. La efectividad del derecho desde el punto de vista del método de medición

Es conveniente traducir la noción de efectividad del derecho en un modelo matemático que permita medir los indicadores jurídicos.

No se trata de redefinir el concepto de efectividad en derecho[333], sino de darle un sentido para la medición.

Aquí hablaremos de la **medición de la efectividad**.

### *a) Postulado*

La medición de la implementación del derecho, es la medición de los resultados del derecho. El derecho produce efectos sobre el medio ambiente. Medimos su eficacia.

La medición de la implementación de la **aplicación** del derecho, es la evaluación de la efectividad de los procesos indispensables para la aplicación del derecho, o efectividad. Diremos que el derecho se aplica efectivamente. **Es la medición de la efectividad del derecho.**

### *b) Principios*

La medición de la eficacia permite:

- evaluar los efectos que produce el derecho en relación con los objetivos de protección ambiental;
- determinar su grado de eficacia (efectividad del resultado o desempeño) en función de la conformidad del resultado respondiendo únicamente a los objetivos fijados.

Dicha efectividad "estado" no toma en cuenta la medición de las etapas jurídicas necesarias y que condicionan la aplicación efectiva del derecho.

La **medición de la efectividad** evalúa el curso o el proceso de implementación del derecho y no el resultado de la aplicación del derecho.

---

333 J. Bétaille, «La efectividad en derecho ambiental», *op. cit.*

Este matiz es determinante. Permite:

- no aferrarse a los efectos esperados por el derecho;
- evaluar los efectos producidos por la implementación del derecho por medio de criterios jurídicos;
- determinar su nivel de efectividad (efectividad de los procesos) respondiendo únicamente a criterios jurídicos (es la efectividad "acción") en función de las condiciones jurídicas definidas y de los procesos jurídicos de implementación.

Dicha efectividad "acción" toma en cuenta los criterios jurídicos como condiciones esperadas para la implementación de la aplicación del derecho.

La medición de la efectividad tiene primero la ventaja de responder a las exigencias de cumplimiento de las normas de derecho destinadas a la protección ambiental. Además, ella permite apoyar la retórica de la gobernanza al suponer que el conjunto de condiciones para aplicar el derecho fue evaluado y medido.

## 2. Los datos medidos

La efectividad se mide a partir de criterios jurídicos. Estos permiten obtener datos, cada uno de los cuales responde a un nivel de aplicación del derecho.

El **criterio** es una herramienta a la que se recurre, o un medio que se utiliza, para establecer un juicio. El **criterio jurídico** es el elemento factual que caracteriza la aplicación de una regla o de un principio jurídico.

### *a) Valoración de los criterios jurídicos*

Los criterios jurídicos se evalúan a partir de una verificación de datos formulada en un cuestionario orientado sobre un objeto jurídico determinado.

Esos datos califican un nivel de implementación de la aplicación del derecho, criterio por criterio, sobre la base de una respuesta graduada y apoyada en elementos factuales.

Dicha evaluación produce un conjunto de datos cualitativos a transponer en datos cuantitativos.

### *b) De la subjetividad del dato a la objetividad de la medición*

"Es en la medida en que es subjetividad, en la medida en que es vivido, que un evento adquiere su dimensión real"[334].

---

334 Jean-Pierre Martel, *Obras completas de Marguerite T. De Bané*, Montreal, Círculo del Libro de Francia, 1973.

Cada dato verificado es subjetivo ya que es la expresión de una opinión, aunque se apoye en elementos factuales. La cantidad de opiniones sobre un mismo criterio jurídico y la repetición de sus verificaciones en el tiempo, proveen una objetividad de la medición.

El método de medición permite concretamente para cada criterio:

- en un conjunto de percepciones, transponer una percepción única basada en hechos;
- centrar la subjetividad de la medición en la percepción promedio y su alcance;
- de tal manera, sobre la base de un criterio jurídico idéntico, obtener la objetividad de la medición mediante su repetición en el tiempo.

## B. El método de la medición

Desde 2017 se ha llevado a cabo un trabajo de inventario y de comparación para identificar los métodos científicos que permitan elaborar indicadores jurídicos.

En ausencia de una referencia utilizable en la materia debido a la actual inexistencia de indicadores jurídicos (*supra*, II), desarrollamos un método innovador *ad hoc* que permite la creación de indicadores jurídicos para caracterizar la efectividad del derecho ambiental.

### 1. Selección del método

En el campo de la aplicación del derecho se utiliza muy poco la medición de la efectividad. También es poco utilizada en los diferentes campos del conocimiento fuera de disciplinas tales como las matemáticas, los mecanismos de informaciones de sistemas complejos o la filosofía.

#### *a) Inspiración*

Por eso era importante encontrar campos de actividad en los que dicha noción se aplique. La encontramos en la industria, particularmente en la aeroespacial, en la que la única garantía de conformidad esperada del uso del producto es el control de los procesos.

La analogía no es evidente. Tanto el derecho como la industria aeroespacial no pueden garantizar *a priori* el resultado de su producto. Siempre es *a posteriori* que sabemos si una nave logró su objetivo y si el derecho produjo el efecto esperado.

En la aeroespacial, los esfuerzos para garantizar el buen funcionamiento del producto se concentran en el control de los procesos, de su concepción y su puesta en funcionamiento. Para el derecho, los esfuerzos para garantizar su buena aplicación se deben concentrar en la implementación de la aplicación del derecho.

Para el control de esos procesos, la industria utiliza diferentes métodos. El más común, ya experimentado, es el llamado CEP: control estadístico de los procedimientos[335]. Esto nos va a servir de inspiración metodológica para desarrollar el método de medición de la efectividad del derecho mediante indicadores jurídicos.

### *b) Adaptación*

El derecho exige medir la variabilidad de la efectividad de sus normas tanto como la industria pide controlar la variabilidad de sus producciones de bienes o de servicios. Los conceptos de base adaptados de la CEP son:

- El seguimiento de la variabilidad y el pilotaje en los puntos claves de los procesos de implementación de la aplicación del derecho.
- La evaluación de la efectividad mediante las **capacidades del proceso.**
- **La capacidad de la implementación de la aplicación del derecho.** Esta puede considerarse como la adaptación de una norma o de un principio para lograr un nivel de aplicación solicitado. Permite medir la capacidad para reproducir los niveles de efectividad de los criterios jurídicos existenciales, de aplicabilidad, de fondo, orgánicos, de control de aplicación y de criterios no jurídicos de la efectividad, en el intervalo de aceptación definido por los límites mencionados por la norma.

### *c) Principios*

Los indicadores jurídicos son el producto de una reflexión pluridisciplinar colectiva. Esta reflexión es necesaria para racionalizar la subjetividad de la percepción de cada actor de la aplicación del derecho en una objetividad colectiva de esta misma aplicación. Esta permite medir el o los progresos jurídicos alcanzados.

Para evitar cualquier debate sobre la subjetividad de la medición de la efectividad, es decir la confianza en el resultado de esa medición, el método prevé

---

335 Maurice Pillet, *Aplicar el control estadístico de los procesos CEP/SPC*, París, Eyrolles, 6.ª ed., 2005; François Bergeret y Sabine Mercier, *Control estadístico de los procedimientos. Principios y casos industriales*, París, Dunod, La Nueva Fábrica, 2011; Emmanuel Duclos, *El control estadístico de los procesos CEP/SPC*, Doussard, Emmanuel Duclos Conseil, 2008.

reglas estrictas de implementación y de control de la medición en la que se repiten con el fin de enmarcar la subjetividad.

| |
|---|
| Cuando el proceso se lleva de manera individual, es imposible garantizar tanto el encuadre de la subjetividad de la medición de la efectividad como una objetividad de la medición del avance. |

Las mediciones responden a un referencial. Únicamente son comparables las mediciones producidas por ese referencial. Lo cual garantiza la repetición del proceso de encuestas y la comparación objetiva de los resultados de cada campaña de encuesta para medir el progreso jurídico en materia de desarrollo sostenible.

Todos los procedimientos que conducen a la aplicación del derecho son incapaces de producir siempre el mismo resultado exactamente. Siempre notaremos una dispersión. Dicha variabilidad es inevitable y proviene de la misma naturaleza del conjunto de los procedimientos de aplicación del derecho.

El análisis de los procedimientos permite disociar cinco componentes elementales, llamados los 5M, que contribuyen a crear esa dispersión: MATERIA, MODO, MÉTODO, MANERA, MEDIO.

La adaptación del concepto de las 5M en la industria permite definir los principios de los 6C que designan los seis criterios jurídicos fundamentales de la medición de la efectividad del derecho responsables de esa dispersión, y por lo tanto de la no efectividad del derecho:

1. **Criterio existencial:** medio del ámbito de aplicación del derecho.
2. **Criterio de aplicabilidad:** materia del ámbito de aplicación del derecho.
3. **Criterio sustancial:** método del ámbito de aplicación del derecho.
4. **Criterio orgánico**: modo del ámbito de aplicación del derecho.
5. **Criterio de control de la aplicación:** manera del ámbito de aplicación del derecho.
6. **Criterio no jurídico**: medio exógeno al ámbito de aplicación del derecho.

Esta aporta un mayor rigor y herramientas metodológicas que ayudarán al control y la mejora de la efectividad del derecho. Esos criterios son **los objetivos en el sentido matemático**[336] del control de la efectividad.

336 El objetivo en el sentido matemático del método es un enfoque que abandona el aspecto analítico de la aplicación del derecho para concentrarse en un aspecto de la implementación de la aplicación del derecho. El objetivo responde a modelos matemáticos para mejorar el índice de control de la efectividad.

## 2. El perímetro de la medición de la aplicación del derecho

El perímetro de la medición identifica todas las dimensiones del derecho afectadas por la expresión del objetivo en el sentido matemático. En el marco de la efectividad, las dimensiones conocidas son las diversas modalidades de aplicación del derecho. Estas son interdependientes.

El perímetro de la medición las incluye a todas, sin limitarse a las únicas interacciones de su interdependencia, pero integrando los parámetros no jurídicos que fortalecen la efectividad igualmente.

### *a) Objeto*

La expresión de un objetivo es determinante para establecer un perímetro de la medición. Cuanto más elemental es la expresión, más preciso es el perímetro de la medición.

Por ejemplo, al ser el estudio de un área protegida un campo muy vasto de la protección ambiental, conviene precisar en él las diferentes categorías (reserva natural, parque nacional, monumento natural, área de gestión de especies, etc.), zona geográfica (lugar, medio, etc.) y objetivos de conservación (fauna, flora, ecosistema, etc.) para dividirlo en varios objetivos que permitan cubrir el perímetro de la medición en su totalidad.

Esto sienta las primeras bases del modelo matemático del método al responder a las restricciones relativas al perímetro de la medición:

- Cuando hay varios objetivos para un mismo perímetro de la medición, es mejor hacer y agrupar los inventarios de los campos de aplicación del derecho ambiental específicos que se van a medir, objetivo por objetivo.
- Cada país se rige por su derecho nacional y por la traducción del derecho internacional en el derecho nacional. Por lo tanto, los campos de aplicación del derecho son diferentes en cada país y no pueden compararse entre ellos; incluso si los objetivos son similares, los campos de aplicación del derecho difieren.

### *b) Preponderancia de los campos de aplicación del derecho en sentido matemático*

La aplicación de una norma jurídica impacta la efectividad de uno o varios objetivos en un perímetro de medición, según:

- el nivel de interdependencia con las aplicaciones de otras normas jurídicas;
- la influencia de su implementación sobre la aplicación de otras reglas jurídicas.

La importancia varía respectivamente de una norma jurídica a otra. Por lo tanto, en el cálculo de la efectividad es necesario representarlas modelando la preponderancia entre los campos de aplicación del derecho, dentro de un perímetro de la medición.

Dicha preponderancia está garantizada por una jerarquización, bien sea:

- Por un convenio libre de clasificación.
- Por un convenio de criticidad que mide el nivel de impacto – crítico, mayor o menor – del campo sobre la efectividad del perímetro de la medición. El campo es más importante, cuanto más elevada sea la criticidad.

### *c) Ponderación de los campos de aplicación del derecho*

La forma de ponderación que más se adapta para representar la importancia de los campos de aplicación del derecho entre sí es el ratio. Cuanto más importante es el campo de aplicación, más alta es su ratio.

La suma de las proporciones de todos los campos de aplicación del derecho de un perímetro de la medición es igual a 100 %.

Ese ratio se utiliza para las agregaciones en la medición de la efectividad de:

- cada objetivo;
- cada perímetro de la medición;
- todo el derecho ambiental.

## 3. Los temas jurídicos del perímetro de la medición

El objetivo, para ser medido, se somete a una descomposición funcional en criterios jurídicos y no jurídicos según los seis criterios (6C) que forman un tema jurídico.

### *a) Descomposición del perímetro de la medición en tema jurídico*

Un perímetro de la medición puede ser:

- Elemental: recurre a un solo objetivo, es decir un solo tema jurídico.
- Complejo: recurre a varios objetivos, es decir a otros tantos de temas jurídicos.

### *b) De la especificidad de la medición a su globalidad*

Un perímetro de la medición produce una medición específica cuando no responde sino a la expresión de un único objetivo. Si deseamos una medición más amplia, es necesario expresar otros objetivos dando otras tantas mediciones específicas.

Cuanto más numerosos sean los objetivos de un mismo perímetro de la medición, más permitirán una medición global de la efectividad de los campos de aplicación del derecho.

Esta modelización de la medición global permite:

- constatar la variabilidad de la efectividad del perímetro de la medición;
- caracterizar los puntos fuertes y los puntos de mejora en la implementación de la aplicación del derecho en el perímetro de la medición.

### *c) Preponderancia de los temas jurídicos en el sentido matemático*

Cuando un perímetro de la medición se limita a un objetivo, no hay preponderancia puesto que no hay más que un solo tema jurídico.

Cuando ese perímetro incluye varios objetivos, los temas jurídicos no tienen una preponderancia más que en un solo caso, que es responder a una prioridad de implementación entre los objetivos con respecto a una medida jurídica que indique:

- un calendario;
- una prioridad;
- una decisión.

## 4. La medición de los criterios por tema jurídico

Los criterios jurídicos que conforman el tema jurídico están sujetos a un conjunto de mediciones:

- medición específica para cada criterio;
- medición agregada de cada criterio dentro de una familia de criterios;
- medición agregada de todos los criterios en una misma familia de criterios;
- medición agregada de todas las familias de criterios.

Para ser representativo de la efectividad, sin importar la evolución del contenido de la norma, el criterio determina un punto clave que mide constantemente un estado de implementación del procedimiento, independientemente del resultado esperado.

Esas mediciones se obtienen sobre la base de una encuesta realizada con la ayuda de un cuestionario por cada tema jurídico.

### *a) Cuestionario, formulación de las preguntas y selección de las respuestas*

La validez de un cuestionario depende de la presencia de las seis familias de criterios de efectividad: la existencia del derecho y sus fuentes, su aplicabilidad, su fondo, sus instituciones, el control de su aplicación y los criterios no jurídicos que aumentan su efectividad.

A cada pregunta le corresponde un criterio, respetando las siguientes condiciones:

- definir un elemento que ayude a implementar la aplicación del derecho;
- ser diseñada en el sentido del mejoramiento de la efectividad;
- dividirla en subpreguntas en caso de que la respuesta solicite satisfacer una combinación de condiciones;
- respetar una forma interrogativa con una única opción;
- poner a disposición una escala de selección de respuestas posibles común al conjunto del cuestionario.

Ilustraciones:

*i) Selección de un elemento que contribuya a la implementación de la aplicación del derecho*

*Si en una etapa del proceso de aplicación del derecho se espera que el resultado sea medir la efectividad del procedimiento que consiste en emitir una declaración que constate la tasa de emisión de partícula(s) en el aire (procedimiento), su efectividad radica en la sistematización y la reproducibilidad del procedimiento vigente, que pasa por puntos claves tales como:*

- *calibración de los aparatos de control;*
- *designación del personal para elaborar el informe;*
- *registro de las condiciones de la medición;*
- *publicidad del nivel de polución registrado, etc.;*
- *y no el resultado de la medición.*

*ii) Diseño en el sentido de la mejora de la efectividad*

*La orientación de la pregunta debe ayudar a la medición de la efectividad y no de la inefectividad del derecho:*

- *no se hace la pregunta: "¿La falta de interés de los productores forestales afecta la protección de tal o cual animal protegido?"; cuanto mayor es la falta, mayor es la inefectividad;*
- *se hace la pregunta: "¿El interés de los productores forestales tiene un impacto en la protección de tal o cual animal protegido?"; cuanto mayor es el interés, mayor es la efectividad.*

*iii) Desglose en subpreguntas*
*Un criterio jurídico puede cumplir una condición entre varias. Eso representa:*

- *una alternativa;*
- *una combinación;*
- *las dos.*

*La pregunta se podrá subdividir en subpreguntas para cumplir con la medición. Por ejemplo, para determinar el estatus jurídico de un área protegida, la pregunta se hará en subpreguntas. En lugar de hacerla: "¿Usted sabe si el estatus del área protegida es regional, nacional y/o europeo?", la formularemos en tres subpreguntas: "El área protegida tiene un estatus:*
- *¿Regional?*
- *¿Nacional?*
- *¿Europeo?"*

*iv) Respecto de la forma interrogativa con una única opción*
*El conjunto de preguntas tiene la misma forma:*

- *interrogativa;*
- *ofreciendo una única opción entre las posibles respuestas.*

*En tal caso la pregunta se subdivide en subpreguntas para cumplir con la medición.*
*Dos formulaciones opuestas pueden tener la misma finalidad de investigación, pero darán mediciones opuestas:*
- *No se hace la pregunta: "¿No se tomaron medidas de control?"; la forma de la pregunta de interrogar con negación mide la inefectividad.*
- *La pregunta se hace: "¿Se tomaron medidas de control?"; la forma interrogativa de la pregunta mide la efectividad.*

*Para poder establecer una medición, la respuesta a la pregunta no puede ser libre. Por lo tanto, es necesario proponer posibles opciones de respuestas que serán comunes al conjunto del cuestionario.*
*Respondemos a la pregunta: "¿Se tomaron medidas de control?" bien sea por:*
- *si;*
- *más o menos;*

- *no;*
- *no sé.*

*v) Escala de opciones de posibles respuestas*

*La escala de opciones de posibles respuestas corresponde al consenso de todas las posibles respuestas en el conjunto de preguntas. Es una necesidad matemática para:*

- *homogeneizar la medición del cuestionario;*
- *incorporar datos comparables entre ellos.*

*La opción de respuesta "NO SÉ" es aplicable a todas las preguntas sistemáticamente. Las otras opciones se aplican en función del enunciado de la pregunta.*

### *b) Gradación de las respuestas*

La gradación es una necesidad matemática para transformar datos cualitativos en datos cuantitativos usados en las agregaciones que producen los diferentes indicadores jurídicos.

La escala de opción de respuestas posibles en el conjunto del cuestionario se debe ordenar por grados. Esos grados expresan las opciones que traducen el nivel de efectividad en el sentido decreciente.

Este ordenamiento de opciones constituye una **gradación** común al conjunto de preguntas.

Ilustraciones:

1. *La escala de opciones registra las respuestas presentes en el cuestionario.*
2. *El ordenamiento del nivel más efectivo al menos efectivo de las respuestas se hace por convenio. La escala de opciones se convierte en* ***escala de gradación.***
3. *Dicha gradación se convierte en una* ***escala de valor logarítmica*** *por convenio, atribuyendo al grado más fuerte el más alto valor, e inversamente para el grado más débil. La escala de valor logarítmico permite en las agregaciones marcar las distancias de nivel de efectividad que facilitan la identificación de los puntos fuertes y de los puntos de mejora.*

| *Escala de opciones* | | | | | |
|---|---|---|---|---|---|
| *SI* | *NO* | *A VECES* | *CASI NUNCA* | *CON FRECUENCIA* | *NO SÉ* |

*Transposición*

| *Escala de gradación* | | | | | |
|---|---|---|---|---|---|
| *SI* | *CON FRECUENCIA* | *A VECES* | *CASI NUNCA* | *NO SÉ* | *NO* |

*Transposición*

| ***Escala de valor*** | | | | | |
|---|---|---|---|---|---|
| ***SI*** | ***CON FRECUENCIA*** | ***A VECES*** | ***CASI NUNCA*** | ***NO SÉ*** | ***NO*** |
| ***8*** | ***5*** | ***3*** | ***2*** | ***1*** | ***0,001**** |

* El uso del valor 0 está prohibido para evitar operaciones sin solución. Escogemos un valor decimal más cercano al millar.

### *c) Orden lógico del cuestionamiento*

Los encuestados entienden mejor el cuestionario gracias a que la sucesión de preguntas responde a un orden lógico.

Se deben respetar dos órdenes lógicos:

- El primero es el ordenamiento de las familias de criterios:
  1. criterios existenciales;
  2. criterios de aplicabilidad;
  3. criterios de fondo;
  4. criterios orgánicos;
  5. criterios de control de la aplicación;
  6. criterios no jurídicos.
- El segundo es el orden secuencial de las preguntas por familia de criterios respetando los lazos de causalidad.

### *d) Ponderación de las preguntas*

**Este trabajo de ponderación lo lleva a cabo el comité de juristas o grupo de expertos que redactan las preguntas, y no se le pedirá a ninguno de sus miembros que responda a las preguntas. Para evitar influenciar las respuestas de los encuestadores y de las personas encuestadas, la ponderación jamás les será comunicada.**

En una familia de criterios, la ponderación de las preguntas y subpreguntas permite evaluar el orden de importancia entre ellas, es decir, la importancia que representan como factor de efectividad. Se trata de una apreciación subjetiva que resulta del consenso dentro del grupo de expertos. Esta permite establecer únicamente una escala cuantitativa, definida libremente por coeficientes que se han establecido en una extensión por convenio.

Una pregunta muy importante para una familia de criterios establecida puede tener un coeficiente diferente con respecto a otra pregunta muy importante de otra familia.

Preguntas o subpreguntas pueden tener un mismo coeficiente dentro de los criterios de una misma familia.

Los coeficientes se otorgan en dos tiempos cunado la familia de criterios se compone de preguntas y subpreguntas:

- según la importancia de las preguntas entre ellas;
- según la importancia de las subpreguntas entre ellas en cada familia de subpreguntas.

Ilustración:

*Convenio de ponderación aplicada a preguntas y subpreguntas*
*Clasificación por orden de importancia por asignación de un coeficiente de 1 a 10, del menos al más importante.*

| |
|---|
| El uso del valor 0 está prohibido para evitar imposibilidades operativas. |

| ***Pregunta de la familia de criterios*** | | ***Coeficiente*** |
|---|---|---|
| *Pregunta 1* | | ***7*** |
| *Conjunto de subpreguntas 2* | *Subpregunta 2.1* | ***4*** |
| | *Subpregunta2.2* | ***2*** |
| | *Subpregunta2.3* | ***7*** |
| *Pregunta 3* | | ***10*** |
| *Conjunto de subpreguntas 4* | *Subpregunta4.1* | ***5*** |
| | *Subpregunta4.2* | ***3*** |
| *Pregunta 5* | | ***6*** |
| *Pregunta 6* | | ***7*** |

### *e) Preponderancia de las familias de criterios en el sentido matemático*

Una familia de criterios afecta la efectividad de su objeto jurídico según:

- el nivel de interdependencia con otras familias de criterios;
- la influencia de su propia efectividad sobre la efectividad de las otras.

La importancia varía de una familia de criterios a otra respectivamente. Por lo tanto, dentro del asunto jurídico, es necesario representar sus importancias moldeando la preponderancia entre ellas en el cálculo de la efectividad.

La preponderancia de las familias de criterios se expresa en un ratio que representa el nivel de su influencia sobre la efectividad del tema jurídico.

Una jerarquización asociada a una ponderación garantiza dicha preponderancia, bien sea:

- Por un convenio libre de clasificación y de adjudicación de peso.
- Por un convenio de criticidad que mide el nivel de impacto – crítico, mayor o menor – de cada familia sobre la efectividad del perímetro de medición. La familia es más importante en la medida en que la criticidad es más alta.

Cuando las seis familias de criterios tienen la misma importancia, su peso respectivo es de 1/6, o 16,66 %.

> El uso del coeficiente 0 está prohibido para evitar imposibilidades operativas; se determina un coeficiente mínimo aplicable por convenio.

Ilustración:

| ***Preponderancia de las seis familias de criterios*** | | | | | | |
|---|---|---|---|---|---|---|
| *Existencial* | *Aplicabilidad* | *De fondo* | *Orgánico* | *Aplicación* | *No jurídico* | *TOTAL* |
| ***5 %*** | ***20 %*** | ***15 %*** | ***30 %*** | ***20 %*** | ***10 %*** | ***100 %*** |

## 5. El panel de encuestados

La creación del panel depende del tema jurídico tratado en cada cuestionario, lo que eventualmente implica escoger actores diferentes en la implementación de diversos campos de aplicación del derecho.

El comité de juristas presenta los perfiles del panel desde el inicio del proyecto. Luego, los perfiles se afinan en función de las secuencias de trabajo dependiendo de:

- su implicación en la implementación de la aplicación del derecho;
- su capacidad para poder responder el conjunto de preguntas.

El panel responde a las normas de representatividad de una muestra.

Cuando la tipología de los actores del derecho es conocida y se puede asociar a todos o parte de los criterios jurídicos, el método empírico de las cuotas se privilegia como el mejor enfoque y el más representativo.

En caso de no ser posible conocer la tipología de los actores del derecho, la muestra se construye aplicando el método de muestreo aleatorio. Se debe evitar a toda costa este segundo enfoque pues su implementación es más compleja y pesada.

### *a) Definición del objetivo del panel en sentido estadístico*

#### *i) Por el método de cuotas*

El principio de este método empírico es identificar su distribución en la población objetivo del panel. Esa misma distribución se deberá entonces respetar en la muestra.

Si 100 actores del derecho van a ser encuestados y la población de actores del derecho se compone de 15 % magistrados, 25 % abogados, 27 % gestores, 8 % auditores, 5 % profesionales, 16 % usuarios, 2 % representantes de asociaciones y 1 % elegidos, entonces la muestra deberá tener 15 magistrados, 25 abogados, 27 gestores, 8 auditores, 5 profesionales, 16 usuarios, 2 representantes de asociaciones y 1 elegido.

El método de cuotas se basa en la hipótesis de que los resultados obtenidos se pueden transferir al conjunto de los actores del derecho mientras se controle la estructura de la muestra mediante esos criterios conocidos de la población.

#### *ii) Por el método de muestreo aleatorio*

En este método de muestreo aleatorio se debe disponer previamente de una base de sondeo existente que corresponda a la población de actores de derecho que respondan a los criterios de la encuesta.

Cuatro enfoques son posibles:

- Muestreo aleatorio simple, utilizando actores seleccionados en una base de sondeo de manera aleatoria, asegurando que todos los perfiles de los actores del derecho tengan la misma probabilidad de aparecer en la muestra.
- Muestreo sistemático, utilizando una base de sondeo existente o por construir identificando todos los perfiles de actores del derecho y escoger para el primer perfil de la muestra un punto de partida aleatorio. Después se toman otros perfiles para un intervalo en la lista de perfiles. Dicho intervalo se calcula sobre la relación del tamaño de la muestra con el tamaño de la población en la

base de sondeo. Esto implica hacer un cálculo del tamaño de la muestra según el nivel de confianza deseado y la tolerancia del margen de error.

- Muestreo por racimos, dividiendo la base de sondeo en subgrupos con grandes similitudes. Esto permite bien sea una elección al azar de algunos subgrupos en los que se encuestan todos los actores del derecho, o escoger previamente racimos al azar y construir muestras en cada racimo.
- Muestreo estratificado, subdividiendo en subgrupos según uno a varios factores los actores del derecho de la base de sondeo para extraer una muestra aleatoria simple para cada subgrupo.

### *b) Representatividad de la muestra*

El tamaño de la muestra depende de los siguientes factores:

- el tamaño de la población madre de los actores del derecho en correlación con el cuestionario;
- el nivel de confianza en el resultado;
- el margen de error en las respuestas;
- el número de invitaciones a participantes en la encuesta.

Ilustración:

| *Ejemplo del Tamaño de la población madre* | *Tamaño de la muestra* | | | *Tamaño de la muestra* | | |
|---|---|---|---|---|---|---|
| | *Nivel de confianza 95 %* | *Margen de error 5 %* | *Número de invitaciones* | *Nivel de confianza 99 %* | *Margen de error 1 %* | *Número de invitaciones* |
| *20* | ***20*** | | *100* | ***20*** | | *100* |
| *50* | ***45*** | | *225* | ***50*** | | *250* |
| *100* | ***80*** | | *400* | ***100*** | | *500* |
| *500* | ***218*** | | *1090* | ***486*** | | *2430* |
| *5000* | ***357*** | | *1785* | ***3843*** | | *19215* |
| *20000* | ***377*** | | *1885* | ***9068*** | | *45340* |

### *c) Condiciones del lanzamiento de la encuesta*

Dependiendo del país, las personas interrogadas en el marco de encuestas y sondeos tienen derechos sobre sus datos personales. Las empresas u organizaciones que realizan esas encuestas tienen nuevas responsabilidades en caso de que no se mantenga un total anonimato de las respuestas.

En este enfoque metodológico el cuestionario, se procesa sobre la base del anonimato.

La encuesta no debe tener ningún elemento discriminatorio, como el perfil del actor, el lugar o cualquier carácter que permita la identificación de una persona en el cuestionario.

No se procesará ni almacenará ninguna información personal.

No obstante, a los efectos de la encuesta, se pueden utilizar datos personales en diferentes formas de comunicaciones, como listas de contacto, para lo siguiente:

- envío del cuestionario por correo electrónico o postal a partir de un listado;
- envío de un enlace electrónico para completar el cuestionario en línea;
- las modalidades para devolver los cuestionarios pueden permitir la identificación de las personas encuestadas, como la dirección de correo electrónico.

Por lo tanto, se aconseja tomar algunas precauciones según la legislación del país donde se desarrolla la encuesta:

- durante la recolección de datos personales para los listados de contactos pedir el consentimiento de la persona en cuestión;
- la explicación de la finalidad del tratamiento de datos personales, los destinatarios de los datos, su tiempo de conservación;
- dar garantía a la persona del acceso a sus datos personales en todo momento, a que se corrijan o se borren (derecho al olvido), a solicitar su portabilidad, impugnar el tratamiento o solicitar su limitación;
- dar garantía de la confidencialidad y seguridad de los datos y establecer un procedimiento en caso de violación o pérdida de datos.

Otras obligaciones legales se deben tener en cuenta según el país, las cuales dependen intrínsecamente de la naturaleza de la campaña, tales como:

- solicitud de autorización;
- declaración de subcontratación (informática, empresa de estudios, etc.);
- declaración simple;
- establecimiento de un comité de ética;
- declaración de los archivos;
- autorización u obligación de publicación de los resultados; etc.

Frente a la complejidad que esto pueda representar para el lanzamiento de un estudio, recomendamos incluir en el equipo encargado de la encuesta el acompañamiento de una empresa especializada o la presencia de un especialista.

## 6. La instrucción del cuestionario

La instrucción del cuestionario debe responder a las exigencias:

- del encuadre de la subjetividad;
- de la recolección de datos (sustentada en hechos);
- por lo tanto, la autoadministración del cuestionario por el encuestado no se recomienda. Se recomienda la presencia de un encuadre para controlar que la respuesta dada por el encuestado repose en los hechos.

### *a) Encuadre del cuestionario*

Un encuestador es quien realiza el encuadre del cuestionario. Obligatoriamente cuenta con competencias y experiencias significativas en el(los) campo(s) del derecho en cuestión para supervisar las respuestas que los encuestados dan en los cuestionarios.

Para ejercer, el encuestador recibe una formación cualificada en esta norma y en la recolección de datos siguiendo los criterios elegidos y que determinan la efectividad del derecho.

De esta manera el encuestador puede controlar la recolección de datos respetando en sus respuestas la independencia de la encuesta.

### *b) Recolección de datos*

La recolección es una operación de control de la presencia de documentos y objetos que justifican una respuesta. Consiste en la comprobación de la existencia de hechos que sustenten las respuestas a partir de documentos y listados en papel o digitalizados. La ausencia de elementos factuales produce un cuestionamiento del encuestador para que el encuestado argumente sus respuestas.

## 7. Tratamiento de datos

El tratamiento de datos es un requerimiento matemático que permite la creación de indicadores siguiendo las siguientes etapas:

- puntaje de las respuestas;
- control de datos;
- validación de la campaña.

### *a) Puntaje de los datos recolectados*

El puntaje es el elemento de entrada de todas las agregaciones. Este define la primera medición de la efectividad.

El puntaje de una pregunta se obtiene por el producto del valor de la respuesta en la escala de gradación y de la ponderación propia de la pregunta.

El puntaje de una subpregunta es el más difícil, depende de las condiciones que se vayan a satisfacer.

Ilustraciones:

*i) Tomar la escala de valor*

| *Escala de valor* | | | | | |
|---|---|---|---|---|---|
| ***SI*** | ***CON FRECUENCIA*** | ***A VECES*** | ***CASI NUNCA*** | ***NO SÉ*** | ***NO*** |
| ***8*** | ***5*** | ***3*** | ***2*** | ***1*** | ***0,001**** |

*ii) Puntaje de pregunta*
*Aplicar al cuestionario*

| ***Pregunta de la familia de criterios*** | ***Respuesta*** | ***Coeficiente*** | ***Puntaje*** |
|---|---|---|---|
| *Pregunta 1* | ***A VECES***<br>***3*** | *7* | ***21*** |
| *Pregunta 2* | ***SI***<br>***8*** | ***10*** | ***80*** |
| *Pregunta 3* | ***NO SÉ***<br>***1*** | *6* | ***6*** |
| *Pregunta 4* | ***NO***<br>***0,001*** | *7* | ***0,007*** |

*iii) Puntaje de subpregunta*
*El puntaje de una subpregunta depende de lo siguiente:*

- *Una alternativa entre las subpreguntas: el mejor producto ente las subpreguntas será el que se retenga para establecer el puntaje.*

- *Una combinación de todas las subpreguntas: es la suma de los productos de las subpreguntas.*
- *Una combinación y alternativa entre las pregunta: es la suma del(de los) producto(s) de las subpreguntas combinatorias y del(de los) mejor(es) producto(s) de esas alternativas.*

| ***Pregunta de la familia de criterios*** | | ***Respuesta*** | ***Condición*** | ***Coeficiente*** | ***Puntaje*** |
|---|---|---|---|---|---|
| *Conjunto de subpreguntas 1* | *Subpregunta 1.1* | ***NO*** ***0,001*** | ***O*** | ***4*** | ***0,002*** ***16*** |
| | *Subpregunta 1.2* | ***SI*** ***0,001*** | | ***2*** | |
| | *Subpregunta 1.3* | ***SI*** ***8*** | ***Y*** | ***7*** | ***56*** |
| *Conjunto de subpreguntas 2* | *Subpregunta 2.1* | ***NO SÉ*** ***1*** | ***Y*** | ***5*** | ***5*** |
| | *Subpregunta 2.2* | ***CON FRECUENCIA*** ***5*** | ***Y*** | ***3*** | ***15*** |

## *b) Control de los datos recolectados*

El control de la recolección consiste en tomar las respuestas en tarjetas de control y procesar la muestra estadísticamente estableciendo la distribución de las respuestas a los mismos cuestionarios para detectar su variabilidad y potencial dispersión (uso del criterio de la norma): o bien se observa que las curvas (de cada tarjeta de control) difieren y permanecen centradas (presencia de una dispersión del proceso de aplicación del derecho); o bien se observa que hay un descentramiento de las curvas, lo que incrimina la sinceridad de la respuesta, y por tanto la presencia de falsificación[337].

---

337 Falsificación: acción de falsear las respuestas, no respetar las condiciones reales de recolección de datos. Ver: Rémy Caveng, «La producción de encuestas cuantitativas», *Revista de antropología de los conocimientos*, vol. 6, n.° 1, 2012, pp. 65–88, https://www.cairn.info/revue-anthropologie-des-connaissances-2012-1-page-65.htm.

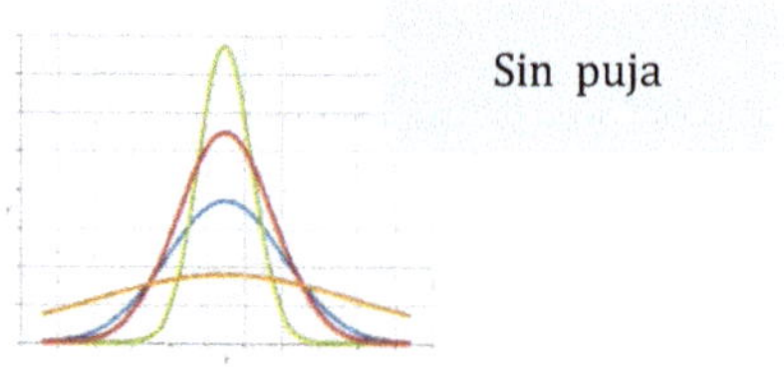


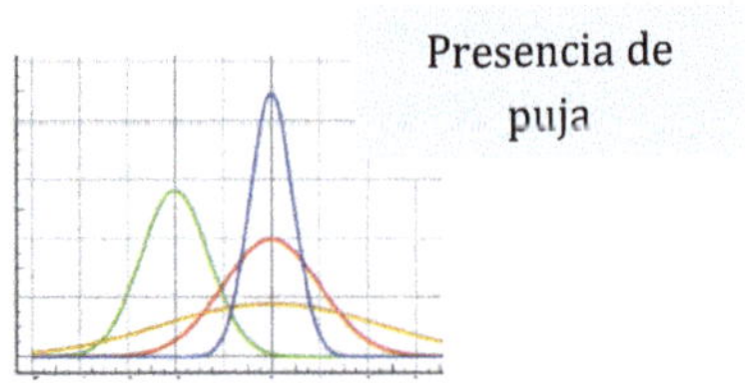


### *c) Validación de la recolección de datos*

Esa validación consiste en revisar los resultados de la efectividad, antes de la publicación, con el fin de sacar las dudas eventuales sobre su "sinceridad", especialmente cuando los controles del proceso de encuesta revelan falsificaciones, una fiabilidad de la captura de respuestas por debajo del objetivo de confianza, o el incumplimiento del panel de encuestados (plan de muestreo). En ese momento entonces se decide:

- bien sea descartar los resultados que presentan falsificaciones y proceder a la producción de los indicadores;
- o volver a hacer toda o parte de la campaña de encuestas;
- o no publicar los resultados de esa encuesta.

## C. Los indicadores obtenidos

Los indicadores jurídicos son el producto de agregaciones. La efectividad debe declararse "bajo control" antes de proceder a las agregaciones. Dos Estados jamás son perfectamente idénticos en un mismo proceso de implementación de la aplicación del derecho debido a dos causas de dispersión:

- las dispersiones por causas comunes;
- las dispersiones por causas especiales.

Las causas comunes, siempre presentes en diferentes grados en procesos diversos, son fuentes de variación producidas por el azar. Las estadísticas permiten el estudio de esos fenómenos. Sabemos moldear el comportamiento de los riesgos y en consecuencia prever el desempeño de un proceso sometido a causas comunes de dispersión. El conjunto de esas causas comunes forma la variabilidad intrínseca del proceso. Según el criterio de la norma, la característica de un estado debe seguir una distribución cuando el orden de tamaño de las causas que actúan sobre el proceso es equivalente. La finalidad de ese enfoque estadístico es no dejar que subsistan sino las dispersiones debidas a causas comunes. Entonces hablaremos de efectividad del derecho "bajo control".

Las causas especiales son causas de dispersión identificables, irregulares e inestables, y por lo tanto difíciles de predecir. La aparición de una causa especial requiere una intervención en el proceso de implementación de la aplicación del derecho. Contrariamente a las causas comunes, las causas especiales en general son escasas. En su presencia hablaremos de efectividad del derecho "fuera de control".

Una efectividad "bajo control" es un conjunto de procesos de implementación de la aplicación del derecho en el cual solo aparecen las causas comunes. Según el criterio de la norma, la distribución está centrada en el objetivo.

Una efectividad "fuera de control" está sometida a la presencia de causas especiales. La distribución puede estar descentrada con respecto al objetivo.

Por lo tanto, el control de la variabilidad consiste en poner "bajo control" la efectividad del derecho; antes de proceder a las agregaciones se debe lograr este objetivo.

## 1. Las agregaciones por tema jurídico (cuestionario)

Las diferentes agregaciones tienen perímetros bien definidos para la determinación de la efectividad:

- la propia efectividad de cada criterio;
- la propia efectividad de cada familia de criterios para su propia efectividad;
- la repartición de la efectividad de las familias de criterios jurídicos en el tema jurídico;
- la efectividad global del tema jurídico.

### *a) Efectividad propia de cada criterio*

La efectividad propia de cada criterio corresponde al ratio entre el puntaje obtenido en la respuesta y su puntaje máximo. Esa efectividad se expresa en porcentaje. Entre más elevado es este último, la efectividad del criterio lo es más también.

### *b) Efectividad propia de cada familia de criterios*

La efectividad propia de cada familia de criterios corresponde al ratio de la suma de los puntajes obtenidos para cada criterio sobre la suma de los puntajes máximos de los criterios. Esta efectividad se expresa en porcentaje. Mientras más alto es este último, también lo es la efectividad de la familia de criterios.

*c) Distribución de la efectividad de las familias de criterios en el tema jurídico*

La distribución de la efectividad de las familias de criterios se obtiene imputando a cada familia el producto de su propia efectividad con el ratio de su preponderancia en el tema jurídico. Esa distribución se expresa en porcentaje. Si este último es elevado, la parte de la efectividad de esta familia es más importante en la efectividad del tema.

*d) Efectividad global del tema jurídico*

La efectividad global del tema jurídico corresponde a la suma de las tasas de distribución de las seis familias de criterios jurídicos.

## 2. Agregación del perímetro de la medición

Esta agregación solo es posible si se han definido varios objetivos en el perímetro de la medición, como tantos temas jurídicos.

La efectividad global del perímetro de la medición corresponde a la suma de la tasa de efectividad de los productos por tema jurídico con su preponderancia en el tema jurídico.

## 3. Agregación global del derecho ambiental

Esta agregación solo es posible si se han expresado varios perímetros de medición. Ella utiliza la preponderancia de los campos de aplicación del derecho de cada perímetro.

En cada perímetro de la medición se hace una correlación entre cada campo y las preguntas que se relacionen en todos los perímetros de medición donde aparece el campo.

La efectividad global del derecho se obtiene haciendo para cada campo:

- el ratio de la suma de los puntajes obtenidos para cada criterio sobre la suma de los puntajes máximos de los criterios;
- el ajuste sobre una base de 100 de cada ratio dividiéndolo por la suma de los ratios;
- la suma de los ratios ajustados para obtener la tasa global.

Esa efectividad se expresa en porcentaje. Entre este último es más alto, la efectividad de la familia de criterios lo es más también.

## D. Seguimiento estadístico de la evolución de la efectividad del perímetro de la medición

El seguimiento estadístico responde a una doble necesidad: dar seguimiento a la evolución de la efectividad en el tiempo, al menor costo de un perímetro constante de la medición. Eso implica, en el tiempo:

- utilizar el mismo perímetro de la medición;
- utilizar el mismo cuestionario;
- respetar los mismos principios de creación del panel (las personas encuestadas podrán ser diferentes, los encuestadores también);
- aplicar las mismas agregaciones.

El seguimiento estadístico tiene como objetivo:

- simplificar el proceso de encuesta aplicando una lógica de "levantamiento" de las preguntas que serán tratadas dentro del conjunto de preguntas, escogidas en cada familia de criterios por su preponderancia en la representatividad del control de la efectividad del tema jurídico;
- garantizar un nivel de confianza de los resultados;
- reducir considerablemente los costos del seguimiento de la evolución de la efectividad en relación con la encuesta inicial.

### 1. Principios

El seguimiento estadístico permite determinar los principios aplicables al control de la medición de la efectividad para garantizar su representatividad en el tiempo, es decir la confianza en la medición de la efectividad y su evolución. Esto se debe separar del trabajo de representatividad del panel y del control de los datos de recolección que definen el objetivo de las personas encuestadas.

Para definir la capacidad de la medición a estar bajo control, hay que cumplir con tres parámetros:

- La forma de la dispersión de la medición de la efectividad, es decir, controlar las fuentes de variación, distinguiendo entre lo que es previsible, conocido como causa común, y lo que es imprevisible, como causa especial. Para comprobar que la medición de la efectividad está centrada en su objetivo, se mide el control de la variabilidad por probabilidad estadística (criterio de la norma). Se hablará de una medición "bajo control" en la cual solamente existen causas comunes, cuando a lo largo de las campañas se mantiene centrada la repartición de la medición en ese objetivo. Y se hablará de una medición "fuera de control" en caso de que la repartición, al estar sometida a la presencia de causas especiales, se descentre.

- La capacidad de la medición de la efectividad, es decir dirigir la medición en sus límites naturales. Se hablará de una medición competente cuando los resultados de esa medición se encuentran dentro de sus límites naturales. Si los resultados se salen de esos límites naturales, se hablará de una medición no competente.
- El control de la medición de la efectividad, es decir implementar un mapa de control de la medición, en primer lugar:
  - ✓ identificando los parámetros críticos de la medición;
  - ✓ observando la medición;
  - ✓ analizando la variabilidad de la medición;
  - ✓ analizando las fuentes de variabilidad;
  - ✓ optimizando la medición.

Para proponer una estandarización del control en segundo lugar:

- ✓ poniendo la medición sobre "los rieles";
- ✓ disminuyendo la frecuencia de los controles.

### 2. Finalidades

En lugar de repetir la totalidad del o de los cuestionarios, se utiliza una muestra de preguntas. Eso tiene un gran impacto sobre los costos de una encuesta.

Es posible medir la progresión o la regresión de los niveles de efectividad más rápidamente en cada ciclo de medición de la efectividad, campo por campo de aplicación del derecho.

Eso permite representar el progreso de la tasa de evolución actualizada en la última medición en forma de curvas comparadas en el tiempo.

## E. Representación gráfica

La clave de la eficiencia de la medición es la representación gráfica. Se aplica en todos los indicadores, respetando los criterios en función de la utilización deseada:

- El uso del diagrama radar, que permite hacer una lectura comparativa de datos en un conjunto de datos comparables para visualizar el alcance de los compromisos en relación con los objetivos.
- El uso de los histogramas, para conocer la distribución de los datos en un contexto particular.
- El uso de un diagrama en anillo, para medir el tamaño global de un objetivo.
- El uso de curva en series, para comparar series de datos sobre una misma medición con el fin de visualizar las evoluciones.

Una lectura rápida y explícita de la situación, que todos comprendan, asegura la calidad de la representación.

## 1. Formas de representación

### *a) Diagrama radar de la efectividad propia de cada criterio*

*Objetivo de la representación*: resaltar en el conjunto del perímetro de la medición los niveles fuertes de efectividad y aquellos por mejorar de cada criterio.

*Interpretación*: identificar de inmediato las fuentes de mejora de la efectividad, criterio por criterio.

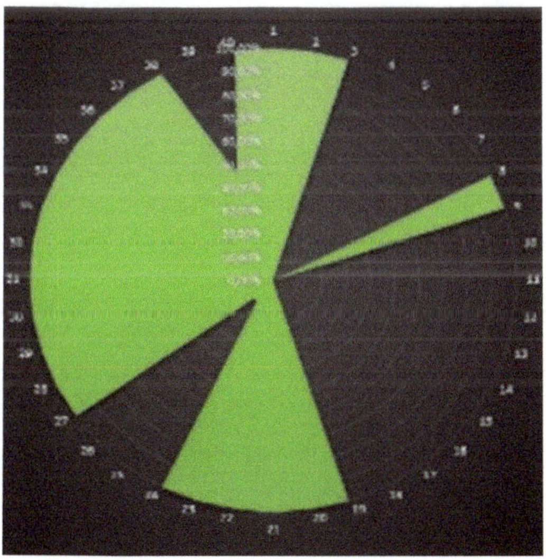

### *b) Diagrama radar de la propia efectividad de cada familia de criterios*

*Objetivo de la representación:* resaltar los niveles fuertes de efectividad y por mejorar de cada familia de criterios en el conjunto del perímetro de la medición.

*Interpretación:* identificar de inmediato las prioridades de mejora de la efectividad. Dicha identificación puede darse sobre lo siguiente:

- medios del campo de aplicación del derecho (familia de criterios existenciales);
- materias del campo de aplicación del derecho (familia de criterios de aplicabilidad);
- métodos del campo de aplicación del derecho (familia de criterios de fondo);
- modos del campo de aplicación del derecho (familia de criterios orgánicos);
- maneras del campo de aplicación del derecho (familia de criterios del control de aplicación);
- medios exógenos al campo de aplicación del derecho (familia de criterios no jurídicos).

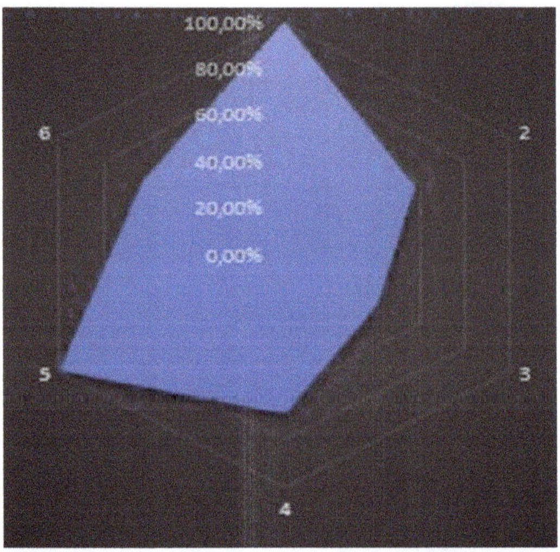

## *c) Histograma de la distribución de la efectividad de las familias de criterios en el tema jurídico*

*Objetivo de la representación*: definir la urgencia de acción sobre la efectividad de cada familia de criterios en el conjunto del perímetro de la medición.

*Interpretación:* identificar las prioridades para iniciar las acciones de mejora de cada familia de criterio en la efectividad del derecho. En la medida en que el porcentaje es más elevado en una familia, más influye la familia sobre la efectividad. Si el propio nivel de efectividad es débil y su influencia es elevada, en el diagrama de la propia efectividad de cada familia de criterios (diagrama anterior), es una fuente evidente de mejora rápida de la tasa de efectividad global.

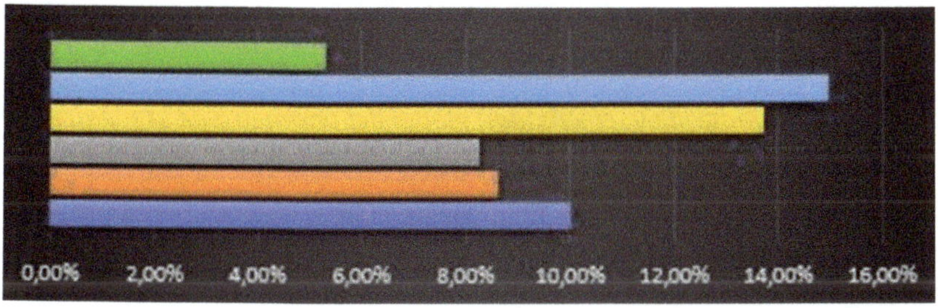


## *d) Diagrama en anillo de la efectividad del tema jurídico*

*Objetivo de la representación*: resaltar la aceptación o no del nivel de efectividad del tema jurídico.

*Interpretación:* decidir si emprender o no acciones de mejora de la efectividad del tema jurídico.

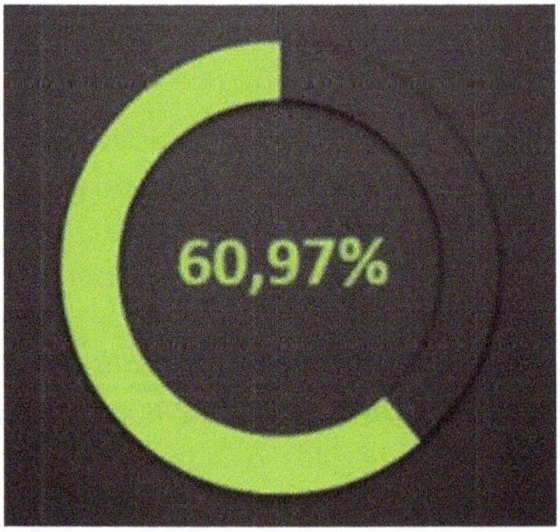


*e) Diagrama radar de la efectividad global del perímetro de la medición o del derecho*

*Objetivo de la representación:* resaltar, por un lado, la aceptación o no del nivel global de efectividad del derecho; por otro, los niveles de efectividad fuertes y por mejorar con relación a los objetivos de gobernanza.

*Interpretación:* mejorar la gobernanza de la aplicación del derecho, en la que se considera insuficiente la efectividad en un tema jurídico, fijando nuevos objetivos y nuevos compromisos.

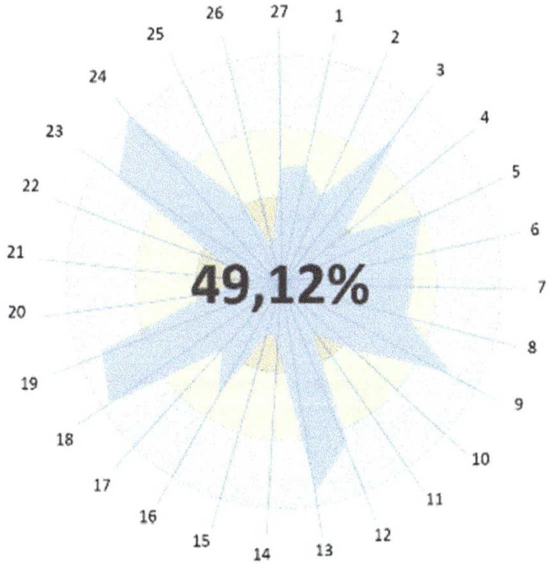


## *f) Curva histograma de la evolución de la efectividad del perímetro de la medición*

*Objetivo de la representación:* resaltar la progresión o la regresión en el tiempo de la efectividad de cada campo de aplicación del derecho.

*Interpretación*: dirigir la mejora de la efectividad; en caso de progresión, validar los resultados de las acciones de mejora; en caso de regresión, ajustar esas acciones.

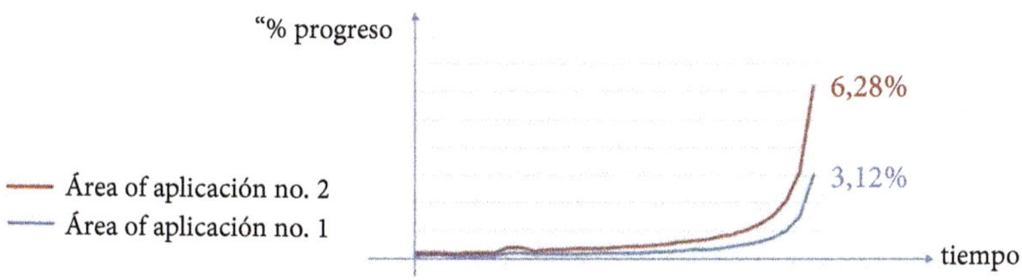

## 2. El uso de las representaciones

El uso de las representaciones gráficas depende de sus correctas lecturas. Cuanto más rápida y sencilla sea la lectura, más fácil será la toma de decisiones.

### *a) Lectura*

Una representación gráfica es un elemento de lenguaje "mudo". Por lo tanto, es importante aclarar el objeto de la representación mediante títulos evocativos y representarlos de manera agrupada en forma de un panel de control en la medida de lo posible.

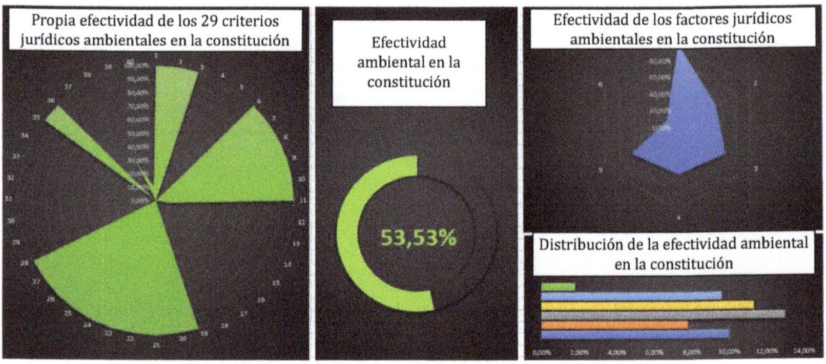


### *b) Apoyo en la toma de decisiones*

Las zonas de incumplimiento que caracterizan la inefectividad del propio criterio del tema jurídico se identifican rápidamente en el panel de control.

La identificación de lagunas por familia de criterios y para cada criterio es evidente, incluso si el índice global de efectividad del tema jurídico parece aceptable. Esas son las causas de inefectividad que hay que solucionar.

De esta manera contamos con la identificación precisa de los puntos que se pueden mejorar para obtener una aplicación satisfactoria de las normas del derecho. Esto permitirá una mejora y una reforma clara sobre uno o varios puntos precisos de la implementación de la aplicación del derecho de forma directa.

# Conclusión: fortalezas y debilidades de los indicadores jurídicos

¿Cuáles son los remedios frente a una constatación unánime de la inexistencia o insuficiencia de una aplicación del derecho ambiental? ¿Crear aún más derecho? ¿Aumentar las sanciones? ¿Multiplicar los controles? ¿Reformar la gobernanza?

¿La innovación de crear indicadores jurídicos responde a esos interrogantes?

Los indicadores jurídicos propiamente dichos no son indicadores de gobernanza que ayudarían a gestionar mejor la aplicación efectiva del derecho. Más bien son, como todos los indicadores, instrumentos de ayuda para la toma de decisiones. Más que herramientas para constatar una satisfactoria o inapropiada gobernabilidad, los indicadores son una fuerza de propuesta para mejorar el buen funcionamiento del derecho. Aunque contribuyen a la gobernanza, los indicadores tienen sus límites.

## 1. Aporte de los indicadores jurídicos a la gobernanza

A través de la implementación de la aplicación del derecho, los indicadores jurídicos informan con precisión sobre la vida del derecho en un determinado país. Siempre son específicos de un Estado y no permiten hacer comparaciones entre Estados.

Están construidos solamente para acompañar los cambios, identificar los frenos y regresiones y permitir identificar palancas de progreso. En una palabra, permiten aclarar una situación que se volvió confusa debido a la intervención de numerosos actores públicos y privados, colectivos e individuales. Podemos esperar de su existencia identificar responsabilidades sobre la base de una descripción de la cadena de las causas de la inefectividad.

De igual manera, los indicadores jurídicos enriquecen los datos sobre la gobernanza, destacando los usos sociales del derecho e identificando los obstáculos jurídicos, institucionales, culturales y otros que frenan la aplicación del derecho ambiental.

Sería demasiado esperar una efectividad plena del derecho y sería inapropiado pensar que por sí solos pueden contribuir a su total eficacia.

Por otra parte, los indicadores jurídicos responden a una necesidad en la medida en que permiten iluminar la decisión pública durante la aplicación de políticas públicas que, cuando se refieren al medio ambiente en particular, implican numerosos arbitrajes de conflictos de intereses que no es necesario especificar aquí.

Además, el propio derecho no contiene solamente normas de prohibición o de autorización, sino también un conjunto complejo de procedimientos, de instituciones y de conceptos. Por consiguiente, su efectividad depende de una coordinación de esos diferentes elementos constitutivos, que unos indicadores bien elaborados pueden ayudar a evaluar y controlar.

## 2. Los límites de los indicadores jurídicos

Los indicadores jurídicos no permiten ni gobernar con números, ni frenar la degradación ambiental, ni proteger mejor el medio ambiente de inmediato. No son más que una herramienta parcial de información. Especialmente en lo que "la efectividad siempre es relativa y existe una multitud de etapas intermedias entre un enunciado y sus traducciones sociales"[338]. Aunque ellos son mediáticamente ilustrativos para identificar las insuficiencias, el porcentaje de efectividad de una ley ambiental cuenta menos que traer a la luz sus frenos y puntos de bloqueo. Esta es una condición esencial para que todos comprendan que un derecho sin efectividad es como un derecho inexistente.

Los indicadores jurídicos visibilizan las causas de la no aplicación del derecho ambiental e instruyen sobre las escalas de efectividad. Hacen tomar conciencia de que para proteger el medio ambiente no es suficiente votar leyes o firmar tratados. Lo más difícil es comprometer a todas las partes interesadas a aplicar el derecho promulgado.

En la actualidad, siendo este el fruto, a la vez, del derecho internacional, del derecho europeo y de la aplicación de los Objetivos de Desarrollo Sostenible, los procesos jurídicos de implementación requieren orquestar la partitura de una multitud de actores frente a una multitud de normas. Así pues, podemos ver que los indicadores desempeñan un papel en responsabilizar a los actores interesados al permitir poner de manifiesto cualquier contradicción entre los compromisos morales y los logros jurídicos.

Como solo son indicadores, es evidente que las orientaciones y prescripciones que se pueden extraer de ellos dependen de la valoración o de la interpretación que se haga sobre ellos. Esto explica que los mismos indicadores puedan llevar a

338 P. Lascoumes, «Conclusión: la efectividad, indicador del lugar del derecho en las relaciones sociales», en V. Champeil-Desplats y D. Lochak (dir.), *A la búsqueda de la efectividad de los derechos humanos*, París, Prensas universitarias de París Nanterre, 2008, p. 265.

conclusiones opuestas. Toda política ambiental implica elecciones de valores que los indicadores no pueden hacer desaparecer de ninguna manera, ni tampoco tienen vocación de disimularlas.

En otras palabras, si los indicadores jurídicos no son suficientes para salvar el planeta por sí mismos, al menos pueden contribuir en el futuro a volver más operativo el derecho, a alertar sobre las derivas, a identificar las resistencias eventuales y los puntos de bloqueo y enderezarlos, en una palabra, para permitir corregir el rumbo.

# Bibliografía


Agencia Europea de Medio Ambiente, *El medio ambiente en Europa – Estado y perspectivas 2020.*

Aiken J. H. and Wizner S., « Measuring Justice », *Wisconsin Law Review*, 2013, pp. 79-99.

Allen M. J. and Yen W.M., *Introduction to Measurement Theory*, Long Grove, Waveland Press, 2002.

Arndt Ch. y Oman Ch., *Los indicadores de gobernanza: usos y abusos,* Centro de desarrollo de la OCDE, París, OCDE, 2006.

Arndt Ch., *Governance Indicators*, Dissertation, Maastricht University, 2009.

Colegio de abogados de Canadá, *Medición del acceso a la justicia: un documento de discusión,* Ottawa, 2013.

Auvergnon Ph., «Un enfoque comparativo de la pregunta de la efectividad del derecho laboral», en Auvergnon Ph. (dir.), *La efectividad del derecho laboral, ¿bajo qué condiciones?,* Burdeos, Prensas universitarias de Burdeos, 2008.

Ayong Le Kama A., Lagarenne C. y Le Lourd P., *Indicadores nacionales del desarrollo sostenible: ¿cuáles mantener?,* Informe del grupo de trabajo interministerial sobre los indicadores en la Comisión de cuentas y de la economía ambiental, París, La Documentación francesa, 2004.

Banco Mundial, *Informe sobre el desarrollo en el mundo 2020. El comercio al servicio del desarrollo en la era de la mundialización de las cadenas de valor. Resumen.* Washington, 2020.

Banco Mundial, *Atlas de los Objetivos de Desarrollo Sostenible 2018. Indicadores del desarrollo en el mundo,* Washington, 2018.

Barendrechts M., «Rule of Law, Measuring and Accountability: Problems to Be Solved Bottom Up», *Hague Journal on the Rule of Law*, 3/2011, pp. 282–304.

Barreira A., *Environmental Rule of Law: An Analysis of Data Availability*, Green Growth Knowledge Platform, 2019.

Bartlett R., «Evaluating Environmental Policy Success and Failure», in Vig N. and Kraft M. (eds.), *Environmental Policy in the 1990s: Towards a New Agenda*, Washington, CQ Press, 1994.

Beer-Gabel J. y Labat B., *La protección internacional de la fauna y la flora salvajes,* Bruselas, Bruyant y Universidad de Bruselas, 1999.

Bergeret F. y Mercier S., *Control estadístico de los procedimientos. Principios y casos industriales*, París, Dunot, La Fábrica Nueva, 2011.

Bertelsmann Stiftung and SDSN, *SDG Index and Dashboards Report 2017. Global Responsibilities, International Spillover in Achieving the Goals*, July 2017.

Bertelsmann Stiftung and SDSN, *SDG Index and Dashboards Report 2018. Global Responsibilities, Implementing the Goals*, July 2018.

Bertelsmann Stiftung and SDSN, *Africa SDG Index and Dashboards Report 2018*, July 2018.

Bertelsmann Stiftung and SDSN, *Sustainable Development Report 2019. Transformations to Achieve the Sustainable Development Goals*, June 2019.

Besançon M., *Good Governance Rankings: The Art of Measurement*, Somerville, World Peace Foundation, 2003.

Bétaille J., *Las condiciones jurídicas de la efectividad de la norma en derecho público interno: ilustraciones en derecho del urbanismo y del medio ambiente*, tesis de derecho, Limoges, 2012.

Bétaille J. (dir.), *El derecho de acceso a la justicia ambiental*, Toulouse, Periódicos de la Universidad de Toulouse, 2016.

Bétaille J., «La efectividad en derecho ambiental», en Brimo S. y Pauti Ch. (dir.), *La efectividad de los derechos. Miradas en derecho administrativo*, París, Mare et Martin, 2019.

Beurier J. P., *Derecho ambiental internacional*, 5.ªed., París, Pedone, 2017.

Bizikova L. and Pinter L., *Indicator Preferences in National Reporting of Progress Toward the Sustainable Development Goals*, IISD, June 2017.

Boskovic O., *La eficacia del derecho ambiental. Implementación y sanciones*, París, Dalloz, 2010.

Botero J. and Ponce A., *Measuring the Law*, World Justice Project, Working Paper Series 1, 2011.

Botero J. C., Nelson R. L. and Pratt Ch., «Indices and Indicators of Justice, Governance, and the Rule of Law: An Overview», *Hague Journal on the Rule of Law*, vol. 3/2, 2011, pp. 153–169.

Breitmeir H., Young O. R. and Zurn M., *Analyzing International Environmental Regimes: From Study to Database*, Cambridge, MIT Press, 2006.

Brimo S. y Pauti Ch. (dir.), *La efectividad de los derechos. Miradas en derecho administrativo*, París, Mare et Martin, 2019.

Brosset Briand M. *et al.*, *El número y el derecho*, París, L'Harmattan, 2020.

Burhenne-Guilmin F., *Environmental Law in Developing Countries: Selected Issues*, vol. 2, IUCN Environmental Policy and Law Paper n.° 43, Gland, 2004.

Cato Institute, *The Human Freedom Index 2019. A Global Measurement of Personal, Civil, and Economic Freedom*, Washington, 2019.

Caveng R., «La producción de encuestas cuantitativas», *Revista de antropología del conocimiento*, vol. 6, n.° 1, 2012, pp. 65–88, https://www.cairn.info/revue-anthropologie-des-connaissances-2012-1-page-65.htm.

CEA, *Informe sobre los escenarios institucionales y estratégicos para el desarrollo sostenible en África*, Addis-Abeba, 2012.

CEA, *Informe regional sobre los ODS en África*, Addis-Abeba, 2015.

Cling J.-P., Razafindrakoto M. y Roubaud F., «El ODS 16 sobre la gobernanza y su medición. África a la cabeza», *África contemporánea*, n.° 258, 2/2016.

Comisión Interamericana de Derechos Humanos, *Lineamientos para la elaboración de indicadores de progreso en materia de derechos económicos, sociales y culturales*, OEA/SER.L/V/II.132, 19 de julio de 2008.

Comisión de la Unión Africana, *Agenda 2063. El África que queremos. Marco estratégico común para un crecimiento inclusivo y un desarrollo sostenible. Primer plan decenal de implementación 2014–2023*, septiembre 2015.

Consejo Canadiense para la cooperación internacional, *Avance de la implementación de los ODS a nivel nacional: una evaluación independiente de los exámenes nacionales voluntarios sometidos al Foro Político de Alto Nivel sobre el Desarrollo Sostenible de Naciones Unidad en 2018*, Ottawa, 2019.

Consejo de Europa, *Lista de criterios del Estado de Derecho*, Estrasburgo, 2016

Cooter R. and Ulen T., *Law and Economics*, 6th ed., Boston, Addison Wesley Longman, 2012.

Couveinhes-Matsumoto F., *La efectividad en derecho internacional*, Bruselas, Bruylant, 2014.

COWI and Eunomia, *Study: The costs of not implementing EU environmental law. Final Report*, Brussels, European Commission, 2019.

Crabbe A. and Leroy P., *The Handbook of Environmental Policy Evaluation*, London, Earthscan, 2008.

Craig S. and Maggiotto M., « Measuring Political Efficacy », *Political Methodology*, vol. 8, n° 3, 1982, pp. 85-109.

Dandurand Y. and Jahn J., *Access to Justice Measurement Framework*, Abbotsford, 2015.

Davis K. E., «Legal Indicators: The Power of Quantitative Measures of Law», *Annual Review of Law and Social Science*, vol. 10, 2014, pp. 37–52.

Davis K., Fisher A., Kingsbury B. and Merry S. E., *Governance by Indicators: Global Power Through Quantification and Rankings*, Oxford, Oxford University Press, 2012.

Delmas A., *Perspectivas para la revisión de la estrategia Europa 2020*, París, Consejo económico, social y ambiental, 2015.

Department of Economic and Social Affairs, *Public Governance Indicators: A Literature Review*, New York, United Nations, ST/ESA/PAD/SER.E/100, 2007.

DESA, *Synthesis of Voluntary National Reviews 2016*, New York, 2016.

Doumbé-Billé S., «Implementación y seguimiento del derecho ambiental internacional. Informe general» en Prieur M. (dir.), *Implementación nacional del derecho ambiental internacional en los países francófonos*, Limoges, PULIM, 2003, pp. 491–501.

Duclos E., *El control estadístico de los procedimientos CEP/SPC*, Doussard, Emmanuel Duclos Conseil. 2008.

Dupuy P.-M. y Kerbrat Y., *Derecho público internacional,* 14.ª ed., París, Dalloz, 2018.

Dworkin R., *Tomar en serio los derechos*, París, PUF, 1995.

Ebbeson J., *Access to Justice in Environmental Matters in the EU*, Kluwer Law International, 2002.

Economic and Social Council, Economic Commission for Africa, *Report of the Seminar for Lawyers on Development of Environmental Protection Legislation in the ECA Region*, E/CN.14/784, 21 October 1980.

Environmental Protection Agency, *Principles of Environmental Enforcement*, Washington, 1992.

EPI, *Global Metrics for the Environment*, 2016, https://epi.envirocenter.yale.edu.

EPI, *Environmental Performance Index, 2018 Release,* https://sedac.ciesin.columbia.edu/data/set/epi-environmental-performance-index-2018.

EPI, *Environmental Performance Index 2020. Global metrics for the environment: Ranking country performance on sustainability issues*, https://epi.yale.edu/downloads/epipolicymakersummaryr9.pdf.

Ercmann S., *Enforcement of environmental law in national and international law*, 5th Colloquy on Environmental Protection Law, Prague, Council of Europe, Strasbourg, 1995.

European Commission for the Efficiency of Justice, *European Judicial System: Efficiency and Quality of Justice*, CEPEL Studies 11, Strasbourg, Council of Europe, 2008.

European Environmental Agency, *Environmental Indicators Report*, n.° 19, 2018.

European Environmental Agency, *Digest of Environmental European Agency Indicators*, Technical Report n.° 8, 2014.

Eurostat, «Vínculos entre estadísticas y política de la Unión Europea. Los euroindicadores. Los indicadores estructurales. Los indicadores de desarrollo sostenible», *Europa en cifras*, 2006–2007, pp. 318–323.

Eurostat, *Smarter, greener, more inclusive? Indicators to support the Europe 2020 strategy*, 2019 edition, European Union, September 2019.

Eurostat, *EU SDG indicators set 2020. Result of the review in preparation of the 2020 edition of the EU SDG monitoring report*, European Commission, Final version of 16/01/2020.

FAO, *Mejorar la gobernanza de las tierras pastoriles*, Guía técnica para la gobernanza de los regímenes del suelo 6, Rome, 2016.

FAO, *La FAO y los ODS. Indicadores de medición para supervisar la implementación del Programa de desarrollo sostenible en el horizonte 2030*, Roma, 2017.

FAO, *Realizing women's rights to land in the law. A guide for reporting on SDG indicator 5.a.2*, Rome, 2018.

FAO, *The State of World Fisheries and Aquaculture 2018 – Meeting the sustainable development goals*, Rome, 2018.

FAO, *Incorporating environmental flows into "water stress" indicator 6.4.2 – Guidelines for a minimum standard method for global reporting*, Rome, 2019.

FAO, *Seguimiento de los avances logrados en el marco de los indicadores de los ODS vinculados a la alimentación y la agricultura. Informe sobre los indicadores bajo la responsabilidad de la FAO*, Roma 2019.

Faure M., *Análisis económico del derecho ambiental*, prefacio de M. Prieur, Bruselas, Bruylant, 2006.

Ferchichi W., *La protección ambiental en derecho tunecino*, prefacio M. Prieur, Túnez, Centro de estudios jurídicos y judiciales, 2013

Fukuda-Parr S. and McNeil D., «Knowledge and Politics in Setting and Measuring the SDGs», *Global Policy*, vol. 10, 2019, pp. 5–15.

Fundamental Rights Agency, *Developing Indicators for the Protection, Respect and Promotion of the Right of the Child in the European Union*, Vienna, 2010.

Fundamental Rights Agency, *The Right to Political Participation for Persons with Disabilities: Human Rights Indicators*, Vienna, 2014.

Frydman B. y Van Waeyenberge A., *Gobernar por los estándares y los indicadores: de Hume a los rankings*, Bruselas Bruylant, 2014.

Gennari P. and Kalamvrezos Navarro D., «A bold call for action needed on measuring SDG indicators», *IISD*, 28 April 2020.

Ginsburg T., «Pitfalls of Measuring the Rule of Law», *Hague Journal on the Rule of Law*, vol. 3/2, 2011, pp. 269–280.

Goggin M. L. *et al.*, *Implementation Theory and Practice: Toward a Third Generation*, Glenview, Scott Foresman, 1990.

Gross Cunha L., Luci de Oliveira F. and Glezer R. E., «Brazilian Justice Confidence Index. Measuring Public Perception on Judicial Performance in Brazil», *Revista Colombiana de Derecho Internacional*, n.° 25, 2014, pp. 445–472.

Gramatikov A. *et al.*, *A Handbook for Measuring the Cost and Quality of Access to Justice*, Antwerp, Maklu and Tilburg Institute for Interdisciplinary Studies of Civil Law and Conflict Resolution Systems, 2009.

Granier L. (dir.), *Aspectos contemporáneos del derecho Ambiental en África del Oeste y Central*, IUCN, PNUD, Derecho y política ambiental n.° 69, Gland, 2008.

Gündling L., *Legal obstacles to the application of nature conservation legislation*, Nature and environment n.° 89, Strasbourg, Council of Europe, 1997.

Gupta D. K. *et al.*, «Creating a composite index for assessing country performance in the field of human rights: Proposal for a new methodology», *Human Rights Quarterly*, vol. 16, 1994, pp. 131–162.

Alto Comisionado para los Derechos Humanos, *Indicadores de los derechos humanos. Guía para medir e implementar, Ginebra,* 2012

Alto Comisionado para los Derechos Humanos, *Un enfoque de los datos infundado en los derechos humanos. No dejar a nadie de lado en el Programa de Desarrollo Sostenible en el horizonte 2030*, Ginebra, 2018.

Hopper J. S., *A Mixed-Methods Approach to Analyzing Environmental Enforcement in the American States*, SAGE Research Methods Cases, 2019.

HLPF, *2017 Voluntary National Reviews Synthesis Report*, New York, DESA, 2017.

HLPF, *2018 Voluntary National Reviews Synthesis Report*, New York, DESA, 2018.

HLPF, *2019 Voluntary National Reviews Synthesis Report*, New York, DESA, 2019.

HLPF, *Handbook for the preparation of voluntary national reviews. The 2020 Edition*, New York, 2019.

Hsu A. *et al.*, *The 2016 Environmental Performance Index*, New Haven, Yale Center for Environmental Law and Policy, 2016.

ICCWC, *Marco de indicadores de la ICCWC para la lucha contra la criminalidad vinculada a las especies salvajes y los bosques. Un marco de auto-evaluación de uso nacional. Líneas directrices para la evaluación*, julio 2016.

ILO, *Decent work indicators: guidelines for producers and users of statistical and legal framework indicators*, ILO Manual, Second version, Geneva, 2013.

IMPEL, *Challenges in the Practical Implementation of European Union Environmental Law and How IMPEL Could Help Overcome Them*, 2015.

INECE, *Performance measurement guidance for compliance and enforcement practitioners*, 2nd ed., 2008.

INECE-OECD, *Workshop on Environmental Compliance and Enforcement Indicators: Measuring What Matters*, Paris, 2004.

Instituto francés del medio ambiente, "45 indicadores de desarrollo sostenible: una contribución del IFEN", *Estudios y trabajos*, n.º 41, 2003.

Institute for Economics & Peace, *SDG16+ Progress Report 2019. A Comprehensive Global Audit of Progress on Available SDG16 Indicators*, March 2019.

Inter-American Development Bank and World Justice Project, *Environmental Governance Indicators for Latin America and the Caribbean. A cross-country assessment of environmental governance in practice in Argentina, Bolivia, Brazil, Colombia, Costa Rica, the Dominican Republic, El Salvador, Jamaica, Peru & Uruguay*, 2020.

International Conference on Environmental Enforcement, Budapest, 1992.

International Council on Human Rights Policy and Office of the United Nations High Commissioner for Human Rights, *Assessing the Effectiveness of National Human Rights Institutions*, Geneva, 2005.

Jeammaud A., *El concepto de impacto de las normas sociales europeas, ¿cuáles indicadores?* CRDS (IETL). Universidad de Lyon 2, 2005.

Jeammaud A., "El concepto de efectividad en derecho", en Auvergnon Ph. (dir.), *La efectividad del derecho laboral, a qué condiciones?*, Burdeos, Prensas universitarias de Burdeos, 2008.

Kamto M., *Derecho ambiental en África,* París, EDICEF-AUPELF, 1996.

Kaufmann D., Kraay A., «Two Comments on "Governance Indicators: Where Are We, Where Should We Be Going?"», *The World Bank Research Observer*, vol. 23, n.° 1, 2008, pp. 31–36.

Kaufmann D., Kraay A. and Mastruzzi M., *The Worldwide Governance Indicators: Methodology and Analytical Issues*, Policy Research Working Paper n.° 5430, Washington, World Bank, 2010.

Kingsburg B., Davis K.E. and Engle Merry S., *The quiet power of indicators: measuring governance, corruption and the rule of law*, Cambridge University Press, 2015.

Krever T., «Quantifying law: Legal indicator projects and the reproduction of neoliberal common sense», *Third World Quarterly*, vol. 34, n.° 1, 2013, pp. 131–150.

Lavieille J.-M., Delzangles H. et Le Bris C., *Droit international de l'environnement*, 4e éd., París, Ellipses, 2018.

Lavieille J.-M. (dir.), *Convenios de protección ambiental. Secretarías, conferencias de las Partes, comités de expertos,* Limoges, PULIM, 1999.

Leroy Y., *La efectividad del derecho a través de un cuestionamiento en derecho laboral*, París, LGDJ, 2011.

Lévy-Bruhl H., "Nota sobre la estadística y el derecho", en *La estadística, sus aplicaciones, los problemas que plantea,* París, Prensas universitarias de Francia, 1935, pp. 141–147

Maggino F. (ed.), *Complexity in Society: From Indicators Construction to their Synthesis*, Springer, 2017.

Marais du B. (dir.), *¿Indicadores para medir el derecho? Los límites metodológicos de los informes* Doing Business, París, La Documentación francesa, 2006.

Martel J.-P., *Obras completas de Marguerite T. De Bané, Montreal,* Círculo del libro de Francia, 1973.

Martin P., Boer B. and Slobodian L. (eds.), *Framework for Assessing and Improving Law for Sustainability. A Legal Component of a Natural Resource Governance Framework*, Environmental Policy and Law Paper n.° 87, Gland, IUCN, 2016.

Martinand Cl., *Environnement et développement durable. L'indispensable mobilisation des acteurs économiques et sociaux*, Paris, Conseil économique et social, avis n.° 8, 12 mars 2003.

Mauerhofer V., «A bottom up "Convention-Check" to improve top-down global protected area governance», *Land Use Policy*, vol. 28/4, 2011, pp. 877–886.

May J. and Daly E., *Judicial Handbook on Environmental Constitutionalism*, Nairobi, UNEP, 2017.

Mc Donald S., "Elaboración del índice de acceso a la justicia por las entidades administrativas federales de Canadá" 2017, www.justice.gc.ca.

McGrath C., *Does Environmental Law Work? How to Evaluate the Effectiveness of an Environmental Legal System*, Riga, Lambert Academic Publishing, 2010.

McGrath C., *How to Evaluate the Effectiveness of an Environmental Legal System*, PhD Thesis, University of Queensland, 2007.

Merry S. E., Davis K. E. and Kingsburg B. (eds.), *The Quiet Power of Indicators: Measuring Governance, Corruption and Rule of Law*, Cambridge, Cambridge University Press, 2015.

Mickwitz P., «A Framework for Evaluating Environmental Policy Instruments: Context and Key Concepts», *Evaluation*, vol. 9/4, 2003, pp. 415–436.

Mo Ibrahim Foundation, *African Governance Report 2019. Agendas 2063 and 2030: Is Africa on Track?*, 2019.

Navarro G., «Diseño de un Sistema de Indicadores para el Programa Estratégico Regional para el Manejo de los Ecosistemas Forestales (PERFOR). Región de América Central y República Dominicana», *Jornadas de Análisis Estadístico*, Universidad de Costa Rica, 2016.

Norma Humanitaria Esencial, *Guía e indicadores de la Norma Humanitaria Esencial*, CHS Alliance, Proyecto Esfera y Grupo URD, 2016

OCDE, *Indicadores ambientales*, París 1991

OCDE, *Indicadores ambientales para la agricultura. Conceptos y marco de análisis*, vol. 1, París, 1999.

OCDE, *Indicadores ambientales para la agricultura. Preguntas claves y concepción*, El seminario de York, vol. 2, 1999.

OCDE, *Indicadores ambientales para la agricultura. Métodos y resultados*, vol. 3, París, 2001.

OCDE, *Indicadores clave del medio ambiente*, París, 2008.

OCDE, *Hacer respetar las normas ambientales. Tendencias y buenas prácticas*, París, 2009.

OCDE, *Perspectivas del medio ambiente de la OCDE al horizonte 2050; las consecuencias de la no acción*, París, 2012.

OCDE, *Indicadores de crecimiento verde para la agricultura*, París, 2015.

OCDE, *¿Cómo va la vida? Medir el bienestar*, París, 2017.

OECD, *Outcome Performance Measures of Environmental Compliance Assurance: Current Practices, Constraints and Ways Forward*, Paris, 2010.

OECD, *Environmental Enforcement in Decentralized Governance Systems: Towards a Nationwide Level Playing Field*, Paris, 2011.

OCDE, *Green Growth Indicators*, Paris, 2014.

OECD, *Environment at a Glance: OECD indicators*, Paris, 2015.

OECD, *How's Life? 2020. Measuring Well-being*, Paris, 2020.

OECD, Joint Research Centre of the European Commission, *Handbook on Constructing Composite Indicators. Methodology and User Guide*, Paris, OECD, 2008.

OECD/Open Society Foundations, *Legal Needs Surveys and Access to Justice*, Paris, OECD, 2019.

OIT, *Programa y presupuesto para el periodo bienal 2018–19*, Ginebra, 2017

OMM-GWP, *Manual de indicadores e índices de sequía,* Programa de gestión integrada de las sequías, Ginebra, 2016.

OMS, *Una colaboración fortalecida para una salud mejor: Plan de acción mundial para permitirle vivir a todos en buena salud y promover el bienestar de todos. Fortalecer la colaboración entre las organizaciones multilaterales para acelerar los adelantos de los países con miras a alcanzar las metas de los objetivos de desarrollo sustentable relacionados con la salud,* Ginebra, 2019.

Organización de los Estados Americanos, *Indicadores de progreso para la medición de derechos contemplados en el Protocolo de San Salvador*, OEA/Ser.L/XXV.2.1, GT/PSS/doc9/13, 2013.

Pariente-Butterlin I., *El derecho, la norma y la realidad*, París, PUF, coll. «Quadrige», 2005

Parsons J., «Developing Clusters of Indicators: An Alternative Approach to Measuring the Provision of Justice», *Hague Journal on the Rule of Law*, vol. 3, 2011, pp. 170–185.

Parsons J. *et al.*, *Developing Indicators to Measure the Rule of Law: A Global Approach*, Vera Institute of Justice and Altus Global Alliance, 2008.

Pillet M., *Aplicar el control estadístico de los procesos CEP/SPC*, 6.ª ed., París, Eyrolles, 2005.

Pleasence P. and Balmer N., «Measuring the Accessibility and Equality of Civil Justice», *Hague Journal on the Rule of Law*, vol. 10, 2018, pp. 255–294.

PNUD, *Informe mundial sobre el desarrollo humano 2004. La libertad cultural en un mundo diversificado*, París, Económica, 2004.

PNUD, *Informe sobre el desarrollo humano. Sostenibilidad y equidad: un futuro mejor para todos*, Nueva York, 2011.

PNUD, *Informe sobre el desarrollo humano 2014. Perpetuar el progreso humano: reducir las vulnerabilidades y fortalecer la resiliencia*, Nueva York, 2014.

PNUD, *Informe sobre el desarrollo humano 2016. El desarrollo humano para todos*, Nueva York, 2016.

PNUD, *Índices e indicadores de desarrollo humano 2018. Actualización estadística*, Nueva York, 2018.

PNUD, *Informe sobre el Desarrollo humano 2019. Más allá de los ingresos, los medios y el tiempo presente: las desigualdades de desarrollo humano en el siglo XXI*, Nueva York, 2019.

PNUD, *Informe sobre el desarrollo humano en África 2016. Acelerar el progreso en favor de la igualdad de géneros y de la automatización de las mujeres en África*, Nueva York, 2016.

PNUE, *El futuro del medio ambiente en África. El pasado, el presente y las perspectivas del futuro*, Nairobi, 2002.

PNUE, *Hacia una economía verde: por un desarrollo sostenible y una erradicación de la pobreza*, Nairobi, 2011.

Praia City Group, *Handbook on Governance Statistics*, 2020, https://paris21.org/news-center/news/new-praia-city-group-handbook-governance-statistics.

Prieur M. (dir.), *¿Hacia un nuevo derecho ambiental? Reunión mundial de juristas y asociaciones de derecho ambiental*, Limoges, CIDCE, 2003.

Prieur M. (dir.), *La implementación nacional del derecho ambiental internacional en los países francófonos*, Limoges, PULIM, 2003.

Prieur M., *Derecho Ambiental, derecho sostenible*, Bruselas, Bruylant, 2014.

Prieur M., *Los indicadores jurídicos, herramientas de evaluación de la efectividad del derecho ambiental*, Quebec, IFDD, 2018.

Prieur M., "Para indicadores jurídicos de los Objetivos de Desarrollo Sostenible y de la Biodiversidad", *Humanidad y Biodiversidad* n.° 5, 2018–2019, pp. 218–222.

Prieur M., «The principle of non regression», in Krämer L. and Orlando E. (eds.), *Principles of Environmental Law*, Elgar Encyclopaedia of Environmental Law Series, Edward Elgar Publishing, vol. VI, 2018.

Prieur M. *et al.*, *Derecho ambiental*, 8.ª ed., París, Dalloz, 2019.

Prieur M. y Doumbé-Billé S., *Recopilación francófona de tratados y textos internacionales de derecho ambiental*, 2.ª ed., Bruselas, Bruylant, AUPELF-UREF, 2012.

Prieur M. and Mekouar M. A., «Measuring the Effectivity of Environmental Law through Legal Indicators in the Context of Francophone Africa», in Kameri-Mbote P. and Odote C. (eds.), *Blazing the Trail. Professor Charles Okidi's Enduring Legacy in the Development of Environmental Law*, University of Nairobi, School of Law, 2019, pp. 238–256.

Prieur M. y Sozzo G. (dir.), *La no regresión en derecho ambiental.* Bruselas, Bruylant, 2012.

Programa Solidaridad Agua. *Los Objetivos del Desarrollo Sostenible al servicio del agua y del saneamiento. Descifrado de los objetivos e indicadores*, París, 2018.

Quiroga Martínez R., *Guía metodológica para desarrollar indicadores ambientales y de desarrollo sostenible en países de América Latina y el Caribe*, CEPAL, Santiago de Chile, 2009.

Rangeon F., "Reflexiones sobre la efectividad del derecho", en CURAPP, *Los usos sociales del derecho*, París, PUF, 1989.

Richard V., *El derecho y la efectividad, aportes al estudio de una noción*, tesis de derecho, París II, 2003.

Rosga A. and Satterthwaite M. L., «The trust in indicators: Measuring human rights», *Berkeley Journal of International Law*, vol. 27/2, 2009, pp. 253–315.

Rowe G. and Frewer L. J., «Evaluating Public Participation Exercises: A Research Agenda», *Science, Technology and Human Values*, vol. 29/4, 2004, pp. 512–556.

Sadeleer de N., *Los principios del que contamina paga, de prevención y precaución*, Bruselas, Bruylant–AUF, 1999.

Sand P. H. (ed.), *The Effectiveness of International Environmental Agreements: A Survey of Existing Legal Instruments*, Cambridge, Grotius, 1992.

Sand P. H., «The Effectiveness of Multilateral Environmental Agreements: Theory and Practice», in Lewis M., Honkonen T. and Romppanen S. (eds.), *International Environmental Law-making and Diplomacy Review 2016*, Joensuu, University of Eastern Finland Law School, UNEP Course Series 16, 2017, pp. 1–25.

SDSN, *Assessing Gaps in Indicators Availability and Coverage*, July 2014.

SDSN, *Indicators and a Monitoring Framework: Launching a Data Revolution for the Sustainable Development Goals*, June 2015.

Siems M. M., «Measuring the immeasurable: How to turn law into numbers», in Faure M. and Smits J. (eds.), *Does Law Matter? On Law and Economic Growth*, Cambridge, Intersentia, 2011, pp. 115–136.

Siems M. M., «Numerical comparative law: Do we need statistical evidence in order to reduce complexity?», *Cardozo Journal of International and Comparative Law*, vol. 13, 2005, pp. 521–40.

*Social Indicators Research* (International and interdisciplinary journal for quality-of-life measurement published by Springer since 1974).

*Social Indicators Research Book Series*, 73 volumes, 1997–2020 (Springer).

Supiot A., *La gobernanza por los números*, París, Fayard, 2015.

Theys J. «A la búsqueda del desarrollo sostenible: una vuelta por los indicadores», en Jolivet M. (dir.), *El desarrollo sostenible, de la utopía al concepto, Nuevos campos para la investigación*, París, Elsevier and NSS, 2001, pp. 269–285.

Tonou G. (ed.), *Indicators of quality of life in Latin America*, Springer, 2016.

UICN, *Introducción al Convenio Africano sobre la conservación de la naturaleza y los recursos naturales*, 2.ª ed., Gland, 2006

UNDP, *Access to Justice Assessments in the Asia Pacific: A Review of Experiences and Tools from the Region*, Bangkok, 2012.

UNEP, *Review of Institutional Capacity Building for Environmental Law and Institutions of Africa*, 2nd ed., Nairobi, 2000.

UNEP, *Measuring Progress towards an Inclusive Green Economy*, Nairobi, 2012.

UNEP, Intersessional Meeting of the Forum of Ministers of Environment for Latin America and the Caribbean, *Working Group on Environmental Indicators of the Forum of Ministers of Environment of Latin America and the Caribbean*, UNEP/LAC-IC.1.2015/7, 17–19 November 2015.

UNEP, *Environmental Rule of Law. First Global Report*, Nairobi, 2019.

UNEP-ILAC, *Regional Indicators Revision 2011*, Latin American and Caribbean Initiative for Sustainable Development, www.geodatos.org.

UNEP-UNDP, *Compendium of Environmental Laws of African Countries. Sectoral Environmental Laws and Regulations*, vol. 1–7, 1996–2002.

UN Habitat, *Proposed Global Land Indicators. Status Report on GLII Indicator Formulation, Disaggregation, Data Sources and Methodology*, GLII Working Paper n.° 3, Nairobi, 2015.

UN Habitat, *Sourcebook for Operationalisation of Global Land Indicators*, GLII Working Paper n.° 4, Nairobi, 2016.

UN Habitat, *A Multy-Country Capacity Assessment of National Statistical Offices Preparedness to Report on SDG Indicator 1.4.2*, GLII, Working Paper n.° 7, Nairobi, 2017.

UNESCO, *Indicadores Cultura 2030*, París, 2019.

UNESCO, *Highlights from the 2019 UNESCO Monitoring and Reporting of SDG Indicator 16.10.2 – Access to Information*, Paris, 2019.

UN-Water, *Sustainable Development Goal 6 Synthesis. Report 2018 on Water and Sanitation*, New York, 2018.

Unión Africana, *Primer informe continental sobre el estado de implementación de Agenda 2063*, febrero 2020.

Unión Interparlamentaria, *Los ODS al servicio de los parlamentos, herramienta de auto-evaluación*, Ginebra, 2016.

Victor D. G, Raustiala K. and Skolnikoff E. B. (eds.), *The Implementation and Effectiveness of International Environmental Commitments: Theory and Practice*, Cambridge, MIT Press, 1998.

Vladimirova K. and Le Blanc D., *How well are the links between education and other sustainable development goals covered in UN flagship reports? A contribution to the study of the science-policy interface on education in the UN system Department of Economic & Social Affairs*, DESA Working Paper 146, New York, October 2015.

Werker J. and Silva de L., *The Environmental Democracy Index*, Technical Note, World Resources Institute, 2015.

Winograd M., *Indicadores ambientales para Latinoamérica y el Caribe: hacia la sustentabilidad en el uso de tierras*, San José, IICA, 1995.

Winter G., *Assessing law as a factor towards the Aichi Biodiversity Targets*, 2014, https://www.iucn.org/sites/dev/files/assessing_law_as_a_factor_toward_the_aichi_biodiversity_targets_0.pdf.

Voigt S., «How to measure the rule of law?», *Kyklos*, vol. 65/2, 2012, pp. 262–284.

Wolfrum R., «Means of ensuring compliance with and enforcement of international environmental law», *Recueil des cours de l'Académie de droit international*, vol. 272, 1999.

Wood C., *Environmental Impact Assessment: A Comparative Review*, London, Prentice Hall, 1995.

Woodruff C., «Measuring Institutions», in Rose-Ackerman S. (ed.), *International Handbook on the Economics of Corruption*, Northampton, Edward Elgar, 2006, pp. 105–124.

World Bank, *A decade of measuring the quality of governance: governance matters 2007. Worldwide governance indicators 1996–2007*, Washington, 2007.

World Bank, *World Development Indicators*, 2015–2020, https://databank.banquemondiale.org/source/world-development-indicators.

World Bank, *Atlas of Sustainable Development Goals 2017. From World Development Indicators*, Washington, 2017.

World Bank, *World Development Report. Governance and the Law*, Washington, 2017.

World Bank, *World Development Report 2020. Trading for Development in the Age of Global Value Chains*, Washington, 2020.

World Health Organization and Secretariat of the Convention on Biological Diversity, *Connecting Global Priorities: Biodiversity and Human Health. A State of Knowledge Review*, Geneva-Montreal, 2015.

*Worldwide Governance Indicators 2019*, https://info.worldbank.org/gouvernance/wgi.

*WJP Rule of Law Index 2020*, https://worldjusticeproject.org/our-work/research-and-data/wjp-rule-law-index-2020.

*Indicadores en línea**

- World Bank Worldwide Governance Indicators: http://info.worldbank.org/governance/wgi/index.aspx#faq
- UNDP Governance Assessment Portal: http://www.gaportal.org/areas-of-governance
- Transparency International Corruption Perception Index: http://www.transparency.org/research/cpi/overview
- CBD Biodiversity Indicators Partnership: http://www.bipindicators.net
- Yale Environmental Performance Index:

http://www.epi.yale.edu

- International Property Rights Index: http://internationalpropertyrightsindex.org

- World Bank Indicators: http://data.worldbank.org/indicator/all
- Global Integrity Index Data: https://www.globalintegrity.org/downloads
- World Commodity Indexes: http://www.indexmundi.com/commodities
- CIA World Factbook: https://www.cia.gov/library/publications/the-world-factbook/rankorder/rankorderguide.html
- Inclusive Wealth Report: http://www.ihdp.unu.edu/article/iwr
- World Bank Country Datasets: http://data.worldbank.org/country
- Country Property Rights Index: http://www.internationalpropertyrightsindex.org/ranking
- Index Mundi – Gini Coefficient by country: http://www.indexmundi.com/facts/indicators/SI.POV.GINI/compare?country=au#country=dz:ar:au:bb:bz:s3
- FAO Statistics – by country: http://faostat3.fao.org/faostat-gateway/go/to/browse/I/*/E
- Global Development Information: http://www.eldis.org
- UN Public Administration Portal – country profiles: http://www.unpan.org/DPADM/ProductsServices/ThematicPortals/PublicAdministrationCountryProfiles/tabid/677/Default.aspx
- Worldwide Governance Indicators: http://info.worldbank.org/governance/wgi/index.aspx#home
- Index of Economic Freedom: http://www.heritage.org/index/explore?view=by-variables

* *Source*: Martin P., Boer B. and Slobodian L. (eds.), *Framework for Assessing and Improving Law for Sustainability. A Legal Component of a Natural Resource Governance Framework*, Environmental Policy and Law Paper n.° 87, Gland, IUCN, 2016, pp. 124-125.

# Anexos

1. Efectividad y eficacia
2. Fragmentos de textos sobre la efectividad del derecho ambiental
3. UNEP, *Environmental Rule of law. First Global Report*, 2019 – Figure 6-1: Environmental Rule of Law and the Sustainable Development Goals
4. UNEP, *Environmental Rule of law. First Global Report*, 2019 – Box 6.1: Indicator Framework for Environmental Rule of Law
5. Artículo 2.4 del Decreto del 3 de diciembre de 2019 relativo a la organización del servicio de legislación y de la calidad del derecho en la Secretaría General del Gobierno *(Periódico Oficial de la República de Francia* n.º 0282 del 5 de diciembre de 2019)
6. Artículo 6-8 del Acuerdo Regional sobre el Acceso a la Información, la Participación Pública y el Acceso a la Justicia en Asuntos Ambientales en América Latina y el Caribe, Escazú, 4 de marzo de 2018
7. Proyecto de moción presentado por el Centro Internacional de Derecho Ambiental Comparado y adoptado como resolución por el Congreso Mundial de la Naturaleza de la UICN, Marsella, 7–15 de enero 2021, sobre: «Medir la efectividad del derecho ambiental con indicadores jurídicos»

# Anexo 1 Efectividad y eficacia

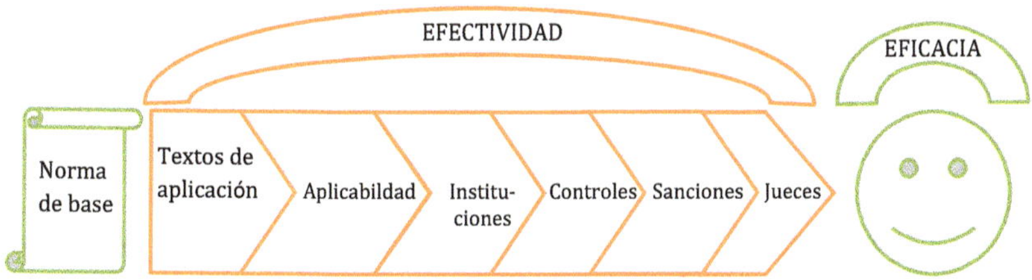

# Anexo 2 Fragmentos de textos sobre la efectividad del derecho ambiental y los indicadores

1. Declaración de Rio, 1992

   Principio 11: "Los Estados deberán promulgar leyes eficaces sobre el medio ambiente"
2. Agenda 21 de Rio, 1992
   "Aumento de la efectividad de las leyes y los reglamentos" (§ 8-16-a)
3. Protocolo de Madrid de 2008 relativo a la gestión integrada de las zonas costeras del Mediterráneo
   "Las Partes definirán *indicadores* adecuados a fin de evaluar la *eficacia* de las estrategias, los planes y los programas de gestión integrada de las zonas costeras así como del *progreso* en la aplicación del Protocolo" (art. 18-4).
4. Informe del Secretario general de Naciones Unidas del 16 de marzo de 2012 sobre: "En aras de la justicia: un programa de acción para reforzar el estado de derecho en los planos nacional e internacional" (A/66/749, § 56)
   "Tal vez los Estados Miembros también deseen examinar cómo se puede *hacer un seguimiento efectivo* de los progresos en la consecución de los objetivos en materia de estado de derecho".
5. Decisión 27/9 de 2013 del Consejo de Administración del PNUMA sobre el impulso de la justicia, la gobernanza y el derecho para la sostenibilidad ambiental
   "(4) Luchar contra el incumplimiento de las leyes sobre el medio ambiente incluidas, entre otras, medidas para aumentar *la efectividad* de los mecanismos administrativos, civiles y penales".
6. Examen de mitad de período del Programa de Montevideo IV, Segunda Asamblea de Naciones Unidas para el Medio Ambiente, Nairobi, mayo de 2016 (UNEP/EA.2/13)
   "Establecer los criterios para ayudar a los Estados a medir la *eficacia* del derecho ambiental".
7. Estrategia a mediano plazo del PNUMA 2018–2021, mayo de 2016 (UNEP/EA.2/15)
   "Constante examen del medio ambiente gracias a una evaluación basada en *indicadores*".

8. G7 – Bolonia, junio de 2017
«[. . .] desarrollar nuevos *indicadores*».
9. Recomendaciones del 27 de septiembre de 2017 del Comité de Ministros del Consejo de Europa sobre el Convenio sobre el paisaje (CM/rec (2017/7)
"Inscribir el paisaje tal como lo define el Convenio en los indicadores del desarrollo sostenible relacionado con asuntos medioambientales, sociales, culturales y económicos".
10. Declaración ministerial de la Tercera Asamblea de Naciones Unidas para el Medio Ambiente, Nairobi, 6 de diciembre de 2017 (UNEP/EA.3/HLS.1)
"Aumentaremos la investigación y fomentaremos la elaboración, la recopilación y la utilización de datos desglosados científicos y fiables. Esto conllevará la provisión de mejores *indicadores multidisciplinarios*" (§ 8-a).
11. Declaración de las ONG en la Tercera Asamblea de Naciones Unidas para el Medio Ambiente.
"Los indicadores existentes que miden la realización de los Objetivos de Desarrollo Sostenible 2030 no toman en cuenta el rol del derecho ambiental en la realización de esos objetivos. Desafortunadamente es necesario llenar ese vacío e implementar indicadores jurídicos que darán información para una mejor gobernanza de las leyes ambientales y para documentar mejor la efectividad".
12. Resolución de la Cuarta Asamblea de Naciones Unidas para el Medio Ambiente sobre el Programa de Montevideo V de derecho ambiental, Nairobi, 15 de marzo de 2019 (UNEP/EA.4/29, Anexo 1, 4-a)
"Brindar a los países [. . .] *modelos de indicadores* para un desarrollo y una aplicación *efectiva* del derecho ambiental".
13. Declaración ministerial de la Cuarta Asamblea de Naciones Unidas para el Medio Ambiente (UNEP/EA.4/HLS.1)
"Reconocemos que la aplicación *efectiva* de estas acciones requiere un entorno propicio y marcos normativos, una buena gobernanza y la *aplicación de la ley* en los planos mundial, regional, nacional, subnacional y local, así como *medios de ejecución eficaces* [. . .]"
14. Informe de la 21.ª reunión de la Conferencia de las Partes contratantes del Convenio de Barcelona para la Protección del Medio Marino y de la Región Costera del Mediterráneo y sus Protocolos, Nápoles, 5 de diciembre de 2019 (UNEP/MED IG.24/22)
"Una mejor evaluación de la eficacia del Convenio y de sus protocolos, crucial para que el sistema siga siendo pertinente, exige el refuerzo de los *indicadores jurídicos* y de otro tipo, con la ayuda de socios como el Centro Internacional de Derecho Ambiental Comparado" (§ 90).

15. Decisión IG.24/1 del Comité de Cumplimiento en su 21.ª reunión de la Conferencia de las Partes contratantes del Convenio de Barcelona para la Protección del Medio Marino y de la Región Costera del Mediterráneo y sus Protocolos, Nápoles, 5 de diciembre de 2019
«En este contexto, el Comité de Cumplimiento también debatió el desarrollo de *indicadores jurídicos ambientales* para medir la eficacia del Convenio de Barcelona y sus Protocolos como una vía que debería explorarse en el futuro» (§ 16).

# Anexo 3 UNEP, *Environmental Rule of law. First Global Report*, 2019

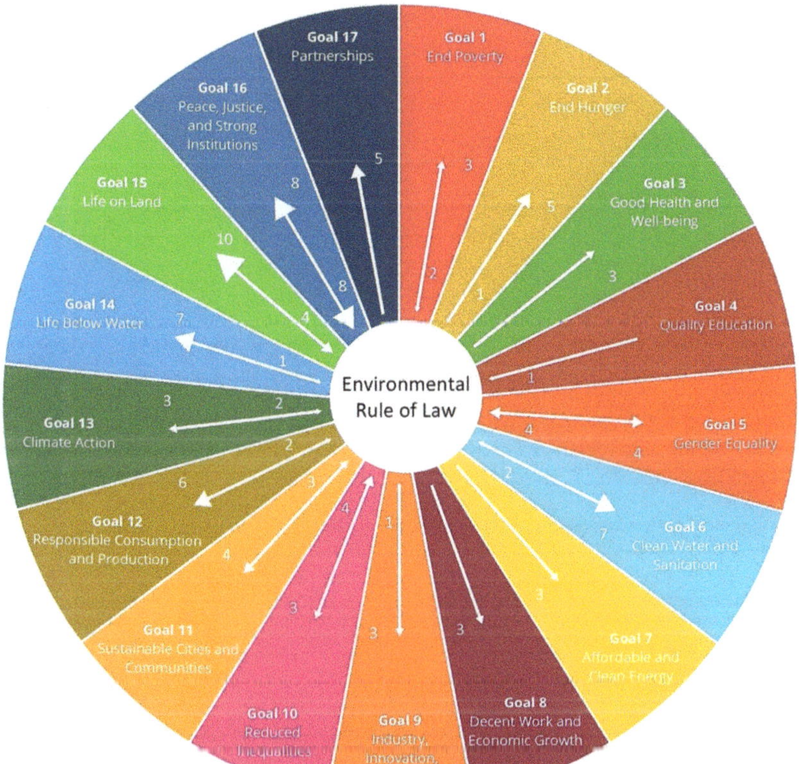


**Figure 6.1:** Environmental Rule of Law and the Sustainable Development Goals

*Notes:* An arrow pointing toward the goal indicates that environmental rule of law supports its achievement, and an arrow pointing from a goal indicates that it supports environmental rule of law. Many are mutually reinforcing. Numbers denote the number of each goal's targets that are considered to support or be supported by environmental rule of law. Because some targets both support environmental rule of law and are in turn supported by it, the numbers for some goals may total more than the number of targets enumerated for the goal.

# Anexo 4 UNEP, *Environmental Rule of law. First Global Report*, 2019

*Box 6.1: Indicator Framework for Environmental Rule of Law*

*Contextual Factors*

- Demography (distribution of wealth; population density, age structure, urban/rural; education/literacy; gender equity)
- Economy (contribution of natural resource/extractive sector to the state economy; per capita income; evenness of development)
- Politics (fragility; corruption perception; rule of law generally)
- Legal System (type; judicial independence; respect for contracts and property rights)

*Laws & Institutions*

- Coverage of laws (national environmental laws covering relevant environmental issues)
- Procedural mechanisms (transparency and access to information, public participation, independent review and oversight of implementation measures)
- Right to a healthy environment (explicitly recognized in the constitution, held by a court to be implicit in other constitutional rights, or guaranteed by legislation)
- Rights of free association and free speech (constitutional)
- Right of nondiscrimination (constitutional)
- Rights of marginalized populations (indigenous peoples; women; other)
- Legal pluralism (recognition of customary norms governing natural resources)
- Anti-corruption measures (covering the environmental context)

*Implementation*

- Information collection, management, and use
- Permits, licenses, and concessions
- Criteria for implementation of environmental law
- Enforcement (number of violations – trafficking, illegal pollution; number of inspections per capita or per regulated entity; number of administrative/civil/criminal cases brought; number of convictions/violations corrected; total fines and prison items)
- Environmental auditing and institutional review mechanisms
- Corruption (in the control of natural resources/concessions; in management of natural resource revenues; in the enforcement process)

*Civic Engagement*

- Access to information (on laws/regulations/judicial decisions; on the state of the environment; on emission data/reports/audits; on natural resource concessions and revenues; media)

- Public participation (in developing laws and regulations; in permitting/licensing/awarding concessions; in environmental impact assessment; community-based natural resource management; in monitoring and enforcement)
- Environmental defenders (number of land or environmental defenders attacked/killed; number of attacks/murders prosecuted and convicted)

*Dispute Resolution and Access to Justice*

- Effective dispute resolution bodies (courts and tribunals, administrative environmental tribunals, alternative dispute resolution, customary courts)
- Access to justice (standing; costs, geographic accessibility; timeliness; availability of counsel and advocacy nongovernmental organizations)
- Remedies

*Environmental Outcomes and Current Status*

- Environmental health
- Environmental compliance by sector
- Natural resource stewardship

# Anexo 5 Artículo 2.4 del Decreto del 3 de diciembre de 2019 sobre la organización del servicio de legislación y de la calidad del derecho en la Secretaría General del Gobierno (*Periódico Oficial de la República de Francia* n.º 0282 del 5 de diciembre de 2019)

**Artículo 2** – El servicio de legislación y calidad del derecho se encarga principalmente de las siguientes misiones: [. . .]
4.º Supervisa las medidas de aplicación de las leyes y proporciona información sobre los *indicadores* de desempeño correspondientes.

# Anexo 6 Artículo 6-8 del Acuerdo Regional sobre el Acceso a la Información, la Participación Pública y el Acceso a la Justicia en Asuntos Ambientales en América Latina y el Caribe, Escazú, 4 de marzo de 2018

Artículo 6-8: «Cada Parte alentará la realización de evaluaciones independientes de desempeño ambiental que tengan en cuenta criterios y guías acordados nacional o internacionalmente e *indicadores* comunes, con miras a evaluar la eficacia, la efectividad y el progreso de sus políticas nacionales ambientales en el cumplimiento de sus compromisos nacionales e internacionales. Las evaluaciones deberán contemplar la participación de los distintos actores».

# Anexo 7 Proyecto de moción presentado por el Centro Internacional de Derecho Ambiental Comparado y adoptado como resolución por el Congreso Mundial de la Naturaleza de la UICN, Marsella, 2021, sobre: «Medir la efectividad del derecho ambiental con indicadores jurídicos»

CONSIDERANDO que la conservación de la naturaleza requiere una aplicación efectiva de las normas ambientales internacionales, regionales, nacionales y locales;

CONSCIENTE de que la aplicación de estas normas es deficiente e involucra, siguiendo un procedimiento jurídico complejo, a todas las partes interesadas: administraciones, agentes económicos, profesionales del derecho y asociaciones ecologistas;

OBSERVANDO que los informes sobre el estado del medio ambiente evalúan las políticas con indicadores científicos o económicos y no miden su efectividad jurídica;

LAMENTANDO que los indicadores relativos a los Objetivos de Desarrollo Sostenible (ODS) no suelen tener en cuenta las contribuciones del derecho, a menudo por falta de datos cualitativos que permitan evaluar la efectividad de las normas, lo cual redunda en la omisión de la contribución del derecho al éxito o fracaso de las políticas ambientales;

CELEBRANDO el interés creciente por indicadores que representen mejor las dificultades de aplicación del derecho ambiental, como lo demuestra el VII Programa de Acción en materia de Medio Ambiente de la Unión Europea, que reclama indicadores específicos para controlar la legislación ambiental, o la declaración ministerial de la Tercera Asamblea de la Naciones Unidas para el Medio Ambiente que aboga por la elaboración de indicadores multidisciplinarios;

OBSERVANDO que el Acuerdo Regional de Escazú en América Latina y el Caribe prevé indicadores para evaluar la eficacia, la efectividad y el progreso de sus políticas;

TOMANDO NOTA de la promoción por parte de la UICN, el Programa de las Naciones Unidas para el Medio Ambiente (PNUMA), el IFFDS (Instituto de la Francofonía para el Desarrollo Sostenible)-OIF (Organización Internacional de la Francofonía) y la CEEAO (Comunidad Económica de Estados de África Occidental), de un método innovador concebido por el Centro Internacional de Derecho Ambiental Comparado para la formulación de indicadores jurídicos en el simposio sobre la efectividad del derecho ambiental en África francófona (Yaundé, 2018);

CONVENCIDO de que los indicadores jurídicos permitirán medir la aplicación efectiva del derecho ambiental utilizando datos cualitativos y cuantitativos, sobre la base de cuestionarios orientados en la existencia y el contenido de las normas y sobre los procedimientos de su implementación y control;

CONVENCIDO de que los indicadores jurídicos darán una mayor visibilidad y legitimidad al derecho ambiental, permitiendo comprender mejor las razones por las que su aplicación es deficiente o escasa y los avances o retrocesos en la protección ambiental, facilitando también la elaboración de nuevas normas de protección del patrimonio común natural;

**El Congreso Mundial de la Naturaleza, durante su sesión de Marsella, Francia, del 7 al 15 de enero 2021:**

1. SOLICITA a la Comisión Mundial de Derecho Ambiental y a sus miembros que, con el apoyo del Programa de UICN sobre el Derecho Ambiental, realicen experimentos y actividades formativas sobre la elaboración de indicadores jurídicos relativos a la conservación de la naturaleza con la participación de profesores de derecho, abogados, jueces, fiscales y servicios administrativos encargados de vigilar el cumplimiento de las normas de derecho ambiental;
2. SOLICITA a la Secretaría de UICN que invite al sistema de las Naciones Unidas y demás organizaciones internacionales y regionales a añadir indicadores jurídicos a los indicadores de los Objetivos de Desarrollo Sostenible relativos al medio ambiente;
3. SOLICITA a los Estados Parte y a la Unión Europea Parte que introduzcan igualmente en los convenios regionales y universales sobre el medio ambiente, indicadores jurídicos para medir la efectividad de esos convenios en los informes de aplicación requeridos por dichos convenios;

4. INVITA a todos los gobiernos y las ONG miembros del UICN a tomar voluntariamente iniciativas para experimentar y promover la implementación de indicadores jurídicos en su derecho ambiental nacional, particularmente en materia de protección de la naturaleza;
5. ALIENTA a todos los gobiernos y secretarías de las organizaciones internacionales y regionales a incorporar indicadores jurídicos en sus informes periódicos sobre el estado del medio ambiente a nivel mundial, regional, nacional y local.

# Índice

# Títulos de la colección publicados

Vol. 1 Émilie Gaillard and David M. Forman (eds.), *Legal Actions for Future Generations*, 2020.

Vol. 2 Michel Prieur et Christophe Bastin (dir.) (avec la coll. de Mohamed Ali Mekouar), *Mesurer l'effectivité du droit de l'environnement. Des indicateurs juridiques au service du développement durable*, 2021.

Vol. 3 Michel Prieur and Christophe Bastin (eds.) (in coop. with Mohamed Ali Mekouar), *Measuring the Effectivity of Environmental Law. Legal Indicators for Sustainable Development*, 2021.

Vol. 4 Michel Prieur y Christophe Bastin (eds.) (con la colaboración de Mohamed Ali Mekouar), *Midiendo la efectividad de la Legislación Ambiental. Indicadores jurídicos al servicio del desarrollo sostenible*, 2021.

Vol. 5 Émilie Gaillard et Amandine Cayol (dir.), *Regards croisés sur le(s) transhumanisme(s)*, 2021.

www.ingramcontent.com/pod-product-compliance
Ingram Content Group UK Ltd.
Pitfield, Milton Keynes, MK11 3LW, UK
UKHW020714071026
15590UKWH00011B/593